BPF를 활용한
리눅스 시스템 트레이싱

시스템의 가식성 확보와 성능 최적화,
트러블슈팅을 위한

[예제파일 다운로드]

홈페이지: https://wikibook.co.kr/bpf/

예제코드: https://github.com/wikibook/bpf

BPF를 활용한
리눅스 시스템 트레이싱

시스템의 가시성 확보와 성능 최적화,
트러블슈팅을 위한

지은이 정찬훈

펴낸이 박찬규 엮은이 이대엽 디자인 북누리 표지디자인 아로와 & 아로와나

펴낸곳 위키북스 전화 031-955-3658, 3659 팩스 031-955-3660

주소 경기도 파주시 문발로 115 세종출판벤처타운 311호

가격 27,000 페이지 396 책규격 175 x 235mm

초판 발행 2021년 03월 10일

ISBN 979-11-5839-242-0 (93000)

등록번호 제406-2006-000036호 등록일자 2006년 05월 19일

홈페이지 wikibook.co.kr 전자우편 wikibook@wikibook.co.kr

BPF를 활용한 리눅스 시스템 트레이싱

시스템의 가시성 확보와 성능 최적화, 트러블슈팅을 위한

정찬훈 지음

위키북스

정찬훈

올해로 10년 차가 된 소프트웨어 엔지니어입니다. 임베디드 환경에서 DRM 개발을 시작으로 컨테이너 기반 아키텍처 리서치를 거쳐. 지금은 통합검색 엣지 플랫폼을 개발하고 있습니다. 시스템의 성능 개선과 컨테이너 관련 기술에 관심이 많고 개발 환경과 키보드를 꾸미는 걸 좋아합니다.

처음 BPF를 알게 된 건 2016년 리눅스 플럼버 컨퍼런스(Linux Plumber Conference)에서였습니다. 당시만 해도 BPF는 막연하게 커널 네트워킹 영역 어딘가에서 쓰이는 컴포넌트 정도로 여겼습니다. 시간이 지나 현 직장으로 오면서 처음으로 규모가 있는 트래픽을 처리하는 서비스를 담당하게 됐습니다. 여러 이슈를 접하면서 자연스럽게 시스템 트레이싱에 관심을 갖게 됐고, 이내 BPF를 다시 접하게 됐습니다.

운영 경험이 충분하지 않은 경우 시스템은 커다란 블랙박스처럼 보입니다. 리눅스에서는 이미 다양한 도구를 제공하지만 사용법과 범위가 제각기 다르고 충분히 숙련되지 않으면 실제 상황에서 이를 활용하기가 쉽지 않습니다. 이슈를 살펴보려면 다양한 각도에서 시스템 내 모든 범위를 고루 살펴봐야 합니다. 이때 모든 영역을 빠짐없이 챙기기란 매우 어렵습니다. 이 같은 상황에서 BPF는 더욱 현대적인 방법으로 시스템 전반을 아울러 보는 방법을 제공합니다. 통일된, 그리고 프로그래머블한 환경을 제공한다는 점에서 특히 더 매력적인 도구입니다.

최근 몇 년간 여러 컨퍼런스와 세미나에서 BPF 기반의 트레이싱이 소개됐습니다. 하지만 이에 비해 입문자 입장에서는 접근할 만한 자료가 많이 부족합니다. 이 글을 작성하는 시점에서 책의 형태로 정리된 것은 모두 외국 서적이며, 그중 한권 정도가 최근에 번역본이 출간됐습니다. 그마저도 입문자를 위한 내용으로는 다소 거리가 있어 보입니다. 이에 BPF 트레이싱과 관련된 입문 서적을 집필하고자 했습니다.

이 책은 리눅스 환경에서 서비스를 개발하고 운영하는 소프트웨어 엔지니어를 대상으로 썼습니다. 리눅스 터미널을 사용하는 데 익숙하고, 간단한 형태의 C 및 파이썬 프로그래밍이 가능하다고 가정합니다. 범용적인 트레이싱을 시작으로 자기만의 트레이싱 도구를 개발할 수 있도록 내용을 구성했습니다. 지표 해석을 위해 필요한 시스템과 애플리케이션 관련 배경 지식을 담았고, 최근 추세에 따라 컨테이너 기반의 분산된 컴퓨팅 환경에서 이를 어떻게 적용할지 함께 설명했습니다.

BPF는 리눅스 시스템 전반을 관통하는 기술입니다. 낭장 실무적으로 사용하지 않더라도 리눅스 시스템을 더욱 깊게 이해하고자 하는 분들에게 좋은 길잡이가 될 것입니다. 이 책을 시작으로 좀 더 시스템 트레이싱과 성능 분석에 대해 알고자 하는 분들께 브렌던 그레그의 저서인《BPF Performance Tools》와《System Performance》를 추천드리며 글을 마무리하겠습니다.

네이버 검색팀 **장규범**

이 책은 리눅스 환경에서 새롭게 대두되고 있는 BPF의 세계에 빠져들 수 있는 입문서 역할을 톡톡히 해냅니다. 이 책을 통해 시스템 트레이싱이나 디버깅 등에 기존보다 한층 더 쉽고 편하며 우아하게 접근할 수 있습니다.

이 책은 한번 읽고 덮을 게 아니라 당장 실무에 사용해도 손색없는 유용한 참고서입니다. 디버깅 때문에 고통받고 있거나 새로운 기술, 한층 더 수준 높은 트레이싱, 디버깅에 관심 있는 분들께 이 책을 추천합니다.

카카오뱅크 AI기술팀 **정기수**

소프트웨어를 개발하고 운영하는 과정에서 장애 상황을 만나고 이를 해결해 나가는 일은 개발자에게 일상과도 같습니다. 직접 만든 시스템에서 문제가 발생하고 그 문제를 디버깅할 수 있는 환경이 제공된다면 그나마 다행이지만 요즘처럼 프레임워크나 오픈소스에 의존적인 상황에서는 어디에서 어떤 문제가 생겼는지조차 알기가 힘든 경우가 많습니다.

약 1년 전 저자와 함께 다양한 주제로 함께 공부하면서 저자로부터 BPF를 이용하면 리눅스 환경에서 발생하는 다양한 이벤트를 추적하고 모니터링하면서 시스템을 세밀하게 분석할 수 있다는 설명을 들었습니다. 그 당시에는 마냥 어렵게만 느껴졌고 당장 필요한 것처럼 보이지 않아 대수롭지 않게 생각했습니다.

그로부터 1년 후 변함없이 시스템 내부를 블랙박스로 치부하고 기존과 다르지 않은 기법들을 활용해 문제 상황에 대응하는 일상 속에서 이 책을 통해 BPF를 다시 접하게 됐습니다. 요즘 많은 서비스가 리눅스 운영체제 위에서 운영되고, 서비스들은 날이 갈수록 점점 더 거대하고 복잡해지고 있는데, 이러한 환경에서 어떻게 시스템을 분석하고 성능을 최적화해야 할지에 대한 출발점으로 BPF는 충분히 배워둘 만한 가치가 있는 주제였습니다.

이 책은 리눅스 시스템에서 발생하는 문제를 찾고 해결하기 위해 많은 시간을 할애하고 계신 분들께 단비와 같은 내용을 담고 있습니다. 대중적이지 않은 주제지만 탄탄한 기반 지식과 다양한 예시를 바탕으로 BPF의 전반적인 내용을 자세하게 알려 주고 싶은 저자의 의도가 고스란히 녹아 있습니다. 그리고 번역서가 아닌 우리말로 쓴 책이기 때문에 생소한 주제인데도 이질감 없이 읽힐 것입니다. 많은 분이 이 책을 통해 저자의 깊이 있는 지식을 공유하고 한 단계 더 나아갈 기회를 얻으셨으면 좋겠습니다.

라인플러스 **송민수**

오픈소스 프레임워크 Armeria[1]와 설정 정보 저장소 Central Dogma[2]의 메인테이너

시스템에 문제가 생겼을 때 로그와 메트릭만으로 문제를 파악할 수 있나요? 시스템의 병목지점을 파악하기 위해 정확한 측정 도구 없이 지레짐작만 하고 계신 건 아닌가요? 단순히 메트릭의 태그를 지정하는 순서를 변경해서 성능 향상을 가져올 수 있다고 생각해 보셨나요?[3]

네, 그래서 우리는 BPF가 필요합니다. 어떠한 이벤트 소스도 붙여서 분석이 가능하고, 서비스 중인 프로세스를 조작하지 않고도, 성능에 영향도 거의 없으면서 안전하게 원인을 파악할 수 있습니다.

저는 UDP 기반, 큐잉 딜레이를 이용해 혼잡 제어를 수행하는 애플리케이션을 개발하면서 BPF를 처음 접했습니다. 당시만 해도 한글은 물론이고 영문으로 된 자료도 상당히 부족했습니다. 간신히 예제 코드를 돌려가면서 필요한 기능을 구현했습니다. 그렇기에 충분한 지식을 쌓지 못했고, BPF의 원리를 자세히 알고 싶다는 막연한 생각만 하고 있었습니다.

2019년에 브렌던 그레그가 《BPF Performance Tools》라는 책을 발간했다는 트윗을 봤습니다.[4] 하지만 700페이지가 넘는 방대한 내용이 버겁게 느껴졌고, 따라서 할일 목록에만 올려놓았습니다. 좀 더 쉽게 이해할 수 있는 책이 있으면 좋겠다고 생각하던 찰나 찬훈 님께서 BPF 입문자용 책을 쓰신다고 들었습니다. 그것도 우리말로!

이 책은 적절한 비유와 추상화를 이용해 BPF의 개념부터 BPF를 활용한 트레이싱에 대해 다룹니다. 실행 가능한 코드를 제공해서 BPF가 어떻게 동작하는지 쉽게 파악할 수 있습니다. CPU, 메모리, 파일 시스템, 블록 I/O, 네트워크 등과 같은 리눅스의 구성요소를 설명하면서 각 영역을 BPF로 어떻게 살펴볼 수 있는지 다루며, 다양한 프로그래밍 언어에서 어떻게 BPF를 활용할 수 있는지도 다룹니다. 리눅스 위에서 동작하는 시스템을 개발 및 운영하신다면 이 책을 꼭 읽어 보기를 권합니다.

---

1 https://github.com/line/armeria
2 https://github.com/line/centraldogma
3 https://github.com/line/armeria/pull/2163
4 https://twitter.com/brendangregg/status/1209245091002368000

## 01 장

들어가며

언제나 그랬지만, 특히 최근 몇 년간은 정보 시스템이 어느 때보다도 빠르게 복잡해지고 있는 것 같습니다. 운영 시스템으로는 쿠버네티스로 대표되는 컨테이너 기반의 분산 시스템들이 유행하고 있고, 서비스 아키텍처로는 MSA(Microservice Architecture)나 폴리글랏(polyglot) 같은 용어가 흔히 쓰입니다. 이러한 기술들은 높은 확장성과 이식성을 제공하지만, 실제 이를 운영하는 엔지니어에게는 매우 혼란스러울 수 있습니다. 이전보다 높은 수준으로 추상화되어 있기도 하고, 수많은 프로세스가 여러 장비에 분산되어 전체를 조망하기가 쉽지 않습니다. 심지어 프로그램이 제각기 다른 언어로 작성되기도 합니다.

엔지니어 개개인이 봐야 하는 범위가 전보다 많이 넓어졌습니다. 데브옵스의 시대를 맞아 다양한 도구를 활용해 시스템과 서비스의 가시성을 확보하려고 노력합니다. 로그를 모으고 메트릭도 모읍니다. 중앙화된 로그와 메트릭 시스템은 여기저기 흩어진 서비스 시스템에 어느 정도 가시성을 확보해주지만, 어딘가 모자란 느낌이 남습니다.

로그는 시스템을 파악하는 데 가장 효과적인 수단 중 하나입니다. 하지만 로그는 기본적으로 애플리케이션이 제공하며, 그 외 부분에 대해서는 살펴볼 방법이 없습니다. 시스템에 어떤 문제가 생겼는데 적당한 로그가 없어 새로 로그를 작성해 넣고 다시 빌드하는 일이 자주 발생합니다. 내가 빌드하지 못하는 애플리케이션에 대해서는 어떻게 해야 할까요? strace나 ftrace 같은 도구를 활용하면 충분할까요?

로그와 달리 메트릭은 애플리케이션에 크게 의존적이지 않습니다. 더 손쉽게 독립적으로 시스템이 사용하는 리소스를 수집할 수 있습니다. 적절한 가시화 방법을 사용하면 시스템에 대한 많은 정보를 수집할 수 있습니다. 하지만 메트릭으로 파악할 수 있는 범위는 보통 제한적입니다. 메트릭만으로는 특정 시점에 시스템이 정확히 어떤 작업을 하고 있었는지 파악하기가 어렵습니다. 그래서 보통 로그를 함께 수집하고 이를 메트릭과 대조해 보게 됩니다.

예를 들어 운영하는 서비스 어딘가에 문제가 발생했다고 가정하겠습니다. 중앙화된 로그와 메트릭 시스템을 통해 어떤 서버에 어떤 프로세스가 문제가 되는지 확인했습니다. 정확히 해당 프로세스의 어떤 부분에 문제가 생긴 것인지 확인하려는데, 적절한 로그가 보이지 않습니다. strace나 tcpdump, ftrace 등을 살펴보는데 한눈에 잘 보이지 않습니다. 어떻게 하면 서비스 중인 프로세스를 조작하지 않고 원인을 파악할 수 있을까요?

엔지니어는 운영 중인 서비스와 시스템이 실제로 어떻게 돌아가고 당장 무엇을 하고 있는지 알고 싶습니다. 문제가 생기면 별다른 추가 수정 없이 즉시 원인을 추적하고 싶습니다. 이를 위한 여러 방법이 있겠지만 여기서는 리눅스 시스템에서 BPF라는 기반 도구를 활용해 어떻게 하면 시스템 전반에 대한 가시성을 확보하고 분석할 수 있는지 알아보려고 합니다. 먼저 BPF가 무엇인지 알아보겠습니다.

## 02장

BPF란?

BPF는 1992년부터 지금까지 계속 개발되고 있습니다. 초기 BPF는 네트워크 패킷을 살피기 위한 장치였으나, 현재는 커널 레벨의 프로그램을 개발하기 위한 일종의 프레임워크 같은 형태가 되어가고 있습니다. 이번 장에서는 BPF가 어떻게 시작되어 발전해 가는지에 대해 간략하게 소개하겠습니다.

2.1 cBPF

BPF는 Berkeley Packet Filter의 약자입니다. 1992년에 스티븐 맥캔(Steven McCanne)과 반 제이콥슨(Van Jacobson)이 작성한 "The BSD Packet Filter: A New Architecture for User-level Packet Capture"[1]라는 제목의 논문을 통해 처음 소개됐습니다. 그 이름처럼 유닉스의 일종인 BSD에서 개발됐고, 네트워크 트래픽을 분석하기 위한 용도로 사용됐습니다. 이후 리눅스를 포함한 여러 유닉스 계열 운영체제에서 채택됐습니다. 리눅스에서는 특히 패킷 필터링 용도로 제한적으로 사용되어 왔습니다.

BPF는 '효율적이고', '안전하게', '실시간으로' 네트워크 패킷을 필터링하기 위해 개발됐습니다. 여기서 '효율적'은 실시간으로 패킷을 처리하는 데 지연이 발생하지 않게 충분한 성능이 나와야

---

1 https://www.tcpdump.org/papers/bpf-usenix93.pdf

함을 뜻하고, '안전하게'는 패킷을 처리하는 과정에서 시스템의 안정성이 담보되어야 함을 의미합니다.

BPF가 없는 경우를 가정하겠습니다. 네트워크 카드에서 실시간으로 쏟아지는 패킷을 처리하기 위해서는 높은 성능이 필연적으로 요구됩니다. 또한 패킷을 필터링하는 과정에서 시스템의 자원을 과도하게 사용해서는 안 됩니다. 사용자가 다양한 필터 규칙을 정의할 수 있어야 합니다. 이를 만족하는 프로그램을 생각해보기 전에 다음 그림을 먼저 살펴보겠습니다.

그림 2.1 리눅스의 사용자 영역과 커널 영역

네트워크 패킷은 하드웨어를 통해 커널로 제일 먼저 전달됩니다. 패킷 처리를 수행할 프로그램이 위의 애플리케이션 영역에 머물게 되면 애플리케이션 공간과 커널 간의 잦은 컨텍스트 전환으로 성능상 불이익이 있을 수 있습니다. 이를 완화하기 위해서는 직접 패킷을 처리하는 코드는 커널 영역에서 동작하게 하는 것이 유리합니다. 실제 사용자의 요구에 맞는 필터 규칙은 애플리케이션 영역에서 정의될 수밖에 없으므로 우리는 애플리케이션 공간과 커널 공간 양쪽으로 코드를 나눠 작성합니다. 사용자가 애플리케이션 공간에서 필터 규칙을 정의하면 이를 커널 영역의 코드에서 사용합니다. 커널 영역의 코드는 전체 패킷 중 지정된 필터 규칙에 부합하는 패킷을 모아뒀다가 주기적으로 애플리케이션 영역으로 전달합니다.

사용자가 정의할 필터 규칙이 직접 커널 공간으로 들어가는 형태는 위험할 수 있습니다. 임의의 코드가 커널 영역으로 유입되어 실행되면서 시스템 전체가 망가질 수 있기 때문입니다. 이러한 위험성 때문에 애초에 그림 2.1처럼 일반적인 애플리케이션은 시스템 콜을 통해서만 커널의 자원을 활용하게 되어 있습니다.

BPF는 커널 내 가상 머신과 전용 명령어 세트를 갖추고 있어 사용자 공간에서 이 명령어 세트를 활용해 필터를 정의할 수 있게 했습니다. 가상 머신은 커널에 상주하면서 모든 네트워크 패킷을 보고 필터 조건에 해당하는 패킷을 사용자에게 전달합니다. 즉, 가상 머신이 일종의 샌드박스 역할을 합니다. 이 같은 구조로 사용자 공간과 커널 공간 사이에 컨텍스트 전환을 최소화하면서도 안전하게 패킷을 추출할 수 있습니다.

BPF에서 사용하는 인스트럭션을 살펴보겠습니다. BPF를 사용하는 대표적인 도구로 tcpdump 가 있습니다(tcpdump가 낯설다면 와이어샤크 같은 패킷 분석 도구를 떠올리면 됩니다). 사용 자가 필터 규칙을 정의하면 tcpdump 내 libpcap 라이브러리를 통해 필터가 BPF 전용 명령어 세트로 변환됩니다. 이를 활용해 다음과 같이 사용자가 정의한 필터 규칙이 BPF 바이트코드로 어떻게 변환되는지 확인할 수 있습니다.

```
$ tcpdump -i any -d 'ip and udp'
(000) ldh      [12]
(001) jeq      #0x800         jt 2    jf 5
(002) ldb      [23]
(003) jeq      #0x11          jt 4    jf 5
(004) ret      #262144
(005) ret      #0
```

이것은 'ip and udp'라고 정의된 필터가 변환되는 모습을 보여줍니다. tcpdump는 -d 플래그를 통해 사용자가 정의한 필터 규칙을 다양한 형태의 BPF 바이트코드로 출력시킬 수 있습니다. 출력 결과에 대한 상세한 내용은 여기 굳이 신경 쓰지 않아도 괜찮습니다. 여기서는 사용자가 정의한 필터 규칙 문자열이 어떻게 BPF 바이트코드로 변환되는지만 확인합니다. 혹시 자세한 내용을 알고 싶다면 tcpdump 매뉴얼을 참고하세요.

이렇게 변환된 바이트코드가 커널로 전달되면 커널 내 가상 머신이 이를 처리합니다. 그림으로 나타내면 다음과 같습니다.

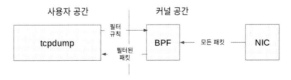

그림 2.2 tcpdump와 BPF의 관계

BPF는 단순하지만 몇 가지 범용 명령을 수행할 수 있는 가상 머신입니다. 구조적인 장점으로 인해 원래의 네트워크 패킷 필터링이라는 목적 외에도 다양한 기능을 개발하는 데도 사용됐습니다. 리눅스에서는 대표적으로 seccomp(Secure Computing)가 BPF를 기반으로 구현되어 있습니다.

seccomp는 보안을 위한 일종의 샌드박스로, 프로세스가 수행할 수 있는 시스템 콜을 제한할 수 있습니다. 초기 seccomp는 정해진 몇몇 시스템 콜만 허용하는 형태였지만, 이후 BPF를 통해 확장되어 사용자가 좀 더 유연하게 가용한 시스템 콜을 지정해줄 수 있는 형태로 개선됐습니다. tcpdump의 libpcap처럼 seccomp는 내부의 libsecomp 라이브러리에서 BPF 코드에 대한 추상화를 제공합니다. 다음은 seccomp가 어떻게 시스템 콜을 처리하는지 그림으로 나타낸 것입니다.

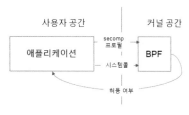

그림 2.3 seccomp와 BPF의 관계

이 밖에도 여러 영역에서 BPF가 사용되고 있습니다. 다음은 리눅스의 대표적인 BPF 사용처입니다. [2]

네트워킹

○ 소켓 필터링

○ netfilter xtable

○ tc filter

트레이싱

○ kprobe bpf extension

샌드박싱

○ seccomp bpf filter

---

2   https://www.kernel.org/doc/Documentation/networking/filter.txt

이렇게 점차 커널 내 다양한 컴포넌트에서 BPF를 활용하고자 하면서 기존의 BPF에 대해 여러 추가 요구사항이 생겨났습니다. 이를 충족하기 위해 기존의 BPF가 확장된 eBPF(extended BPF)가 개발됐습니다. eBPF와 구분하기 위해 기존에 사용되던 BPF를 cBPF(classic BPF)로 부르기도 합니다. 여기서는 구분을 위해 나눠서 표기했지만 모두 BPF로 통용됩니다.

2.2 eBPF

eBPF는 2014년에 "extended BPF"라는 제목으로 알렉세이 스타로보이토프(Alexei Starovoitov)가 제안한 것으로[3], 이름 그대로 기존 BPF를 확장한 것입니다. 이후 여러 기여자를 통해 현재까지 개발이 계속 진행되고 있습니다.

기존의 BPF(cBPF)는 범용으로 쓰기에 여러 가지 한계가 있었습니다. 32비트 크기의 레지스터 2개만 갖고 있고, 함수를 정의하거나 호출할 수 없습니다. 이에 반해, eBPF는 64비트 크기의 11 개의 레지스터를 갖고 있고 함수를 정의할 수 있으며 더 다양한 인스트럭션을 제공합니다. cBPF 가 패킷이 들어올 때마다 동작했다면, eBPF는 그 밖의 다양한 소스에서 이벤트를 받아 동작합니다. 최근 리눅스에서는 eBPF를 기반으로 패킷과 시스템 콜 필터를 넘어 가상 네트워크나 파일 시스템, 그리고 트레이싱 등이 구현되고 있습니다.

다음은 cBPF와 eBPF를 간략히 비교한 표입니다. 이벤트 행에서 eBPF가 매우 다양한 이벤트 소스를 제공한다는 사실을 확인할 수 있습니다. 각 이벤트 내용이나 저장소, 시스템 콜 등 내용은 이후 다시 살펴보겠습니다.

표 2.1 cBPF vs. eBPF

	cBPF	eBPF
레지스터	32비트 2개의 레지스터와 스택	64비트 11개의 레지스터
저장소	16 메모리 슬롯	크기 제한이 없는 맵 512바이트의 스택
시스템 콜	N/A	bpf( )

---

3 https://lwn.net/Articles/603983/

	cBPF	eBPF
이벤트	네트워크 패킷 시스템 콜	네트워크 패킷 kprobe uprobe 트레이스포인트 USDT 소프트웨어 이벤트 하드웨어 이벤트

클라우드 컴퓨팅 성능 전문가인 브렌던 그레그(Brendan Gregg)는 eBPF를 자바스크립트에 비교했습니다.[4] 자바스크립트는 브라우저 내에 존재하는 가상 머신에서 안전하게 실행되면서 마우스 클릭 등의 이벤트에 따라 정적인 HTML 웹페이지를 동적으로 바꿉니다. 이처럼 eBPF는 커널에서 여러 이벤트에 따라 동작하는 작은 프로그램을 가상 머신 위에서 안전하게 동작시킬 수 있습니다. 브라우저 내의 V8과 같은 자바스크립트 엔진이 자바스크립트를 바이트코드로 변환해서 동작시키는 것처럼 eBPF도 더 상위 레벨의 언어를 eBPF에서 지원하는 바이트코드로 동작시킵니다.

근래의 리눅스 커널은 cBPF와 eBPF를 모두 지원합니다. 각자 별도의 가상 머신을 갖는 것은 아니고 eBPF를 처리하는 가상머신에서 기존의 cBPF도 같이 처리하는 형태로 존재합니다.

흔히 자바나 파이썬 등의 VM기반 언어가 그렇듯이 eBPF 또한 JIT(Just In Time) 컴파일을 지원합니다. 컴파일 시점에서 물리 장비의 기계어로 즉시 변환 후 실행되어 성능을 더욱 개선할 수 있습니다.

2.3 BCC, bpftrace, 그리고 IO Visor

eBPF는 어떻게 사용하면 될까요? tcpdump의 예에서 본 바이트코드 같은 것을 직접 작성하면 될까요? 다행히 다양한 방법으로 eBPF를 사용할 수 있습니다. 난이도별로 나열해 보면 다음과 같습니다.

---

4 http://www.brendangregg.com/bpf-performance-tools-book.html

- BCC/bpftrace tool 사용

- bpftrace로 스크립트 작성

- libbpf를 활용하여 BPF 프로그래밍

- LLVM 기반에서 C 언어로 BPF 프로그래밍

- BPF 바이트코드를 직접 활용하여 프로그래밍

먼저 BCC가 무엇인지 알아보겠습니다. 앞서 본 바이트코드를 직접 작성해서 eBPF 프로그램을 작성하는 것은 많이 부담스럽습니다. BPF는 제한적인 C 언어로 작성 가능합니다. LLVM [5]의 clang과 같은 컴파일러를 활용해 이렇게 C 언어로 된 BPF 프로그램 코드를 eBPF 바이트코드로 컴파일할 수 있습니다. 다음은 리눅스의 BPF 매뉴얼 [6]에 인용된 간단한 BPF 프로그램입니다.

예제 2.1 간단한 형태의 BPF 프로그램

```
#include <linux/bpf.h>
#ifndef __section
# define __section(x)  __attribute__((section(x), used))
#endif
__section("classifier") int cls_main(struct __sk_buff *skb)
{
    return -1;
}
char __license[] __section("license") = "GPL";
```

이 코드는 아무 동작도 하지 않는 빈 껍데기 프로그램입니다. clang을 사용해 다음과 같은 식으로 직접 코드를 빌드할 수 있습니다.

```
$ clang -O2 -emit-llvm -c bpf.c -o - | llc -march=bpf -filetype=obj -o bpf.o
$ file bpf.o
bpf.o: ELF 64-bit LSB relocatable, eBPF, version 1 (SYSV), not stripped
```

---

5 http://llvm.org/
6 https://man7.org/linux/man-pages/man8/BPF.8.html

file로 결과물을 살펴보면 x86-64가 아닌 eBPF 아키텍처를 대상으로 만들어진 바이너리임을 알 수 있습니다.

예제 2.1의 코드는 짧지만 어딘가 혼란스럽습니다. __section은 무슨 용도일까요? 또 빌드한 프로그램은 어떻게 사용할 수 있을까요? 빌드된 BPF 바이너리는 다양한 방식으로 사용됩니다. 사용자 영역에서 bpf() 시스템 콜을 통해 로드해서 사용하기도 하고, tc나 ip 같은 도구를 통해 각기 TC 혹은 XDP 등의 시스템에 사용되기도 합니다.

그럼 사용자 영역에서 BPF 프로그램으로는 어떻게 통신하면 될까요? 커널에서 주는 결과는 어떻게 사용자 영역에서 처리해야 할까요? 이렇게 직접 BPF 프로그래밍을 하는 것은 다소 불편합니다. 다행히도 브라우저의 자바스크립트처럼 eBPF도 더 개발자 친화적인 프로그래밍 환경을 제공합니다. 그 중심에 있는 것이 BCC(BPF Compiler Collection)입니다.

BCC는 C++, 파이썬, 루아(Lua)로 작성된 사용자 공간의 프로그램과 C로 작성된 커널 공간의 BPF 프로그램을 작성할 수 있게 도와줍니다. BCC를 활용하면 BPF 프로그램을 빌드하는 것부터 프로그램을 로드하고 실행하는 데 많은 편의를 얻을 수 있습니다. 사용자 영역과 BPF 프로그램 사이의 통신을 위한 인터페이스도 제공합니다. 프로젝트 내에 즉시 사용 가능한 다양한 도구들이 제공되는데, 앞에서 언급한 BCC tools가 바로 그것입니다. 사용자는 해당 도구를 바로 사용하거나 필요에 따라 이를 참조해서 자신만의 eBPF 프로그램을 작성할 수 있습니다.

BCC tools에는 무려 80여 개가 넘는 도구가 포함되어 있고, 지금도 계속 추가되고 있습니다. 시스템 내 범용 지표들은 사실 이 도구만으로 대부분 확인할 수 있습니다. 이 도구들은 우리가 일반적으로 많이 사용하던 free, iostat, vmstat 등의 모니터링 도구를 어느 정도 대체할 수 있습니다. 모두 비슷한 형태로 개발되어 있고, 코드의 길이가 짧은 편이라 쉽게 사용자가 원하는 대로 수정할 수 있습니다. 다음 그림은 대표적인 도구와 각 도구가 바라보는 타깃 영역을 나타낸 것입니다.

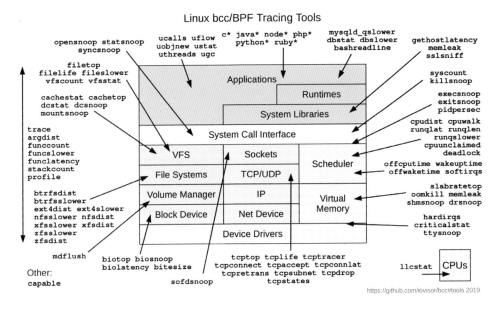

그림 2.4 BCC tools와 타깃 영역

위 그림 자체도 리눅스 커널의 주요 영역을 한눈에 살펴볼 수 있어 매우 유용합니다. 각 영역을 살피는 데 필요한 BPF 도구들도 함께 표시되어 있습니다. 이후 장에서 각 도구에 대한 소개와 간단한 사용법을 살펴보겠습니다.

BCC는 여러 컴포넌트로 구성됩니다. 다음 그림은 BCC의 내부 컴포넌트를 도식화한 것입니다.

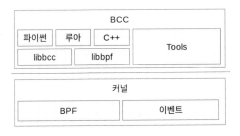

그림 2.5 BCC 컴포넌트

libbcc, libbpf는 개발용 라이브러리로서 파이썬, 루아, C++ 등에서 사용할 수 있습니다. 바로 뒤에 소개할 bpftrace도 이 라이브러리를 내부적으로 활용합니다.

libbpf는 커널 소스의 일부[7]로 존재합니다. BCC에서는 커널 소스와는 별도로 libbpf를 단독 빌드하기 위해 커널 내 libbpf에 대한 별도의 미러 리포지토리[8]를 사용합니다.

BCC를 사용한 간단한 BPF 코드를 살펴보겠습니다. 실제 실습은 이후 장에서 이뤄질 예정입니다. 여기서는 BCC를 사용하는 BPF 프로그램의 형태만 먼저 살펴봅니다.

예제 2.2 BCC 버전의 Hello, World!

```
#!/usr/bin/python
from bcc import BPF
prog = """
int kprobe__sys_clone(void *ctx) {
    bpf_trace_printk("Hello world\\n");
    return 0;
}
"""
BPF(text=prog).trace_print()
```

보다시피 파이썬과 C 언어가 혼용되어 있는 것을 알 수 있습니다. 위 코드의 동작은 다음과 같습니다.

1. BPF() 함수를 통해 C 언어로 작성된 BPF 코드를 커널로 로드하고 커널 영역에서 이를 실행한다.

2. 커널에서 BPF 코드는 bpf_trace_printk()를 통해 "Hello, World!"를 출력한다.

3. 사용자 영역에서 trace_print()를 통해 이를 보여준다.

이처럼 BCC는 BPF 코드를 실행시키고 결과를 사용자 영역에서 쉽게 보고 편집할 수 있는 개발 환경을 제공합니다.

BCC에서 충분히 괜찮은 프로그래밍 환경과 도구를 제공하지만, awk나 sed처럼 어느 정도 유연성을 가지면서 짧은 스크립팅을 선호하는 사용자에게는 여전히 부담스럽습니다. 이를 위해 bpftrace라고 하는 상위 레벨의 도구가 존재합니다. sed나 awk처럼 고유의 문법을 가지며, 한 줄짜리 가벼운 스크립팅에 최적화되어 있습니다. 다음은 간단한 bpftrace 코드의 예입니다.

---

7 https://github.com/torvalds/linux/tree/v5.8/tools/lib/bpf
8 https://github.com/libbpf/libbpf

예제 2.3 bpftrace 버전의 Hello, World!

```
$ bpftrace -e 'BEGIN { printf("hello world\n"); }'
```

BEGIN에서 awk와 유사한 느낌을 받을 수 있습니다. 그다지 유의미한 스크립트는 아니지만 어떤 타입의 도구인지 감을 잡을 수 있을 것입니다.

BCC [9]와 bpftrace [10]의 소스코드는 커널 별개로 IO Visor 프로젝트 [11]에서 관리됩니다.

그림 2.6 IO Visor 로고

IO Visor는 리눅스 파운데이션(Linux Foundation) [12]에서 호스팅하는 프로젝트 중 하나로, BPF와 관련된 에코시스템을 개발 및 관리합니다. IO Visor는 클라우드 규모로 eBPF 기술을 적용하기 위해 다양한 프로젝트를 호스팅하고 있습니다. 앞에서 언급한 BCC, bpftrace 외에도 다른 언어로 바인딩이나 UI 및 IO 모듈 프레임워크를 포함합니다. IO Visor에서는 다음과 같은 형태로 각 프로젝트를 구분합니다.

- IO Visor Runtime Engine: 커널 내 eBPF VM

- IO Visor Compiler backends: 컴파일러 백엔드, LLVM 등

- IO modules: eBPF로 작성된 프로그램

- IO data-plane modules/components: 패킷 필터링 등 특수 목적용 eBPF 프로그램

- etc: IO 모듈 관리 프레임워크 등

위와 같이 eBPF는 단순히 제한적인 용도만을 위한 도구가 아닙니다. 기존 커널의 상당 부분이 eBPF를 통해 대체될 수 있을 것으로 기대하고 있습니다. 사용자가 작성할 프로그램은 사용자 영역의 프로그램과 eBPF를 통한 커널 영역 프로그램의 2가지로 정리될 수 있습니다. 사용자 영역의 프로그램이 시스템 콜로 커널의 기능을 사용하듯이, BPF로 작성된 커널 영역의 프로그램 BPF 헬퍼를 통해 커널의 기능을 사용할 것입니다. 더 나아가서 기존의 커널 컴포넌트 중 상당수는 eBPF로 재작성되어 빠져나가고 커널의 코어는 더 간결해질 수 있을 것입니다.

---

9 https://github.com/iovisor/bcc

10 https://github.com/iovisor/bpftrace

11 https://www.iovisor.org/

12 https://www.linuxfoundation.org/

그림 2.7 미래의 리눅스 프로그래밍 아키텍처

시스템 프로그래밍을 하는 입장에서 보면 eBPF는 이벤트 기반의 새로운 프로그래밍이기도 합니다.[13] 다음 표에서 리눅스 상의 프로그래밍 모델을 함께 비교해봤습니다.

표 2.2 프로그래밍 모델에 따른 비교

	실행 모델	프로그래밍	컴파일 모델	보안	오류 처리	커널 자원 접근
사용자	태스크	가능	Any	사용자 정의	Abort	시스템 콜
커널	태스크	힘듦	정적	없음	Panic	직접
BPF	이벤트	가능	동적, JIT CO-RE	검사기 전용 헬퍼 함수	에러 메시지	헬퍼 함수

실행 모델을 살펴보면 일단 일반적인 사용자 영역의 프로세스와 커널 영역의 프로세스와 달리 BPF는 정해진 이벤트가 발생할 때만 실행됩니다. 사용자 영역에서는 사용자가 필요로 하는 프로그램을 그때그때 정의할 수 있지만, 커널 영역에 이를 반영하기는 쉽지 않습니다. BPF는 커널을 좀 더 사용자 입장에서 프로그래밍하기 용이한 상태로 만들어 줍니다. 필요 커널 모듈은 타깃 호스트에서 매번 다시 컴파일되어야 하고 BPF 역시 마찬가지지만 BPF는 CO-RE(Compile Once-Run Everywhere)를 지원할 수 있는 방향으로 개발이 계속 진행되고 있습니다. 즉, 실행 환경에 따라 한 번 빌드된 BPF 프로그램을 새로 컴파일하지 않고 재활용할 수 있는 여지가 있습니다(이에 대해서는 바로 뒷장에서 다시 살펴보겠습니다). 커널 모듈은 직접 시스템 자원에 접근하고 별다른 제재가 없어 매우 강력하지만, 혹시 에러가 발생하면 시스템에 치명적인 패닉이 발생할 수 있습니다. BPF는 전용 헬퍼 함수를 통해 간접적으로 시스템 지원에 접근하고, 오류가 발생할 경우 에러 메시지만 나타냅니다. 프로그램 자체가 사전에 검사기를 통해 어느 정도 검증되며, 가용한 시스템 리소스를 제한할 수 있습니다.

여기까지 BPF에 대한 전반적인 소개를 했습니다. 최근에는 Cilium [14]에서 ebpf.io 사이트를 통해 BPF와 유관 프로젝트에 관한 소개와 기타 BPF 관련 사설을 정리하고 있습니다. 최근의 BPF 관련 정보를 얻고 싶다면 해당 사이트를 참고하세요.

2.4 트레이싱과 샘플링

이 책에서 다루고자 하는 것은 BPF를 활용한 트레이싱(tracing)입니다. 여기서 트레이싱은 어떤 문제의 원인을 추적하기 위해 프로그램 데이터를 다각도로 기록하고 분석하는 행위를 의미합니다.

분석하고자 하는 대상의 데이터를 이벤트라고 해보겠습니다. 패킷이 시스템에 들어오거나 시스템 콜이 호출되는 것 등이 모두 이벤트가 될 수 있습니다. 이런 이벤트들을 수집할 때는 두 가지 방법이 있습니다. 하나는 발생하는 모든 이벤트를 기록하는 것이고, 다른 하나는 일정 기준으로 부분적으로 취합하는 것입니다. 후자를 샘플링이라고 합니다. 그림으로 나타내면 다음과 같습니다.

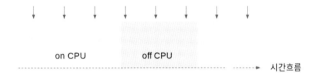

그림 2.8 샘플링의 예

이는 어떤 프로세스가 얼마나 CPU를 사용하는지를 측정하기 위해 해당 프로세스가 CPU에 머문 횟수를 샘플링하는 것입니다. 샘플링은 보통 일정 주기를 가지고 측정합니다. 요컨대 100Hz로 수집한다는 것은 1초에 100번 이벤트의 발생 여부를 확인한다는 것입니다. 그림 2.8의 경우 on-CPU 상태에서 5차례, off-CPU 상태에서 3차례 관측되었음을 알 수 있고, 이를 토대로 CPU 리소스의 60% 가량을 해당 프로세스가 사용했다고 추정할 수 있습니다.

관심을 두는 이벤트의 발생 주기가 매우 높다면 수집에 큰 부담이 됩니다. 이러한 샘플링 기법을 통해 적은 리소스로, 시스템에 주는 영향은 최소한으로 유지하면서 우리가 보고자 하는 데이터를 수집하고 분석할 수 있습니다.

14 https://cilium.io/

03장

BPF의 개념

2장에서는 cBPF를 시작으로 eBPF, IOVisor까지 대략적으로 소개했습니다. 이번에는 본격적으로 BPF를 활용하기에 앞서 BPF와 관련된 전반적인 개념과 구조를 살펴보고 트레이싱과 가시화 관점에서 BPF가 어떤 장점이 있는지 살펴보겠습니다.

3.1 BPF 아키텍처

BPF는 전용 명령어 세트를 지원하는 가상 머신뿐만 아니라 그 주변의 다양한 구성요소로 이뤄져 있습니다. 또한 커널의 많은 컴포넌트가 BPF와 상호작용합니다. 다음은 앞서 설명한 BPF의 구조를 그림으로 나타낸 것입니다.

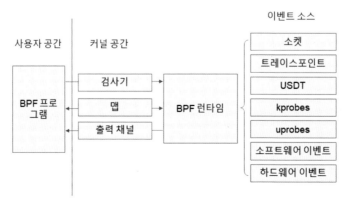

그림 3.1 BPF 아키텍처

여러 컴포넌트를 확인할 수 있습니다. 책 전반에 걸쳐 각 컴포넌트에 대해 설명할 예정이며, 여기서는 일단 사용자 영역은 제쳐두고 커널 영역 내부를 살펴보겠습니다. 크게 다음과 같이 구분할 수 있습니다.

- 이벤트(event)
- 검사기(verifier)
- BPF 런타임
- 맵

먼저 이벤트와 검사기, BPF 런타임, 그리고 맵에 관해 간단히 알아보겠습니다.

이벤트

BPF는 앞에서 기술한 것처럼 이벤트를 기반으로 동작합니다. BPF 프로그램에는 여러 가지 타입이 있는데, 각 타입에 따라 쓸 수 있는 이벤트가 제한됩니다. 또한 BPF에서 커널이나 이벤트에 대한 정보는 오직 전용 헬퍼 함수만을 통해 가져올 수 있습니다. 이 역시 BPF 프로그램 타입별로 사용할 수 있는 헬퍼 함수의 종류가 제한됩니다. 어떤 프로그램 타입이 존재하고 각 타입마다 어떤 이벤트가 허용되는지는 이후에 알아보겠습니다. BPF 프로그램이 커널 공간에 로드되면 요구한 이벤트가 발생하는 즉시 해당하는 BPF 프로그램이 실행됩니다.

검사기

BPF는 커널 공간에 로드되기 전에 검사기에 의해 그 안정성이 검수됩니다. 검사기는 다양한 휴리스틱을 통해 위험한 코드가 실행되지 않게 도와줍니다. 안정성과 비례해 나타나는 제약이 있는데, 이와 관련해서는 뒤에서 다시 정리하겠습니다.

BPF 런타임

그림 3.2는 BPF 런타임을 기준으로 구조를 도식화한 내용입니다.

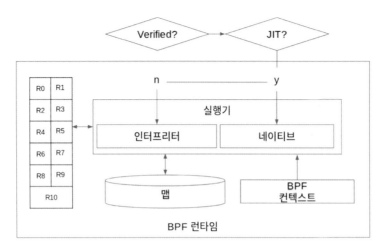

그림 3.2 BPF 런타임 아키텍처

이벤트마다 다양한 메타데이터가 있을 수 있습니다. 이러한 정보는 BPF 컨텍스트로 전달됩니다. 네트워크 패킷을 예로 들면, 해당 패킷에 대한 프로토콜이나 주소 등 여러 정보가 컨텍스트로 전달될 수 있습니다.

BPF 가상 머신은 11개의 64비트 레지스터로 구성되는 RISC 장치입니다. 512바이트의 고정된 크기를 갖는 스택을 갖고 있습니다. 표 3.1에 이러한 11개 레지스터의 용도를 정리했습니다.

표 3.1 BPF 레지스터

레지스터	설명
R0	함수와 프로그램의 리턴 값을 저장합니다.
R1-R5	함수 인자를 저장합니다.
R6-R9	커널 함수를 호출하기 위한 용도입니다.
R10	BPF 프로그램의 스택을 가리키는 읽기 전용 포인터입니다.

함수의 인자로 R1-R5의 5개 레지스터가 사용됩니다. 이로 인해 BPF 내에서 모든 함수는 인자를 5개까지만 사용할 수 있습니다. 마찬가지로 R0의 1개 값만 리턴값으로 허용합니다. 이는 뒤에서 소개하는 헬퍼 함수나 테일 콜 등에 공통으로 적용되는 제약사항입니다.

맵

맵은 BPF에서 사용하는 저장 공간입니다. 히스토그램을 만들고자 하는 등 프로그램 성격에 따라 다양한 자료 구조의 저장 공간이 필요해지는데, BPF는 다양한 형태의 자료 구조를 갖는 맵을 제공합니다. 맵은 사용자 공간과 커널 공간을 이어주는 채널이기도 합니다. 달리 표현하면 커널 공간과 사용자 공간 양쪽에서 접근 가능한 공유 메모리로 봐도 무방합니다. 어떤 종류의 맵이 있고 어떻게 사용하는지는 이후에 좀 더 자세히 살펴보겠습니다.

BPF 트레이싱

BPF는 다양한 목적으로 사용됩니다. 이 책에서는 그중 시스템 가시화와 트레이싱 용도로 BPF를 사용하는 데 도움을 주고자 합니다. 그럼 이러한 관점에서 BPF가 갖는 장점은 무엇일까요? 디스크 입출력 성능을 파악하고자 하는 시나리오를 두고 BPF 사용 여부에 따른 비교 내용을 살펴보겠습니다. 다음 그림부터 시작하겠습니다.

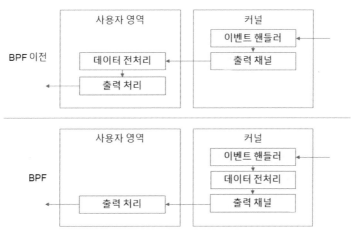

그림 3.3 BPF 유무에 따른 성능 분석 프로그램의 동작

BPF가 없는 경우 다음과 같이 트레이싱을 시도해 볼 수 있습니다.

- 커널 공간: I/O 이벤트 등록

- 커널 공간: 이벤트마다 출력 버퍼에 레코드를 복사

- 사용자 공간: 이벤트마다 출력 버퍼를 사용자 공간으로 복사

- 사용자 공간: 이벤트마다 출력 버퍼의 내용을 분석
- 사용자 공간: 히스토그램 생성

이벤트마다 커널 내 출력 버퍼의 내용이 사용자 공간으로 복사된다는 점에 주목하세요. 이에 반해 BPF를 활용하는 경우는 다음과 같습니다.

- 커널 공간: I/O 이벤트 등록
- 커널 공간: 이벤트마다 데이터를 맵 히스토그램으로 저장
- 사용자 공간: 맵 히스토그램을 사용자 공간으로 로드

이벤트마다 커널과 사용자 공간 사이에 복제가 일어나지 않고 커널 내에서 최대한 처리하고 사용자 공간에 결과만 보내줍니다. 이를 통해 성능상 이점을 크게 누릴 수 있습니다. 또한 보통 성능 분석의 관심 대상인 주요 데이터가 손쉽게 BPF의 이벤트 소스로 등록될 수 있습니다. 이를 통해 사용자 공간과 커널 공간 모두를 아울러 시스템 전반에 대한 가시성을 획득할 수 있습니다. 이러한 분석 태스크는 실시간으로 이뤄지기에 쉽게 시스템에 부담을 줄 수 있지만 BPF는 내부의 코드 검사기를 통해 해당 코드가 시스템에 부담을 주지 않고 보안상의 위험이 없음을 일정 수준 보장합니다.

3.2 BPF 프로그램 타입

BPF 프로그램의 종류는 다양합니다. 커널 내 아래 경로에는 커널에서 지원하는 BPF 프로그램의 타입 전체가 나열[1]되어 있습니다.

예제 3.1 BPF 프로그램 타입

```
enum bpf_prog_type {
    BPF_PROG_TYPE_UNSPEC,
    BPF_PROG_TYPE_SOCKET_FILTER,
    BPF_PROG_TYPE_KPROBE,
    BPF_PROG_TYPE_SCHED_CLS,
    BPF_PROG_TYPE_SCHED_ACT,
```

---

1 https://github.com/torvalds/linux/blob/v5.8/include/uapi/linux/bpf.h#L161

```
    BPF_PROG_TYPE_TRACEPOINT,
    BPF_PROG_TYPE_XDP,
    BPF_PROG_TYPE_PERF_EVENT,
    BPF_PROG_TYPE_CGROUP_SKB,
    BPF_PROG_TYPE_CGROUP_SOCK,
    BPF_PROG_TYPE_LWT_IN,
    BPF_PROG_TYPE_LWT_OUT,
    BPF_PROG_TYPE_LWT_XMIT,
    BPF_PROG_TYPE_SOCK_OPS,
    BPF_PROG_TYPE_SK_SKB,
    BPF_PROG_TYPE_CGROUP_DEVICE,
    BPF_PROG_TYPE_SK_MSG,
    BPF_PROG_TYPE_RAW_TRACEPOINT,
    BPF_PROG_TYPE_CGROUP_SOCK_ADDR,
    BPF_PROG_TYPE_LWT_SEG6LOCAL,
    BPF_PROG_TYPE_LIRC_MODE2,
    BPF_PROG_TYPE_SK_REUSEPORT,
    BPF_PROG_TYPE_FLOW_DISSECTOR,
};
```

BPF 프로그램은 이벤트를 중심으로 작성됩니다. 위의 프로그램 타입에 따라 사용할 수 있는 이벤트가 제한적이므로 내가 작성하고자 하는 프로그램이 어떤 범주에 속하는지 잘 알고 있어야 합니다. 작성한 프로그램은 해당되는 이벤트가 발생할 때 실행됩니다. 실행 시점에 프로그램에서 필요로 하는 여러 정보가 컨텍스트로 제공됩니다.

리눅스에서는 BPF 프로그램의 타입을 크게 다음과 같이 6개 범주로 나눌 수 있습니다.

표 3.2 프로그램 타입

범주	프로그램 타입
소켓 관련	SOCKET_FILTER
	SK_SKB
	SOCK_OPS
TC 관련	BPF_PROG_SCHED_CLS
	BPF_PROG_SCHED_ACT
XDP 관련	BPF_PROG_TYPE_XDP

범주	프로그램 타입
트레이싱 관련	BPF_PROG_TYPE_KPROBE
	BPF_PROG_TYPE_TRACEPOINT
	BPF_PROG_TYPE_PERF_EVENT
CGROUP 관련	BPF_PROG_TYPE_CGROUP_SKB
	BPF_PROG_TYPE_CGROUP_SOCK
	BPF_PROG_TYPE_CGROUP_DEVICE
터널링 관련	BPF_PROG_TYPE_LWT_IN
	BPF_PROG_TYPE_LWT_OUT
	BPF_PROG_TYPE_LWT_XMIT
	BPF_PROG_TYPE_LWT_SEG6LOCAL

이 책에서 주로 다루고자 하는 범위는 트레이싱 관련 프로그램입니다. 그 외 TC 및 XDP 등 네트워킹과 관련된 프로그램도 트레이싱의 목적에서 얕게나마 다룰 예정입니다. 각 프로그램 타입별로 우리가 신경 써야 하는 부분은 다음 3가지입니다.

어떤 역할이며, 언제 프로그램이 실행되는가?

어떻게 커널에 로딩하는가?

어떤 컨텍스트가 제공되는가?

BPF_PROG_TYPE_KPROBE 타입의 프로그램을 예로 살펴보겠습니다.

어떤 역할이며, 언제 프로그램이 실행되는가?

BPF_PROG_TYPE_KPROBE는 이름 그대로 kprobe를 사용하는 프로그램 타입입니다. kprobe는 커널의 함수 진입점에 바인딩되는 이벤트로서 커널 내 특정 함수 호출 정보를 제공할 수 있습니다. 이에 따라 kprobe를 사용하는 프로그램은 해당 커널 함수가 호출될 때 프로그램이 실행됩니다.

어떻게 커널에 로딩하는가?

kprobe의 경우 sysfs 이하의 tracefs에 이와 관련된 인터페이스가 존재합니다. tracefs는 트레이싱을 위한 특별한 파일 시스템으로, 바인딩을 위한 ID를 tracefs를 통해 발급받을 수 있습니다. 보통은 debugfs 아래에 마운트되어 있습니다. 다음과 같이 마운트 정보를 확인할 수 있습니다.

```
$ mount | grep tracing
tracefs on /sys/kernel/debug/tracing type tracefs (rw,nosuid,nodev,noexec,relatime)
```

tracefs 아래의 /kprobe_events 경로에 파일을 쓰면 트레이싱을 위한 ID를 발급받을 수 있습니다.
다음과 같은 형태로 사용합니다.

```
$ echo 'p:myprobe tcp_retransmit_skb' > /sys/kernel/debug/tracing/kprobe_events
$ cat /sys/kernel/debug/tracing/events/kprobes/myprobe/id
1965
```

위 절차에 대한 더 상세한 내용은 커널 내 문서[2]를 확인해 주세요.

앞에서 발급받은 ID는 BPF 프로그램을 로드할 때 사용됩니다. 커널의 소스 트리에는 BPF와 관
련된 예제들이 있는데, 이와 관련된 내용이 커널 내 샘플[3]로 제공됩니다.

여기서는 ID가 사용되는 부분만 발췌해서 살펴보겠습니다.

예제 3.2 /samples/bpf/bpf_load.c의 load_and_attach()

```
...
static int load_and_attach(const char *event, struct bpf_insn *prog, int size)
{
    if (is_kprobe || is_kretprobe) {
...
        strcpy(buf, DEBUGFS);
        strcat(buf, "events/kprobes/");
        strcat(buf, event_prefix);
        strcat(buf, event);
        strcat(buf, "/id");
    } else if (is_tracepoint) {
...
    buf[err] = 0;
    id = atoi(buf);
    attr.config = id;
    efd = sys_perf_event_open(&attr, -1/*pid*/, 0/*cpu*/, -1/*group_fd*/, 0);
...
```

---

2   https://www.kernel.org/doc/Documentation/trace/kprobetrace.txt
3   https://github.com/torvalds/linux/blob/v5.8/samples/bpf/bpf_load.c

```
}
...
```

sys_perf_event_open()에 해당 ID를 tracefs에서 찾아서 전달하는 것을 알 수 있습니다. tracepoint도 유사한 방식으로 바인딩됩니다. 이 이벤트들은 BPF 프로그램을 바인딩하는 데 Perf 시스템에 의존하는 것도 알 수 있습니다.

BPF 바이너리는 이벤트가 바인딩되기 전에 커널로 먼저 로딩되어야 합니다. 같은 파일 내의 아래 함수에서 이를 처리합니다.

```
static int do_load_bpf_file(const char *path, fixup_map_cb fixup_map)
{
...
        /* scan over all elf sections to get license and map info */
        for (i = 1; i < ehdr.e_shnum; i++) {

                if (get_sec(elf, i, &ehdr, &shname, &shdr, &data))
                        continue;

                if (0) /* helpful for llvm debugging */
                        printf("section %d:%s data %p size %zd link %d flags %d\n",
                                i, shname, data->d_buf, data->d_size,
                                shdr.sh_link, (int) shdr.sh_flags);

                if (strcmp(shname, "license") == 0) {
                        processed_sec[i] = true;
                        memcpy(license, data->d_buf, data->d_size);
                } else if (strcmp(shname, "version") == 0) {
                        processed_sec[i] = true;
                        if (data->d_size != sizeof(int)) {
                                printf("invalid size of version section %zd\n",
                                        data->d_size);
                                return 1;
                        }
                        memcpy(&kern_version, data->d_buf, sizeof(int));
                } else if (strcmp(shname, "maps") == 0) {
```

```
                    int j;

                    maps_shndx = i;
                    data_maps = data;
                    for (j = 0; j < MAX_MAPS; j++)
                            map_data[j].fd = -1;
            } else if (shdr.sh_type == SHT_SYMTAB) {
                    strtabidx = shdr.sh_link;
                    symbols = data;
            }
        }
...

                    ret = load_and_attach(shname, data->d_buf,
                                          data->d_size);
                    if (ret != 0)
                            goto done;
...
    }
```

do_load_bpf_file() 함수는 주어진 경로의 ELF 바이너리를 읽어서 바이너리에서 프로그램과 맵 정보를, 그리고 그외 ELF 섹션에 기술된 라이선스 및 버전 등을 추출합니다. 앞서 예제 2.1에서 봤던 '__section'은 ELF 바이너리에 섹션을 기술하기 위한 것인데, 바로 이때 사용됩니다. 필요한 정보를 처리하고 나면 load_and_attach()가 호출되며, 다음 코드 블럭에서 프로그램을 커널로 로딩합니다.

```
static int load_and_attach(const char *event, struct bpf_insn *prog, int size)
{
...
       fd = bpf_load_program(prog_type, prog, insns_cnt, license, kern_version,
                        bpf_log_buf, BPF_LOG_BUF_SIZE);

...
    }
```

bpf_load_program() 함수는 libbpf 라이브러리에서 제공하는 함수입니다. libbpf는 bpf() 시스템 콜에 대한 추상화를 제공합니다.

어떤 컨텍스트가 전달되는가?

전달되는 컨텍스트는 struct pt_regs *ctx가 됩니다. 레지스터를 추상화한 구조체로서 이를 통해 함수의 호출 정보를 가져올 수 있습니다.

앞의 예제는 언뜻 보기에도 번거로움이 많아 보입니다. BCC 등을 사용해 프로그래밍할 때는 다행히 저런 부분은 모두 수면 아래에서 처리됩니다.

실제 트레이싱 목적으로 BPF를 사용할 때는 보통 BCC나 bpftrace를 사용합니다. 프로그램 타입을 직접 신경 쓸 일은 거의 없을 것입니다. BCC나 bpftrace에서 원하는 이벤트를 기술하면 알아서 바인딩 처리를 해주기 때문입니다. 다만 이벤트에 따라 제공되는 컨텍스트가 달라지며, 이를 파악하고 있어야 한다는 점 정도는 염두에 둬야 합니다.

결국 실제 프로그램을 작성할 때는 특정 이벤트에서 어떤 컨텍스트가 주어질지 조사해야 합니다. 안타깝게도 딱히 프로그램 타입별로 가용한 컨텍스트가 한곳에 깔끔하게 정리되어 있지는 않습니다. 실습 장에서 이벤트별로 살펴보겠습니다.

3.3 맵과 오브젝트 피닝

BPF에서 맵은 저장 공간이자 자료 구조이고, 사용자 공간과 커널 공간을 이어주는 채널이기도 합니다. BPF를 활용한 프로그램은 앞에서 보듯이 커널 영역과 사용자 영역 양쪽에 존재하는데, 이때 런타임에 실시간으로 데이터를 서로 주고받기 위해서 맵이 활용됩니다.

맵은 기본적으로 맵을 생성한 BPF 프로그램에 종속적입니다. 즉, 맵을 생성한 후 생성한 BPF 프로그램이 종료되면 맵도 사라집니다. 오브젝트 피닝(object pinning)은 맵의 생명주기를 프로그램과 독립적으로 유지하기 위한 방법입니다. 이번 절에서는 맵과 오브젝트 피닝의 개념을 소개하겠습니다.

3.3.1 맵

맵은 커널 내 존재하는 일종의 키-값(key-value) 저장소입니다. 맵은 사용자 영역과 커널 영역 양쪽에서 접근 가능해서 데이터를 공유할 수 있습니다. 사용자는 어떤 타입의 데이터도 맵에 저장할 수 있습니다. 다만 사전에 그 크기를 명확하게 지정해야 합니다.

다음은 맵과 이에 접근하는 사용자 및 커널 영역의 프로그램을 그림으로 나타낸 것입니다.

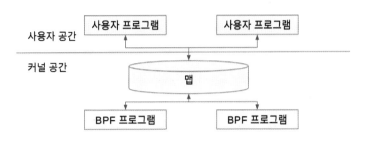

그림 3.4 맵과 사용자, 커널 영역

맵에는 다양한 타입이 존재합니다. 최신 커널 소스에서 확인할 수 있는 BPF 맵 타입[4]은 다음과 같습니다.

예제 3.3 BPF 맵 타입

```
enum bpf_map_type {
    BPF_MAP_TYPE_UNSPEC,
    BPF_MAP_TYPE_HASH,
    BPF_MAP_TYPE_ARRAY,
    BPF_MAP_TYPE_PROG_ARRAY,
    BPF_MAP_TYPE_PERF_EVENT_ARRAY,
    BPF_MAP_TYPE_PERCPU_HASH,
    BPF_MAP_TYPE_PERCPU_ARRAY,
    BPF_MAP_TYPE_STACK_TRACE,
    BPF_MAP_TYPE_CGROUP_ARRAY,
    BPF_MAP_TYPE_LRU_HASH,
    BPF_MAP_TYPE_LRU_PERCPU_HASH,
    BPF_MAP_TYPE_LPM_TRIE,
    BPF_MAP_TYPE_ARRAY_OF_MAPS,
    BPF_MAP_TYPE_HASH_OF_MAPS,
    BPF_MAP_TYPE_DEVMAP,
    BPF_MAP_TYPE_SOCKMAP,
    BPF_MAP_TYPE_CPUMAP,
    BPF_MAP_TYPE_XSKMAP,
```

```
    BPF_MAP_TYPE_SOCKHASH,
    BPF_MAP_TYPE_CGROUP_STORAGE,
    BPF_MAP_TYPE_REUSEPORT_SOCKARRAY,
    BPF_MAP_TYPE_PERCPU_CGROUP_STORAGE,
    BPF_MAP_TYPE_QUEUE,
    BPF_MAP_TYPE_STACK,
    BPF_MAP_TYPE_SK_STORAGE,
    BPF_MAP_TYPE_DEVMAP_HASH,
    BPF_MAP_TYPE_STRUCT_OPS,
    BPF_MAP_TYPE_RINGBUF,
};
```

굉장히 다양한 맵이 제공되고 있음을 알 수 있습니다. 구체적으로 각 맵을 소개하고 이를 생성하고 다루는 방법은 이후 실습 장에서 다시 살펴보겠습니다.

3.3.2 오브젝트 피닝

앞서 이야기한 것처럼 맵은 기본적으로 영구적이지 않은 저장소입니다. 맵을 생성한 BPF 프로그램이 종료되면 사라집니다. BPF 프로그램의 생명주기와 별개로 맵을 유지하려면 BPF 가상 파일 시스템에 데이터를 저장해야 합니다. 이를 오브젝트 피닝이라고 합니다.

가상 파일 시스템에는 맵 외에 BPF 프로그램 자체도 담을 수 있습니다. 맵을 생성할 때 오브젝트 피닝 여부를 명시할 수 있고, 다른 BPF 프로그램에서 피닝된 오브젝트를 가져올 수도 있습니다. 다음 그림은 이를 도식화한 것입니다.

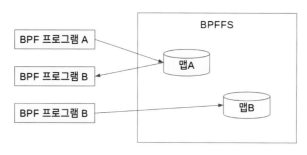

그림 3.5 BPF 파일 시스템과 오브젝트 피닝

위 그림에서 프로그램 A는 BPF 파일 시스템에 tmp/foo 경로로 맵을 저장했습니다. 저장된 이 맵을 프로그램 B에서 사용합니다. 프로그램 C는 맵을 BPF 파일 시스템에 생성하고 프로그램을 종료했습니다. 이 맵은 이후에도 다양한 경로로 접근할 수 있습니다.

오브젝트 피닝은 커널 4.4 이후부터 지원합니다. 일반적으로 BPF 파일 시스템은 /sys/fs/bpf에 마운트되어 있습니다.

```
$ mount | grep bpf
none on /sys/fs/bpf type bpf (rw,nosuid,nodev,noexec,relatime,mode=700)
```

혹시 마운트되어 있지 않다면 다음과 같이 직접 마운트할 수 있습니다.

```
$ mount -t bpf bpf /sys/fs/bpf
```

피닝된 오브젝트 역시 위 경로 아래에서 확인 가능합니다.

3.4 BTF와 CO-RE

BTF, BPF Type Format은 BPF 프로그램을 위한 디버깅 정보를 저장할 수 있는 메타데이터 포맷입니다. 솔라리스(Solaris)의 CTF, Compact C Type Format에서 영향을 받았는데, CTF는 커널의 디버그 정보를 표현하기 위해 사용됐습니다. 리눅스에서 BTF도 이와 유사한 역할을 합니다. 일반적인 ELF 바이너리를 생각해보면 debuginfo를 통해 함수의 심벌 정보 등을 가져올 수 있는데, BTF는 BPF용 debuginfo라고 볼 수 있습니다. BPF 프로그램은 BTF를 통해 프로그램의 메타 정보를 추출할 수 있습니다. 커널 입장에서 프로그램을 파악하기 위한 정보를 기술하기 위한 포맷이라고도 볼 수 있습니다.

일반적으로 사용자 영역에서 커널 모듈이나 시스템 탭과 같은 도구는 커널에서 제공하는 프로그램 인터페이스와 밀접하게 연결되어 있습니다. 해당 도구를 사용할 때는 동작할 커널의 헤더 정보가 요구됩니다. BPF 또한 마찬가지인데, 이로 인해 한 번 빌드해서 여러 곳에서 쓰는 Compile Once Run Everywhere(줄여서 CO-RE라고도 합니다)가 힘들었습니다. 이는 특히 분산 환경에서 다양한 장비를 다루고 있을 때 BPF를 적용하는 데 어려움으로 작용합니다. 커널과 헤더가 독립적으로 존재하고 업데이트되어 자칫하면 호환성이 깨질 위험도 있습니다. 또한 커널 헤더는 커널의 모든 정보를 담고 있지는 않습니다. 일부 함수가 빠져 있기도 하고 구조체를 찾을 수 없기도 합니다. 다행히 5.7 버전 이상의 최근 리눅스 커널에서는 리눅스 바이너리에 디버그 정보를 BTF 포맷으로 내장할 수 있습니다. 이를 활용해서 따로 커널 헤더를 설치하지 않고도 손쉽게 관련 정보를 활용할 수 있게 됐습니다.

BTF는 그 이름부터 타입 포맷이지만, 데이터 타입 외에도 다음과 같이 여러 정보를 담습니다. 이 정보를 통해 맵을 문자열로 출력하고, 프로그램에 대한 트레이싱 정보를 제공합니다.

- 데이터 타입
- 함수
- 라인 정보(소스코드의 라인)

커널에서는 BTF에 저장된 정보를 활용하기 전에 위의 커널 API 정보를 확인해서 BTF를 검사합니다. ELF 포맷은 libbpf 로더와 빌드된 ELF 파일 간의 호환을 위해 존재합니다.

일반적인 사용자 영역의 패키지는 DWARF(Debugging With Attributed Record Format) 포맷으로 된 debuginfo를 통해 디버깅 정보를 제공했습니다. BTF는 debuginfo와 비슷한 역할을 하는데, 실제 BPF 프로그램을 컴파일하면 디버그 정보는 BTF로 저장됩니다. 또한 사용자 영역의 프로그램을 트레이싱할 때는 해당 프로그램의 DWARF 영역이 BTF로 변환되어 커널에 전달됩니다. DWARF 포맷 대비 BTF는 용량 면에서 큰 장점이 있습니다. 몇몇 패키지의 debuginfo 용량은 수백 메가바이트를 우습게 넘어갑니다. 이런 프로그램에 대해 BTF는 10MB 이하의 용량만 사용합니다.

BTF는 어떻게 프로그램을 표현할까요? 페이스북의 BPF 마이크로사이트에는 이와 관련된 페이지[5]가 공개되어 있습니다. 다음 예제와 그림은 해당 페이지에서 발췌한 것입니다. 먼저 코드를 보겠습니다.

예제 3.4 BTF의 프로그램 기술

```
typedef int int32_t;
enum E {
    X = 1,
    Y = 2,
```

---

5 https://facebookmicrosites.github.io/bpf/blog/2018/11/14/btf-enhancement.html

```
    Z = 4
};
union U {
    int32_t foo;
    long bar;
}
struct A;
struct B {
    long arr[16];
    enum E e;
    void* p;
};
struct S {
    volatile struct A* const a_ptr;
    const union U u;
    struct B* b_ptr;
}
int main() {
    struct S s;
    return 0;
}
```

위 프로그램은 의존성을 갖는 구조체로 이뤄져 있습니다. BTF는 프로그램의 의존성을 추적해서 그래프를 만듭니다. 이를 나타내면 다음과 같은 식으로 표현할 수 있습니다. 그래프를 이용해 중복되는 구조체나 문자열을 효율적으로 저장합니다.

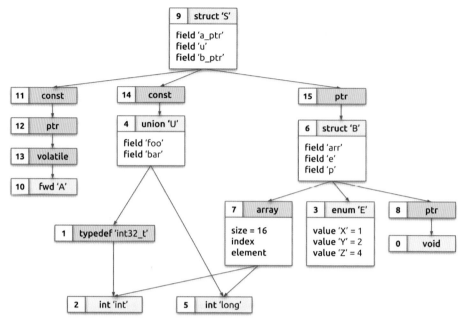

그림 3.6 BTF 타입 그래프의 예

그럼 BTF는 어떻게 만들 수 있을까요? LLVM 같은 컴파일러를 통해 프로그램을 빌드하면 LLVM은 프로그램에 대한 디버그 정보를 DWARF 포맷으로 저장합니다. DWARF 포맷은 상대적으로 무거운 포맷인데, BPF 로더(libbpf)는 이를 보다 간결한 BTF 포맷으로 바꿔 커널로 전달합니다. 이때 DWARF 포맷을 BTF로 변환하는 것은 pahole이라는 도구에서 처리합니다. pahole은 본래 DWARF 포맷을 분석하기 위한 도구인데, pahole 1.12 버전부터 BTF를 지원하기 시작했습니다. 최근 LLVM에서는 직접 BTF를 생성하기도 하는데, 이 경우 pahole을 사용하지 않습니다. BTF가 내장된 리눅스 커널을 빌드하는 경우에도 pahole이 필요합니다. 필자가 사용하는 5.8 버전의 커널은 pahole 1.6 이상의 버전을 요구했습니다.

커널 내에 BTF의 API와 BTF ELF 파일 포맷이 기술되어 있습니다[6]. BTF는 본래 데이터 타입을 기술하는 데 사용됐지만, 현재는 함수나 원본 소스의 라인 정보 등을 포함할 수 있게 확장됐습니다. 당장은 아직 DWARF의 서브셋으로 모든 DWARF의 기능을 커버해주지는 못하지만 커널 바이너리에 포함되어 안정적으로 커널의 정보를 외부로 전달해줄 수 있습니다.

---

6 https://www.kernel.org/doc/html/v5.8/bpf/btf.html

3.5 테일 콜과 BPF to BPF 콜

또 다른 BPF의 특징은 커널 내 BPF 프로그램들이 마치 리눅스 터미널 환경에서 여러 프로그램을 파이핑하는 것처럼 서로 연결될 수 있다는 것입니다. 이를 테일 콜(tail calls)이라고 합니다. BPF는 테일 콜을 통해 BPF 프로그램의 중복을 줄이고 사용성을 높일 수 있습니다.

다음 그림은 테일 콜이 이뤄지는 형태를 보여줍니다.

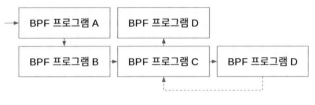

그림 3.7 BPF 테일 콜

테일 콜은 호출이 중첩될 수 있습니다. 한 프로그램에서 다른 프로그램을 호출하면 다시 호출을 요청한 프로그램으로 돌아오지 않습니다. 다만 호출하는 데 실패한 경우 호출을 요청한 프로그램이 그대로 계속 실행됩니다. 위 그림에서 C → D 프로그램의 관계가 이를 나타낸 것입니다.

BPF의 테일 콜은 터미널 환경에서의 파이프와 다소 다릅니다. 터미널에서 서로 파이핑된 프로세스는 표준 입출력을 통해 데이터를 전달합니다. BPF 테일 콜을 이야기할 때 BPF 프로그램의 단위는 하나의 이벤트에 묶여 있는 콜백 함수를 뜻합니다. 여기서 테일 콜이 이뤄지면 이벤트를 받은 하나의 함수가 또 다른 함수를 호출하게 됩니다. 터미널에서와 다르게 이때 호출된 프로그램에 전달되는 것은 호출자의 컨텍스트입니다. 서로 다른 타입의 BPF 프로그램은 컨텍스트가 다르므로 테일 콜은 같은 타입의 BPF 프로그램끼리만 가능합니다.

최근 커널에서는 테일 콜과 더불어 BPF to BPF 콜도 생겼습니다. 이름 그대로 BPF 프로그램에서 다른 BPF 프로그램을 레퍼런스할 수 있는 기능입니다. 이를 통해 중복된 코드를 줄이고 프로그램의 재사용성을 높이며, 단일 BPF 프로그램의 사이즈를 크게 줄일 수 있습니다.

BPF to BPF 콜과 테일 콜은 언뜻 비슷해 보입니다. 다음 그림은 BPF to BPF 콜을 그림으로 나타낸 것입니다. 테일 콜과 구별되는 부분을 찾을 수 있을 것입니다.

그림 3.8 BPF to BPF 콜

가장 구분되는 차이점은 테일 콜은 다른 BPF 프로그램이 호출된 후 다시 프로그램의 흐름이 호출자로 넘어오지 않는다는 점입니다. 이런 점에서 테일 콜은 터미널에서의 파이핑과 유사함이 있습니다. 반면 BPF to BPF 콜은 호출된 프로그램이 종료되면 다시 호출을 요청한 프로그램으로 리턴됩니다. 이때, 호출된 프로그램을 BPF 서브 프로그램(BPF subprog)라고 합니다. BPF에서 일반적인 함수 호출은 불가하나, BPF to BPF 콜을 활용하면 일반적인 함수 호출과 유사한 흐름을 가질 수 있습니다.

리눅스 커널 5.10부터는 테일 콜과 BPF to BPF 콜을 섞어서 쓸 수도 있습니다. 이를 활용해 더욱 다채로운 흐름을 만들 수 있습니다 [7].

3.6 JIT

JIT은 Just In Time의 약자로, JIT 컴파일을 사용하는 경우 실행 시점에 프로그램이 호스트 시스템의 기계어로 빌드되어 실행됩니다. 오늘날 많은 프로그래밍 언어가 JIT 컴파일을 지원합니다. 자바를 예로 들면, 기본적으로 바이트코드를 그때그때 JVM에서 실행해주는 형태지만, JIT 컴파일을 쓰는 경우 바이트코드가 실행되기 이전 시점에 기계어로 변환되어 직접 호스트 머신에서 실행됩니다.

BPF도 JIT 컴파일을 지원합니다. BPF 역시 JIT을 통해 가상 머신의 인스트럭션을 인터프리팅하는 형태의 실행 모델을 사용하지 않고, 프로그램이 로드되면 이를 바로 호스트 머신의 네이티브 코드로 컴파일해서 런타임 중 인터프리팅 과정 없이 프로그램이 실행될 수 있습니다.

그림 3.9는 BPF의 바이트코드가 호스트 머신의 네이티브 코드로 변경되는 것을 묘사한 것입니다.

---

7   https://lwn.net/Articles/826884/

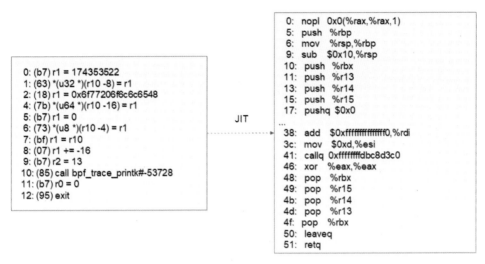

그림 3.9 JIT 컴파일

기본적으로 JIT은 활성화되어 있지 않으며, 다음과 같은 방법으로 활성화할 수 있습니다.

```
$ echo 1 > /proc/sys/net/core/bpf_jit_enable
```

커널 코드에서는 arch 이하 경로에서 다음과 같이 아키텍처별로 JIT 지원 여부를 확인할 수 있습니다.

```
$ git grep HAVE_EBPF_JIT arch/
arch/arm/Kconfig:        select HAVE_EBPF_JIT    if !CPU_ENDIAN_BE32
arch/arm64/Kconfig:      select HAVE_EBPF_JIT
arch/powerpc/Kconfig:    select HAVE_EBPF_JIT    if PPC64
arch/mips/Kconfig:       select HAVE_EBPF_JIT    if (64BIT && !CPU_MICROMIPS)
arch/s390/Kconfig:       select HAVE_EBPF_JIT    if PACK_STACK && HAVE_MARCH_Z196_FEATURES
arch/sparc/Kconfig:      select HAVE_EBPF_JIT    if SPARC64
arch/x86/Kconfig:        select HAVE_EBPF_JIT    if X86_64
```

3.7 XDP와 하드웨어 오프로드

XDP(eXpress Data Path)는 비교적 최근에 소개된 리눅스상의 새로운 네트워크 프로그래밍 방식입니다. 커널이 네트워크 패킷을 받으면 여러 단계를 거쳐 소켓이 배정되는데, XDP는 이러한 다단계 과정을 거치지 않고 바로 패킷에 대한 제어권을 프로그램에 제공할 수 있습니다. 이렇게 커널을 바이패스하는 기술은 유사한 프로젝트로 인텔의 DPDK(Data Plane Development Kit) [8]가 있습니다.

XDP를 사용하는 프로그램은 물론 BPF로 작성되며, 다음과 같은 3가지 타입이 있습니다.

- 네이티브(native) 모드

- 오프로드(offload) 모드

- 제너릭(generic) 모드

네이티브와 오프로드 모드의 경우 이를 지원하는 NIC에서만 동작합니다. 이때 패킷은 소켓이 할당되기 전에 XDP 프로그램에서 처리될 수 있으며, 오프로드 모드의 경우 XDP 프로그램 또한 커널이 아닌 NIC에서 실행됩니다. 이처럼 커널 대신 NIC에서 패킷을 처리하게 하는 것을 하드웨어로 오프로드한다고 말합니다. 네이티브 모드는 많은 NIC에서 지원하지만, 오프로드 모드를 지원하는 NIC는 아직 극히 일부만 있습니다. 제너릭 모드의 경우 XDP 프로그램에 의한 패킷 처리는 소켓 할당 이후에 이뤄집니다. 대신 별도의 NIC 제약이 없습니다. XDP의 기본 동작 모드는 네이티브 모드입니다.

BPF에서 네트워킹 관련 프로그래밍은 TC, XDP에 타깃에 한해서 하드웨어로 오프로드할 수 있습니다. 이를 통해 프로세서의 리소스를 절약하고 높은 성능을 달성할 수 있습니다. XDP나 TC에서 BPF를 사용하는 것은 트레이싱 외에 BPF의 또 다른 주요 사용처입니다. 그 밖에 BPF와 XDP로 네트워킹을 구성하는 Cilium과 같은 프로젝트가 있습니다.

---

8 https://www.dpdk.org/

3.8 헬퍼 함수

BPF에서는 BPF 프로그램에서 커널의 정보를 손쉽고 안전하게 가져갈 수 있게 전용 헬퍼 (helper) 함수가 제공됩니다. BPF 프로그램 타입에 따라 사용할 수 있는 헬퍼 함수가 제한되는 데, 예를 들어 소켓에 붙은 BPF 프로그램은 오직 해당 네트워크 레이어와 관련된 헬퍼 함수만 사용할 수 있습니다. BPF 프로그램을 개발하는 개발자는 헬퍼 함수를 통해 디버깅 메시지를 출력하거나 맵을 다루고 시스템의 정보를 가져올 수 있습니다.

간단한 헬퍼 함수의 예를 살펴보겠습니다. bpf_trace_printk()는 주어진 문자열을 /sys/kernel/ debug/tracing/trace_pipe에 출력하는 헬퍼 함수로서 간단한 디버깅용으로 유용합니다. 이 함수 는 다음과 같이 사용합니다.

예제 3.5 BPF 헬퍼 함수 bpf_trace_printk()

```
int kprobe__sys_clone(void *ctx) {
    bpf_trace_printk("Hello BPF\n");
     return 0;
}
```

이 BPF 프로그램이 커널로 로딩되면 /sys/kernel/debug/tracing/trace_pipe로 문자열을 출력하며, cat 등을 사용해 확인할 수 있습니다.

```
$ cat /sys/kernel/debug/tracing/trace_pipe
Hello BPF
```

그 밖에 다음과 같은 헬퍼 함수가 있습니다. 이후에 실습장에서 다시 보겠습니다.

- bpf_trace_pintk()

- bpf_map_*_elem()

- bpf_get_current_pid_tgid()

- ...

시스템의 매뉴얼 페이지를 통해 전체 헬퍼 함수에 대한 설명과 소개를 볼 수도 있습니다.

```
BPF-HELPERS(7)                    Linux Programmer's Manual
BPF-HELPERS(7)
NAME
     BPF-HELPERS - list of eBPF helper functions
DESCRIPTION
     The  extended  Berkeley  Packet Filter (eBPF) subsystem consists in programs
written in a pseudo-assembly
     language, then attached to one of the several kernel hooks and run in reaction of
specific  events.  This
     framework  differs  from  the  older, "classic" BPF (or "cBPF") in several
aspects, one of them being the
     ability to call special functions (or "helpers") from within a program.  These
functions  are  restricted
     to a white-list of helpers defined in the kernel.
...
```

3.9 검사기

BPF는 검사기(verifier)를 통해 BPF 프로그램이 시스템을 해치지 않음을 보장합니다. 검사기에서는 다양한 휴리스틱을 통해 프로그램을 검사합니다. 예를 들어, 다음과 같은 코드를 보겠습니다(참고로 이 코드는 전체 코드 중 일부를 발췌한 것으로, 즉시 실행 가능한 코드는 아닙니다).

예제 3.6 BPF 검사기 동작 예제

```
BPF_HASH(syscalls);
int hello(void *ctx) {
    u64 counter = 0;
    u64 key = 56;
    u64 *p;
    p = syscalls.lookup(&key)
    if (p != 0) {
        counter = *p;
    }
    counter++;
    syscall.update(&key, &counter);
    return 0;
}
```

위에서 p 값에 대해 널(NULL) 체크를 하는 부분을 확인할 수 있습니다. 해당 if 절을 제거하고 프로그램을 로드하면 어떻게 될까요?

```
bpf: Failed to load program: Permission denied
...
HINT: The 'map_value_or_null' error can happen if you dereference a pointer value from a
map lookup without first checking if that pointer is NULL.
...
```

위와 같이 위험성을 경고하고 프로그램을 로드할 수가 없게 됩니다. 이처럼 BPF의 검사기는 프로그램을 로딩하는 시점에서 코드의 무결성을 체크하고 원인을 친절하게 설명해줍니다.

검사기에서는 2단계로 프로그램을 검증합니다. 첫 번째 단계에서는 다음과 같은 사항을 점검합니다.

- 먼저 프로그램의 사이즈가 BPF_MAXINSNS를 넘는지

- 프로그램에 루프가 없는지

- 실행될 수 없는 명령이 포함되어 있는지

- 허용되지 않은 함수 호출이나 메모리 접근이 있는지

두 번째 단계는 다소 난해한데, 실제 프로그램에서 가용한 모든 단계를 시뮬레이션하면서 프로그램의 문제점을 확인합니다. 앞에서 작성한 예는 두 번째 단계에서 처리된 것으로 보면 됩니다.

3.10 제약사항

검사기나 헬퍼 함수를 통해 안정성을 담보하는 것과 비례해서 제약도 늘어났습니다. 몇 가지 중요한 제약은 다음과 같습니다.

명령어 수

단일 BPF 프로그램은 최대 4,096개의 명령어만 실행할 수 있게 제한되어 있습니다. 커널 5.1 이상에서는 이 제한이 백만까지 허용됩니다.

반복문 및 커널 함수 사용 불가

while이나 for 문 같은 반복문은 사용할 수 없습니다. bpftrace 같은 도구에서는 제한적인 형태로 정해진 횟수만 반복하는 간단한 반복문을 지원하기도 합니다.

커널 영역에서 동작하지만 커널에서 제공하는 함수는 직접 사용할 수 없습니다. 전용 헬퍼 함수를 통해서만 커널에 접근 가능합니다. 컴파일러에서 제공하는 빌트인 함수도 사용할 수 없습니다.

함수 관련 제약

일반적인 함수 호출이 불가능합니다. 인라인 함수를 쓰거나 BPF to BPF 콜 혹은 테일 콜을 대신 쓸 수 있습니다. 테일 콜의 경우 32번까지만 중첩될 수 있습니다. 함수의 리턴값은 1개만 허용하며, 함수의 인자는 5개만 허용합니다.

메모리 관련 제약

특정 메모리로 직접 접근이 불가능합니다. 필요 시 bpf_probe_read() 같은 헬퍼 함수를 통해 메모리를 읽어 들여야 합니다. BCC 같은 개발 환경을 사용하는 경우 자동으로 이를 추가해주기도 하지만, 명시적으로 해당 함수를 호출해야 할 수도 있습니다.

메모리는 BPF 맵이나 스택으로만 불러올 수 있습니다. 스택 영역은 512바이트로 고정되므로 큰 데이터는 맵으로 불러들여 사용해야 합니다.

사용자 커널 영역 간의 전송

커널에서 사용자 영역으로 데이터를 전송하는 것은 다음 4가지로 제한됩니다.

- BPF 맵
- bpf_trace_printk
- Perf 링 버퍼
- 커널 링 버퍼

기타 제약사항이나 BPF 설계와 관련된 Q&A는 커널 문서 [9]에서 확인할 수 있습니다.

---

9   https://www.kernel.org/doc/html/v5.8/bpf/bpf_design_QA.html

3.11 다른 방법과 비교

지금까지 BPF에 대한 대략적인 내용을 확인했습니다. 더 깊이 알아보기에 앞서 기존의 다른 분석 도구와 비교해보겠습니다.

BPF 이전에도 리눅스에는 다양한 트레이싱 도구가 있었습니다. 다음은 리눅스 트레이싱 도구의 역사를 나타낸 그림입니다.

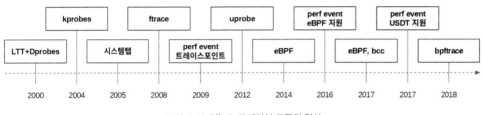

그림 3.10 리눅스 트레이싱 도구의 역사

이 도구들은 세세하게 차이가 있지만 구조적으로는 유사한 점이 많습니다. 다음 그림을 보면 앞서 BPF에서의 특징인 것처럼 묘사된 구조를 비슷하게 이미 가지고 있음을 알 수 있습니다.

그림 3.11 리눅스 트레이싱 아키텍처

그럼 이러한 도구와 비교했을 때 BPF는 어떤 장단점이 있을까요? 이어서 하나씩 간략하게 비교해 보겠습니다.

3.11.1 커널 모듈

먼저 커널 모듈과 비교해보겠습니다. 커널 모듈은 엄밀히 말하면 트레이싱 도구는 아니지만 많은 커널 내 컴포넌트와 기타 서드파티 모니터링 도구들이 커널 모듈로 개발됩니다. 커널 모듈에서는 주요 리소스에 대한 접근에 별다른 제한이 없어 매우 강력한 프로그램을 작성할 수 있습니다. 주요 성능 지표 측정 대상이 커널 영역에 위치하는 만큼 트레이싱 도구를 커널 모듈로 개발하면 성능상으로든 확장성으로든 큰 장점이 있습니다. 하지만 이에 비례해서 매우 위험한 코드도 쉽게 생산될 수 있습니다. 모듈로 인해 시스템 전체가 정지될 수도 있습니다.

BPF는 검사기를 통해 코드의 안전성이 사전에 검사됩니다. 주요 커널 리소스에 대한 접근이 제한되어 있고 필요 시 헬퍼 함수를 통해 간접적으로 참조하게 되어 있습니다. 프로그램에서 필요로 하는 리소스에만 접근하도록 제한할 수 있어 더 안전합니다.

혹시 모를 버그나 기타 여러 가지 이유로 커널 모듈에서 에러가 발생하면 시스템이 정지될 수도 있는 커널 패닉이 발생하지만, BPF에서는 에러 메시지만을 리턴합니다.

마지막으로 커널 모듈은 상대적으로 개발 난이도가 높습니다. BPF는 다양한 개발 환경을 제공하므로 사용자가 더욱 쉽게 BPF 프로그램을 사용할 수 있습니다.

3.11.2 시스템 탭

시스템 탭(SystemTap) [10]은 BPF 이전에 다용도로 사용되던 강력한 분석 도구입니다. BPF처럼 다양한 이벤트 소스를 활용한 프로그래밍이 가능하며, 사용자가 작성한 시스템 탭 스크립트는 커널 모듈로 변환되어 커널에 로드되고 매우 빠르게 동작합니다. 하지만 스크립트가 커널 모듈로 변환되는 데 시간이 다소 소요되고, 결과적으로 커널 모듈로 동작하는 만큼 위험할 수 있습니다. 시스템에 따라 안정성이 떨어진다는 평가도 있습니다. C 프로그래밍만 지원하므로 BPF보다 개발 환경에 대한 접근성이 떨어집니다.

시스템 탭은 나름의 장점이 있습니다. BPF 검사기에서 허용하지 않는 반복문이나 커널 메모리로 직접적인 접근이 허용됩니다. 근래의 시스템 탭은 백엔드 확장으로 BPF를 지원하기도 해서 장점을 두루 누릴 수도 있습니다. 다만 BPF 백엔드를 사용하는 경우 BPF의 제약사항을 함께 받습니다.

3.11.3 LTTng

LTTng(Linux Trace Toolkit: Next Generation) [11]는 리눅스 전용 오픈소스 트레이싱 프레임워크로, 커널 모듈 및 사용자 레벨의 라이브러리와 애플리케이션으로 구성되어 있습니다. 사용

---

10 https://sourceware.org/systemtap/
11 https://lttng.org/

자 영역의 프로그램을 디버깅할 때 BPF 대비 오버헤드도 적고 다양한 측면에서 분석을 제공합니다. 다만 분석 대상 프로그램에서 LTTng 세션으로 데이터 전달이 필요해서 새로 빌드해야 하는 등 번거로움이 있습니다. BPF는 상대적으로 손쉽게 독립적으로 대상을 트레이싱할 수 있습니다.

3.11.4 Perf

perf[12]는 리눅스의 오래된 표준 성능 측정 도구입니다. 꾸준히 개발되고 개선되어 다양한 기능을 제공합니다. 풍부한 프로그래밍 환경을 제공하지는 못하지만 일반적인 수준에서 다양한 시스템 지표를 수집하고 가시화할 수 있습니다. 심벌 정보를 보여주는 면에서는 BPF에서 미처 지원하지 못하는 몇몇 스택 트레이싱을 지원하기도 합니다. 별다른 준비 없이 설치 및 사용이 간단해서 BPF와 함께 사용하기에 좋은 도구입니다. 실상 트레이싱 영역에서 BPF는 많은 부분 Perf 시스템에 의존합니다. 이 책에서는 사용자 영역의 도구인 perf에 대한 비교로 한정했습니다.

3.11.5 {f,l,s,uf}trace

perf 외에도 다음과 같은 다양한 분석 도구가 있습니다. 그 자체로 유용한 도구지만 각기 특화된 영역만 다루며, perf와 마찬가지로 별도의 개발 환경을 제공하지는 못합니다.

- ftrace: 커널 함수 추적
- ltrace: 동적 라이브러리 연결 추적
- strace: 시스템 콜 추적
- uftrace[13]: ftrace에 C/C++ 사용자 영역 트레이싱이 추가된 형태

각 도구는 트레이싱 대상이 명확히 분리되어 있습니다. uftrace의 경우 사용자 공간과 커널 공간을 통합해서 조망할 수 있고 트레이싱을 위한 여러 편의 기능이 녹아 있지만 C/C++로 작성된 프로그램만을 대상으로 동작하며, 동작 중인 프로그램을 살펴볼 수 없습니다.

BPF는 위 도구들이 사용하는 모든 성능 분석에 필요한 지표들을 바라볼 수 있으며, 사용자 영역과 커널 영역을 아울러 통합된 트레이싱 환경을 제공합니다. 나아가 그 위에 유연한 개발 환경을

---

12 https://perf.wiki.kernel.org/index.php/Main_Page
13 https://github.com/namhyung/uftrace

제공합니다. 분석 대상 프로세스를 정지시키지 않아도 되며, 준비만 잘 되어 있다면 별도로 트레이싱을 위해 프로그램을 새로 빌드하지 않아도 됩니다.

하지만 장점만 있는 것은 아닙니다. 상대적으로 최근 커널만 지원하며, 사용자 영역의 디버거보다는 아무래도 정보가 부족할 수 있습니다. 예를 들어, 브라우저에서 제공하는 개발자 도구는 BPF에서 제공하기 힘든 많은 정보와 기능이 있습니다. 또 BPF 자체는 커널에서 동작하므로 빈번하게 사용자의 입력을 요구하는 디버깅을 요구하는 상황에서는 잦은 컨텍스트 스위칭이 나타날 수 있습니다. 이 같은 용도로는 완전히 사용자 영역에서 동작하는 LTTng가 더 나은 선택일 것입니다. 마지막으로 BPF는 오직 리눅스 전용 도구입니다. 윈도우는 물론 기타 유닉스 호환 운영체제와도 호환되지 않습니다.

다음은 지금까지 설명한 도구를 각기 난이도 및 활용도를 기준으로 정리한 그림입니다.

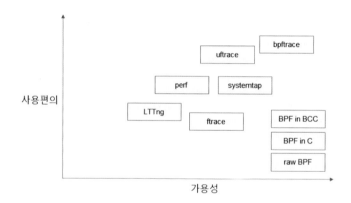

그림 3.12 활용도 및 난이도별 도구 분류

## 04장

이벤트

BPF는 이벤트 기반의 시스템입니다. 따라서 BPF에서 지원하는 각 이벤트의 특징을 알아두고 이를 활용하는 것이 중요합니다. 이번 장에서는 BPF에서 지원하는 각 이벤트 타입에 관해 알아보겠습니다. 그림 4.1은 시스템의 주요 컴포넌트와 각 컴포넌트에서 제공하는 이벤트를 나타낸 그림입니다.

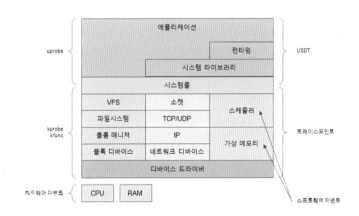

그림 4.1 다양한 이벤트 소스

이벤트는 크게 다음과 같은 3가지로 분류할 수 있습니다.

- 동적 포인트
  - kprobe
  - kfunc
  - uprobe
- 정적 포인트
  - 트레이스포인트
  - USDT
- 기타
  - 하드웨어 이벤트
  - 소프트웨어 이벤트

각 이벤트에 대해 소개하겠습니다. kfunc는 기능적으로 kprobe와 유사하므로 여기서는 소개를 생략합니다. 이후 실습 장에서 비교하겠습니다.

4.1 kprobe

kprobe는 리눅스 커널 내에 존재하는 디버깅 시스템입니다. kprobe를 사용하면 커널 함수의 시작점과 끝점에 원하는 프로그램을 동적으로 추가할 수 있습니다. 이를 통해 커널의 소스코드 대부분에 접근할 수 있으며, 다음과 같이 두 가지 타입이 있습니다.

- kprobe
- kretprobe

kprobe는 커널 함수의 실행 시점에 삽입되며, kretprobe는 커널 함수가 리턴될 때 작동합니다. 이 2가지를 조합해서 커널 내 특정 함수가 어느 정도 시간을 소요했는지를 측정할 수도 있습니다. kprobe, kretprobe를 활용하려면 커널의 특정 함수와 인자를 커널 소스로부터 확인해 보는 것이 중요합니다.

kprobe에 대한 자세한 내용은 커널 문서를 참고합니다. [1]

---

1   https://www.kernel.org/doc/html/v5.8/trace/kprobetrace.html

4.2 uprobe

uprobe는 kprobe와 유사합니다. kprobe는 커널 영역에서의 동적 포인트라면 uprobe는 사용자 영역에서 동작하는 포인트입니다. kprobe와 마찬가지로 다음의 두 가지 타입이 있으며, 작동 방식도 유사합니다.

- uprobe

- uretprobe

사용자 영역의 함수에 바인딩되는 만큼 대상 바이너리 및 라이브러리에서의 심벌을 살펴보면 좋습니다. 리눅스의 실행 바이너리는 nm이나 readelf 같은 도구를 통해 확인할 수 있습니다. 임의의 C 코드를 통해 이를 확인해보겠습니다. 다음은 bash 소스코드 [2]의 일부입니다.

```
$ ctags -x --c-types=f ./list.c
list_append      function       91 ./list.c       list_append (head, tail)
list_length      function       80 ./list.c       list_length (list)
list_remove      function      116 ./list.c       list_remove (list, comparer, arg)
list_reverse     function       63 ./list.c       list_reverse (list)
list_walk        function       38 ./list.c       list_walk (list, function)
wlist_walk       function       49 ./list.c       wlist_walk (words, function)
```

ctags를 통해 list.c 파일 내에 존재하는 함수를 확인했습니다. 이 파일은 컴파일러를 통해 list.o로 컴파일되었습니다. file 커맨드로 확인하면 바이너리에 심벌과 디버깅 정보가 모두 존재하는 것을 확인할 수 있습니다.

```
$ file list.o
list.o: ELF 64-bit LSB relocatable, x86-64, version 1 (SYSV), with debug_info, not
stripped
```

nm과 readelf로 심벌을 다음과 같이 직접 살펴봅니다.

```
$ nm list.o | grep T
0000000000000061 T list_append
```

---

2 https://ftp.gnu.org/gnu/bash/bash-5.0.tar.gz

```
0000000000000037 T list_length
0000000000000000 T list_reverse
$ readelf -s list.o | grep FUNC
     9: 0000000000000000    55 FUNC    GLOBAL DEFAULT    1 list_reverse
    10: 0000000000000037    42 FUNC    GLOBAL DEFAULT    1 list_length
    11: 0000000000000061    57 FUNC    GLOBAL DEFAULT    1 list_append
```

관찰하려는 대상 바이너리에 심벌이 없거나 디버깅 정보가 없으면 BPF에서 이를 활용하기가 어려우므로 미리 확인해 둡니다. 심벌을 사용하기 어려운 경우 해당 함수의 주솟값을 사용할 수 있습니다.

4.3 트레이스포인트

kprobe가 함수 단위로 존재하는 동적인 포인트라면 트레이스포인트(tracepoint) [3]는 좀 더 정적으로 정의된 이벤트입니다. kprobe는 임의의 커널 내 영역에 붙일 수 있는 반면, 트레이스포인트는 미리 약속된 포인트에 삽입되어 있고 커널 개발자에 의해 관리됩니다. 둘의 차이가 모호해 보일 수 있는데, 다음 표를 통해 비교해 보겠습니다.

표 4.1 kprobe vs. 트레이스포인트

항목	kprobes	트레이스포인트
타입	동적	정적
이벤트 개수	50,000 이상	1,000 이상
커널 메인터넌스	없음	있음
사용하지 않을 때 오버헤드	없음	매우 적음
API	없음	있음

단적으로 트레이스포인트를 사용하는 BPF 프로그램은 새로운 커널에 대해서도 어느 정도 동작이 보장됩니다. kprobe는 커널에 존재하는 함수에 바인딩되는 만큼 함수의 이름이 바뀔 경우 kprobe를 사용하는 프로그램을 재사용하기 어려울 수 있습니다. 결과적으로 트레이스포인트가

---

3   https://www.kernel.org/doc/html/v5.8/core-api/tracepoint.html

kprobe보다 좀 더 안정적인 이벤트 소스라고 할 수 있으며, 이를 통해 좀 더 예측 가능한 트레이싱을 할 수 있습니다.

사용 가능한 트레이스포인트는 /sys/kernel/debug/tracing/events 이하에서 살펴볼 수 있습니다. 다음은 BPF와 관련된 트레이스포인트를 찾아본 것입니다.

```
$ ls -al /sys/kernel/debug/tracing/events/bpf
total 0
drwxr-xr-x  14 root root 0 Feb  4 16:13 .
drwxr-xr-x 106 root root 0 Feb  4 16:14 ..
drwxr-xr-x   2 root Static 0 Feb  4 16:13 bpf_map_create
drwxr-xr-x   2 root root 0 Feb  4 16:13 bpf_map_delete_elem
drwxr-xr-x   2 root root 0 Feb  4 16:13 bpf_map_lookup_elem
drwxr-xr-x   2 root root 0 Feb  4 16:13 bpf_map_next_key
drwxr-xr-x   2 root root 0 Feb  4 16:13 bpf_map_update_elem
drwxr-xr-x   2 root root 0 Feb  4 16:13 bpf_obj_get_map
drwxr-xr-x   2 root root 0 Feb  4 16:13 bpf_obj_get_prog
drwxr-xr-x   2 root root 0 Feb  4 16:13 bpf_obj_pin_map
drwxr-xr-x   2 root root 0 Feb  4 16:13 bpf_obj_pin_prog
drwxr-xr-x   2 root root 0 Feb  4 16:13 bpf_prog_get_type
drwxr-xr-x   2 root root 0 Feb  4 16:13 bpf_prog_load
drwxr-xr-x   2 root root 0 Feb  4 16:13 bpf_prog_put_rcu
-rw-r--r--   1 root root 0 Feb  4 16:13 enable
-rw-r--r--   1 root root 0 Feb  4 16:13 filter
```

4.4 USDT

USDT(User-level Statically Defined Tracing)는 트레이스포인트의 사용자 영역 버전이라고 볼 수 있습니다. 본래는 솔라리스의 dtrace에서 사용하는 프루브(probe)를 사용자 영역의 애플리케이션에 담기 위해 사용되던 것입니다. 프로그램이 작성된 언어에 따라 USDT를 제공하는 방법이 다양할 수 있습니다.

BCC의 도구 중 tplist를 사용하면 특정 라이브러리나 실행 파일에 대해 현재 커널에서 사용 가능한 USDT 목록을 가져올 수 있습니다.

```
$ tplist -l /lib64/libc-2.27.so
/lib64/libc-2.27.so libc:setjmp
/lib64/libc-2.27.so libc:longjmp
/lib64/libc-2.27.so libc:longjmp_target
/lib64/libc-2.27.so libc:memory_mallopt_arena_max
/lib64/libc-2.27.so libc:memory_mallopt_arena_test
/lib64/libc-2.27.so libc:memory_tunable_tcache_max_bytes
/lib64/libc-2.27.so libc:memory_tunable_tcache_count
/lib64/libc-2.27.so libc:memory_tunable_tcache_unsorted_limit
/lib64/libc-2.27.so libc:memory_mallopt_trim_threshold
/lib64/libc-2.27.so libc:memory_mallopt_top_pad
...
```

그럼 내가 작성한 프로그램에는 USDT를 어떻게 넣을 수 있을까요?

언어별로 다르지만 C 언어의 경우 시스템 탭의 SDT(Static Defined Tracing) 인터페이스를 통해 명시할 수 있습니다. 다음은 사용 예입니다.

예제 4.4 SDT 사용 예: sdt.c

```c
#include <sys/sdt.h>
#include <sys/time.h>
#include <unistd.h>
int main(int argc, char **argv)
{
    struct timeval tv;
    while(1) {
        gettimeofday(&tv, NULL);
        DTRACE_PROBE1(test-app, test-probe, tv.tv_sec);
        sleep(1);
    }
    return 0;
}
```

위 코드를 컴파일해서 readelf로 살펴보면 노트에서 관련 정보를 확인할 수 있습니다. 다음 출력 결과에서 굵게 표시된 부분입니다.

```
$ gcc -c sdt.c -o sdt
$ readelf -n ./sdt
Displaying notes found at file offset 0x00000254 with length 0x00000020:
Owner                  Data size      Description
GNU                    0x00000010     NT_GNU_ABI_TAG (ABI version tag)
  OS: Linux, ABI: 2.6.32
Displaying notes found at file offset 0x00000274 with length 0x00000024:
Owner                  Data size      Description
GNU                    0x00000014     NT_GNU_BUILD_ID (unique build ID bitstring)
  Build ID: 5fe9c19a02e453f960d19faa905fcae3d87de06a
Displaying notes found at file offset 0x0000106c with length 0x00000048:
Owner                  Data size      Description
stapsdt                0x00000034     NT_STAPSDT (SystemTap probe descriptors)
  Provider: test-app
  Name: test-probe
  Location: 0x00000000004005a1, Base: 0x0000000000400640, Semaphore: 0x0000000000000000
  Arguments: -8@%rax
```

보다시피 USDT는 바이너리 내에 기술됩니다. 파이썬이나 노드처럼 인터프리트 방식으로 동작하는 프로그램에서는 이 같은 방식을 사용하기 어렵습니다. 대신 간접적으로 USDT를 담고 있는 라이브러리를 생성해서 동적으로 링크시키는 방식으로 USDT를 제공할 수 있습니다. libstapsdt [4] 같은 라이브러리가 이 같은 방식으로 동작합니다.

앞에서 본 BCC tools 가운데 tplist라는 도구가 있습니다. tplist를 활용하면 더 명확하게 USDT의 내용을 살펴볼 수 있습니다. 다음 예제를 보겠습니다(마찬가지로 굵은 글꼴로 표시했습니다). 참고로 BCC tools는 이후 실습 장에서 환경설정을 하면서 살펴볼 예정입니다. 여기서는 이러한 도구가 있다는 사실만 알아두면 됩니다.

```
$ tplist -vv -l ./sdt
test-app:test-probe [sema 0x0]
  location #1 ./sdt 0x0
    argument #1 8 signed    bytes @ ax
```

---

4 https://github.com/sthima/libstapsdt/

앞에서 본 것처럼 사용자 영역에서 USDT를 정의하려면 관련 라이브러리를 사용해야 합니다. 결과적으로 프로그래밍 언어별로 USDT를 삽입하는 방식에 차이가 있으며, 이 역시 실습 장에서 언어별로 다시 살펴보겠습니다.

4.5 소프트웨어 및 하드웨어 이벤트

기타 소프트웨어 및 하드웨어 이벤트가 Perf 이벤트를 통해 제공됩니다. Perf 이벤트는 이름 그대로 Perf 시스템의 일부입니다. 전통적으로 리눅스에서 트레이싱을 위해 사용해 왔습니다. Perf 이벤트는 그대로 BPF에서 사용할 수 있습니다.

Perf 이벤트는 다음과 같이 두 가지 범주로 나눌 수 있습니다.

- 소프트웨어 이벤트
- 하드웨어 이벤트

소프트웨어 이벤트는 페이지 폴트(page fault)나 CPU 클록 등의 이벤트입니다. perf list 명령을 통해 전체 목록을 확인할 수 있습니다.

```
$ perf list | grep 'Software event'
  alignment-faults                           [Software event]
  bpf-output                                 [Software event]
  context-switches OR cs                     [Software event]
  cpu-clock                                  [Software event]
  cpu-migrations OR migrations               [Software event]
  dummy                                      [Software event]
  emulation-faults                           [Software event]
  major-faults                               [Software event]
  minor-faults                               [Software event]
  page-faults OR faults                      [Software event]
  task-clock                                 [Software event]
```

각 이벤트에 대한 자세한 설명은 perf_event_open() 시스템 콜의 매뉴얼에서 확인할 수 있습니다.

```
$ man perf_event_open
 ...
                    PERF_COUNT_SW_CPU_CLOCK
                            This reports the CPU clock, a high-resolution per-CPU timer.

                    PERF_COUNT_SW_TASK_CLOCK
                            This reports a clock count specific to the task that is run-
                            ning.

                    PERF_COUNT_SW_PAGE_FAULTS
                            This reports the number of page faults.

                    PERF_COUNT_SW_CONTEXT_SWITCHES
                            This  counts  context  switches.   Until Linux 2.6.34, these
                            were all reported as user-space events, after that they  are
                            reported as happening in the kernel.
 ...
```

하드웨어 이벤트는 CPU에서 제공하는 일종의 성능 측정용 카운터입니다. PMC는 Performance Monitoring Counters의 약자로서, 다음과 같은 용어로 불리기도 합니다.

- PMC(Performance Monitoring Counters)
- PMU(Performance Monitoring Unit events)
- PIC(Performance Instrumentation Counters)
- CPC(CPU Performance Counters)

이는 모두 CPU에서 제공하는 프로그램 가능한 하드웨어 카운터를 가리킵니다.

PMC는 사용하는 CPU나 칩셋에 따라 다를 수 있습니다. 마찬가지로 perf list를 통해 지원하는 이벤트를 확인할 수 있습니다.

```
$ perf list | grep 'Kernel PMU event'
    msr/pperf/                              [Kernel PMU event]
    msr/smi/                                [Kernel PMU event]
    msr/tsc/                                [Kernel PMU event]
    power/energy-pkg/                       [Kernel PMU event]
```

perf stat 명령으로 특정 명령에 대한 하드웨어 카운터를 구할 수 있습니다.

```
$ perf stat -d ps
...
  Performance counter stats for 'ps':

              5.65 msec task-clock:u              #    0.914 CPUs utilized
                 0      context-switches:u        #    0.000 K/sec
                 0      cpu-migrations:u          #    0.000 K/sec
               187      page-faults:u             #    0.033 M/sec
    <not supported>     cycles:u
    <not supported>     instructions:u
    <not supported>     branches:u
    <not supported>     branch-misses:u
    <not supported>     L1-dcache-loads:u
    <not supported>     L1-dcache-load-misses:u
    <not supported>     LLC-loads:u
    <not supported>     LLC-load-misses:u
...
```

여기까지 BPF에서 다루는 이벤트에 대해 간략히 알아봤습니다. 각 이벤트를 잘 활용하려면 내가 작성하는 프로그램이나 커널에서 이러한 이벤트가 어떻게 생성되고 어떤 데이터가 전달되는지 잘 살펴볼 필요가 있습니다. 이 부분은 차후에 트레이싱 실습을 하면서 좀 더 자세히 알아보겠습니다.

## 05장

스택 트레이스

엔지니어 입장에서 가장 알고 싶은 것은 프로그램 내 어떤 함수가 몇 번이나 호출됐는지, 혹은 얼마나 많은 리소스를 사용했는지, 해당 함수가 어떤 경로로 호출됐는지 등일 것입니다. 직접 작성한 프로그램이든 오픈소스든 마찬가지입니다. 이를 확인하기 위해서는 시스템 내 주요 함수 호출 포인트 등을 잘 쫓아가는 것이 중요합니다. 이렇게 소스코드 내 함수 호출 경로를 따라가는 것을 스택 트레이스(stack trace)라고 합니다. 이번 장에서는 스택 트레이스에 대한 전반적인 정보와 요령, 그리고 가시화 방법을 다룹니다.

특정 함수의 이름과 같은 정보, 즉 함수의 심벌은 어떻게 알아낼 수 있을까요? 해당 정보는 다양한 소스를 통해 얻을 수 있습니다. 다음은 대표적인 예입니다.

- 프레임포인터(frame pointer)
- DWARF(debuginfo)
- ORC
- LBR

BPF는 이 가운데 프레임포인터와 ORC를 지원하며, 스택 트레이스 정보를 담기 위한 전용 맵을 제공합니다.

5.1 스택 트레이스 종류

먼저 다양한 스택 트레이스 방법을 살펴보겠습니다.

5.1.1 프레임포인터

BPF에서는 일반적으로 프레임포인터를 통해 호출 스택 정보를 가져옵니다. x86 계열의 아키텍처에서는 RBP 레지스터가 프레임포인터용으로 사용됩니다. 일반적인 프로그래밍 언어에서 함수는 호출될 때마다 스택에 돌아갈 주소를 담습니다. 프레임포인터를 사용한다는 것은 이때 돌아갈 주소에 대한 추가 정보를 저장하는 것을 뜻합니다. 다음은 x86 시스템에서 스택 정보가 어떻게 저장되는지를 그림으로 나타낸 것입니다.

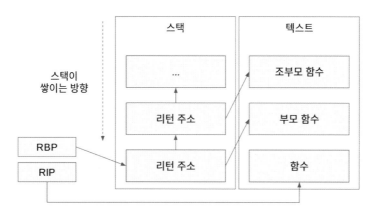

그림 5.1 프레임포인터 기반의 스택 트레이스

위 그림에서 RBP는 링크드 리스트 형태로 스택 프레임의 주소를 저장하고 있습니다. 각 스택 프레임에서는 대상 함수의 이름을 알 수 있습니다. 이를 활용해 특정 함수가 실행될 때 해당 함수가 어떤 함수를 거쳐서 호출됐는지 판단할 수 있습니다.

GCC 같은 컴파일러에서는 컴파일할 때 기본적으로 프레임포인터를 넣지 않습니다. 다음 옵션을 명시하면 GCC로 컴파일할 때 프레임포인터를 사용하도록 컴파일할 수 있습니다.

```
-fno-omit-frame-pointer
```

자바 같은 경우 다음 옵션을 통해 실행하면 프레임포인터가 사용됩니다.

```
-XX:+PreserveFramePointer
```

프레임포인터가 코드에 삽입될 경우 범용으로 사용될 수도 있는 RBP 레지스터를 프레임포인터 전용으로 사용하게 되고, 함수를 호출할 때마다 스택 프레임 정보를 저장하므로 약간의 성능 저하가 있을 수 있습니다. 다만 이는 극히 미미한 수준으로 알려져 있는데, 1% 미만의 성능 향상보다는 시스템 전반의 가시성을 높이는 편이 더 유리할 수 있습니다[1].

성능 저하가 거슬린다면 프레임포인터 외에 이어지는 다른 기술을 활용할 수도 있지만, 현재 BPF에서는 LBR은 지원하지 않고 ORC의 경우 사용자 레벨 프로그램에서 사용할 수 없는 등 제약이 있어 아직은 프레임포인터가 가장 범용적인 방법입니다.

반면 perf의 경우 앞에서 언급한 모든 기술을 지원하는데, BPF에서 다루기 힘든 부분은 perf를 활용해 보조할 수 있습니다.

5.1.2 DWARF

DWARF[2]는 디버깅용 포맷입니다. ELF 바이너리의 섹션 내에 기술되기도 하고 별도 파일로 설치되기도 합니다. 별도 파일로 분리되는 경우 배포판에서 debuginfo 패키지를 통해 활용할 수 있습니다. 일반적으로 사이즈가 굉장히 큰데, 가령 libjvm.so의 경우 17MB에 불과하지만 이에 대한 debuginfo 패키지는 200MB가 넘습니다.

CFI(Call Frame Information)를 통해 스택 트레이싱을 지원합니다. BPF는 스택 트레이싱에 이를 직접 활용하지는 않습니다. BCC나 bpftrace 등 프런트엔드 도구에서 심벌 정보를 가져오는 용도로만 제한적으로 사용됩니다. BPF에서 쓰기에 DWARF 포맷은 사이즈가 크고 CPU 오버헤드가 높으므로 BPF에서는 BTF로 변환해서 사용하는 방향으로 개발되고 있습니다.

5.1.3 LBR

LBR[3](Last Branch Record)은 인텔 프로세서 전용 기술로서 하드웨어 버퍼에 CPU 브랜치 정보를 담습니다. 이때 저장되는 정보에는 함수 호출 정보도 포함됩니다. 프레임포인터를 사용하는 것보다 오버헤드가 적지만 프로세서별로 저장할 수 있는 스택 깊이가 다르고 BPF에서는 아직 지원하지 않습니다.

---

1   Java Performance Analysis on Linux with Flame Graphs, Brendan Gregg, 2016 JavaOne
2   http://dwarfstd.org
3   https://lwn.net/Articles/680985/

5.1.4 ORC

ORC [4](Oops Rewind Capability)는 비교적 최근에 소개된 스택 트레이스 기술입니다. 프레임 포인터처럼 전용 레지스터를 필요로 하지 않고, DWARF보다 리소스 사용량도 적습니다. BPF 에서도 사용 가능합니다. 하지만 아직은 커널 영역의 프로그램만 대상으로 쓸 수 있습니다. 즉, 사용자 영역에 있는 스택을 트레이스할 때는 사용할 수 없습니다. 또한 x86 아키텍처 전용으로, 다른 시스템에서는 사용할 수 없습니다.

지금까지 여러 가지 스택 트레이스 방법을 알아봤습니다. BPF에서는 프레임포인터를 사용하는 것이 일반적입니다. 프로그램에서도 가급적이면 컴파일할 때 프레임포인터를 포함하게 하면 사 용자 영역에 대한 분석을 좀 더 수월하게 진행할 수 있습니다. 언어별로 프레임포인터를 삽입하 는 방법이 다른데, 이는 트레이싱 실습에서 다시 살펴보겠습니다.

커널에서는 스택 트레이스를 주솟값으로 저장하며, 실제 함수명이 담긴 심벌은 사용자 레벨 프 로그램에서 처리합니다. 저장되는 시간과 사용되는 시간 사이의 간극으로 인해 오류가 생길 수 있습니다.

5.2 스택 정보 수집

BPF를 사용하기에 앞서 먼저 perf를 활용해 스택 정보를 수집해 보겠습니다. perf의 경우 기본 적으로 앞에서 이야기한 프레임포인터를 사용해 스택 트레이스를 수행합니다. 다음 예제를 보 겠습니다.

```
$ perf record -F 99 -e cpu-clock -ag -- sleep 60
$ perf script
...
swapper       0 [001] 79267158.153472:    10101010 cpu-clock:
        ffffffff81af93c6 mwait_idle+0x66 ([kernel.kallsyms])
        ffffffff8102308f arch_cpu_idle+0xf ([kernel.kallsyms])
        ffffffff81af96d3 default_idle_call+0x23 ([kernel.kallsyms])
        ffffffff810cea05 do_idle+0x185 ([kernel.kallsyms])
        ffffffff810cec13 cpu_startup_entry+0x73 ([kernel.kallsyms])
```

---

4 https://www.kernel.org/doc/html/v5.8/x86/orc-unwinder.html

```
ffffffff8103c3f7 start_secondary+0x167 ([kernel.kallsyms])
ffffffff810000d5 verify_cpu+0x0 ([kernel.kallsyms])
```
...

이 예제에서 perf record가 실행되면 60초 동안 cpu-clock 이벤트를 측정합니다. -F 99는 이벤트를 수집하는 샘플 주기입니다. 위의 예에서는 perf를 활용해 99Hz 주기로 샘플링한 데이터를 사용했습니다. 이처럼 모든 데이터를 전수 조사하지 않고 일부만 샘플링하는 경우 어느 정도 주기로 샘플링할지 신경 쓸 필요가 있습니다.

그런데 하필 왜 99일까요? 특정 주기를 갖고 어떤 작업을 반복하는 프로세스가 있다고 가정해 보겠습니다. 만약 이 주기가 샘플링하는 주기와 동일하다면 매우 편향된 데이터가 수집될 수 있습니다. 이를 막기 위해 가급적이면 딱 떨어지는 숫자를 사용하기보다는 49, 99 등의 숫자를 활용하는 것이 좋습니다. 또한 지나치게 높은 주기로 샘플링하는 경우 CPU에 그만큼 부담을 주므로 작업 유형에 따라 적절히 샘플링 주기를 조정할 필요가 있습니다. 매우 빠르게 처리되는 이벤트의 경우 샘플링 주기가 충분히 짧지 않으면 데이터를 하나도 못 얻을 수 있으므로 적당한 수준을 실험적으로 얻어서 사용해야 합니다.

perf script를 사용하면 perf record에서 모은 데이터를 기반으로 스택을 확인할 수 있습니다. 앞의 예에서는 verify_cpu를 시작으로 mwait_idle 함수까지 이어지는 호출 스택이 보입니다.

5.3 가시화

앞에서는 perf를 활용해 스택 트레이스를 시도했습니다. 하지만 당장 한눈에 보고 의미를 이해하기가 힘듭니다. 같은 데이터라도 어떻게 보여주는지가 중요한데, 여기서는 스택 트레이스를 가시화하는 방법으로 플레임그래프(Flame Graph)를 소개합니다.

5.3.1 플레임그래프

플레임그래프[5]는 앞서 언급한 적이 있는 브렌던 그레그가 고안한 가시화 방법입니다. 플레임그래프를 사용하면 목표 시스템에서 어떤 함수가 어느 정도 시스템에 영향을 끼치고 있는지 쉽게 확인할 수 있습니다.

---

5 https://github.com/brendangregg/FlameGraph

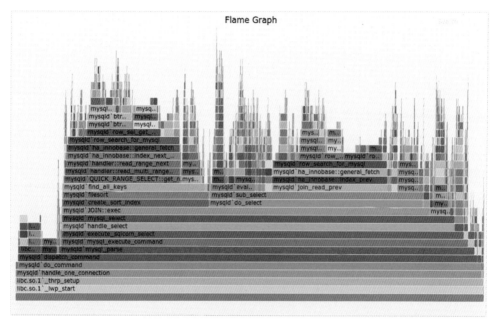

그림 5.2 플레임그래프

그림 5.2는 mysql에 대한 CPU 스택 트레이스 데이터를 플레임그래프로 가시화한 것입니다. 플레임그래프를 볼 때는 다음 세 가지를 염두에 두면 됩니다.

- 색깔은 신경 쓰지 않는다.
- 세로축은 함수 콜 스택을 나타낸다.
- 가로축은 시간을 의미하지 않는다.

가로축에는 시간 외에 다양한 데이터를 나타낼 수 있습니다. 플레임그래프는 가시화 방법일 뿐, 데이터에 따라 다양한 표현을 시도해 볼 수 있습니다. 앞의 예에서는 사용한 데이터가 함수 스택별 CPU 점유 시간을 측정한 것이므로 가로축은 각 함수 스택이 차지하는 시간이 됩니다. 세로축은 CPU나 시간과 무관하게 해당 함수가 호출되는 경로나 콜 스택을 표시한 것입니다. 플레임그래프는 다양한 포맷을 지원하지만 기본적으로 모든 데이터에는 다음의 두 가지 데이터가 포함됩니다.

- 스택 트레이스
- 값

여기서 값이 어떤 데이터냐에 따라 플레임그래프의 성격이 달라질 수 있습니다. 예를 들면, 다음과 같은 형태가 있습니다.

- 해당 스택에서 소비한 시간
- 해당 스택에서 사용한 메모리 크기
- 해당 스택의 함수 호출 횟수
- I/O 호출 횟수 및 사이즈

이처럼 플레임그래프는 함수 호출 스택을 기준으로 데이터를 시각화합니다. 이를 통해 수집한 트레이싱 데이터에 대해 각 프로그램 함수가 어느 정도 기여했는지 눈으로 확인할 수 있습니다.

앞서 본 perf 예제를 플레임그래프로 가시화해 보겠습니다. 플레임그래프는 공개된 프로젝트로서 내부에 여러 형태의 데이터를 가공해서 SVG 파일을 만들 수 있습니다.

```
$ git clone https://github.com/brendangregg/flamegraph
$ cd flamegraph
$ perf record -F 99 -e cpu-clock -ag -- sleep 60
$ perf script > out.perf
$ ./stackcollapse-perf.pl out.perf > out.folded
$ ./flamegraph.pl out.folded > result.svg
```

브라우저에서 result.svg를 열어보면 그래프를 확인할 수 있습니다. 앞에서 본 것처럼 이 예제에서도 perf를 초당 99프레임으로 60초 동안 프로파일했습니다. 이때 perf는 스택 정보를 만들기 위해 사용된 것으로, 그 외 어떤 도구든 스택 정보만 포맷에 맞게 만들면 플레임그래프로 만들 수 있습니다. 현재는 perf 포맷과 BPF 포맷을 지원합니다.

플레임그래프에서 함수의 심벌이 제대로 보이지 않을 수 있습니다. 이때는 대상 함수의 프레임 포인터가 없거나, 있어도 심벌 관련 정보를 찾을 방법이 없는 경우이므로 해당 바이너리가 어떻게 빌드됐는지 확인해 봐야 합니다.

중간에 있는 stackcollapses-perf.pl 스크립트는 어떤 용도로 사용됐을까요? 해당 스크립트는 perf에서 만들어준 스택 정보를 folded 포맷으로 바꾸는 역할을 합니다. 이해를 돕기 위해 먼저 perf의 데이터를 살펴보겠습니다.

```
$ cat out.perf
...
swapper      0 [000] 818058.258045:    10101010 cpu-clock:
        ffffffffaf8e2ede native_safe_halt+0xe ([kernel.kallsyms])
        ffffffffaee3dd25 arch_cpu_idle+0x15 ([kernel.kallsyms])
        ffffffffaf8e3083 default_idle_call+0x23 ([kernel.kallsyms])
        ffffffffaeed667b do_idle+0x1fb ([kernel.kallsyms])
        ffffffffaeed6880 cpu_startup_entry+0x20 ([kernel.kallsyms])
        ffffffffaf8d5cde rest_init+0xae ([kernel.kallsyms])
        ffffffffb069dc77 arch_call_rest_init+0xe ([kernel.kallsyms])
        ffffffffb069e1e3 start_kernel+0x549 ([kernel.kallsyms])
        ffffffffb069d44a x86_64_start_reservations+0x24 ([kernel.kallsyms])
        ffffffffb069d4c1 x86_64_start_kernel+0x75 ([kernel.kallsyms])
        ffffffffaee000d4 secondary_startup_64+0xa4 ([kernel.kallsyms])
...
$ cat out.perf | grep swapper | wc -l
990
```

perf script의 결과로 위와 같은 스택이 반복적으로 나타날 것입니다. wc의 결과를 보면 swapper 와 관련된 스택이 990번 반복됐음을 알 수 있습니다. stackcollapses-perf.pl 스크립트는 이를 다음과 같이 만듭니다.

```
$ cat out.folded
...
swapper;secondary_startup_64;x86_64_start_kernel;x86_64_start_reservations;start_
kernel;arch_call_rest_init;rest_init;cpu_startup_entry;do_idle;default_idle_call;arch_
cpu_idle;native_safe_halt 990
...
```

스택 트레이스 정보를 한 줄로 만들고 끝에 해당 스택이 반복된 횟수를 표시합니다. 플레임그래 프 스크립트는 folded 포맷의 데이터를 단순 가시화한 것으로, folded 포맷의 데이터를 보면 앞에 서 나온 플레임그래프의 설명이 쉽게 이해될 것입니다. perf 외에 플레임그래프에서는 다음과 같 이 다양한 데이터를 folded 포맷으로 변경할 수 있습니다.

```
$ find . -name 'stackcollapse*'
./stackcollapse-sample.awk
```

```
./stackcollapse-perf-sched.awk
./stackcollapse-stap.pl
./stackcollapse-pmc.pl
./stackcollapse-aix.pl
./stackcollapse-recursive.pl
./stackcollapse.pl
./stackcollapse-gdb.pl
./stackcollapse-jstack.pl
./stackcollapse-bpftrace.pl
./stackcollapse-perf.pl
./stackcollapse-vsprof.pl
./stackcollapse-instruments.pl
./stackcollapse-java-exceptions.pl
./stackcollapse-elfutils.pl
./stackcollapse-xdebug.php
./stackcollapse-go.pl
./stackcollapse-vtune.pl
./stackcollapse-ljp.awk
```

플레임그래프는 2개의 스택 트레이스를 비교하는 용도로도 쓸 수 있습니다. 요령은 다음과 같습니다.

```
$ perf record -F 99 -e cpu-clock -ag -- sleep 60
$ perf script > before.perf
$ ./stackcollapse-perf.pl ./before.perf > before.folded
$ perf record -F 99 -e cpu-clock -ag -- sleep 60
$ perf script > after.perf
$ ./stackcollapse-perf.pl ./after.perf > after.folded
$ ./difffolded.pl before.folded after.folded > out.diff
$ cat out.diff | ./flamegraph.pl > result.svg
```

stackcollapse-perf.pl 외에 difffolded.pl 스크립트가 사용됐습니다. 이름 그대로 이 스크립트는 2개의 folded 데이터로부터 차분값을 계산합니다.

```
$ cat out.diff
...
swapper;secondary_startup_64;x86_64_start_kernel;x86_64_start_reservations;start_
```

```
kernel;arch_call_rest_init;rest_init;cpu_startup_entry;do_idle;default_idle_call;arch_
cpu_idle;native_safe_halt 0 989
swapper;secondary_startup_64;x86_64_start_kernel;x86_64_start_reservations;start_
kernel;arch_call_rest_init;rest_init;cpu_startup_entry;do_idle;tick_nohz_idle_enter 0 1
...
```

스택 출력 뒤에 숫자가 1개가 아닌 2개가 출력된 것을 볼 수 있습니다. 플레임그래프 스크립트
에서는 이를 각각 다음과 같은 붉은색과 푸른색으로 나타낼 것입니다.

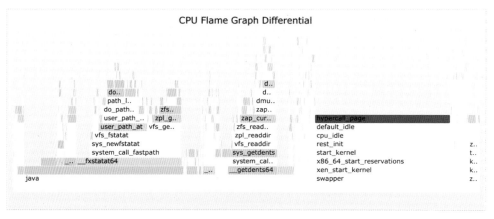

그림 5.3 플레임그래프를 이용한 스택 트레이스 비교

첫 번째 데이터에 존재하던 스택이 두 번째 데이터에서 전혀 확인이 안 되는 경우 해당 데이터는
그래프에서 확인할 수 없습니다. 필요 시 역순으로 데이터를 넣거나 플레임그래프 스크립트에서
--negate 옵션을 사용할 수 있습니다.

5.3.2 플레임스코프

플레임스코프(flamescope) [6]는 넷플릭스에서 만든 오픈소스 가시화 도구로서 일종의 히트맵
(Heat Map) 그래프입니다. 플레임그래프는 단위 시간 내에 스택 트레이스 데이터에 대해 어떤
함수가 어느 정도의 병목을 갖고 있는지 손쉽게 확인할 수 있습니다. 하지만 시간의 흐름에 따른
변화를 확인하기는 다소 어려운데, 플레임스코프는 이를 어느 정도 보조할 수 있는 수단입니다.
다음은 플레임스코프 그래프의 예입니다.

---

6   https://github.com/Netflix/flamescope

그림 5.4 플레임스코프 그래프

플레임스코프에서 가로축은 초 단위로 흘러가는 시간이며, 세로축은 해당 초 내에 밀리초 단위의 분할입니다. 플레임스코프를 활용하면 시간에 따라 시스템의 지표가 어떻게 흘러가는지 간략하게 확인할 수 있습니다. 또한 특정 범위 내 세부적인 정보가 필요할 때 해당 픽셀을 누르거나 드래그해서 플레임그래프를 확인할 수 있습니다.

앞서 플레임그래프에서 본 것처럼 CPU 클록을 기준으로 좀 더 살펴보겠습니다. CPU 클록을 플레임스코프로 가시화하는 경우 한눈에 몇 가지 패턴을 볼 수 있다는 장점이 있습니다.

다음 표에 예시를 담았습니다. 표 안의 그림은 앞서 언급했던 브렌던 그레그의 글[7]에서 2분 동안의 CPU 클록을 프로파일한 것을 플레임스코프에 담은 내용입니다. 가로축이 총 120초입니다.

표 5.1 플레임스코프 패턴 예 1

설명	플레임스코프
균일하게 CPU가 5% 정도 사용되는 중	

---

7 http://www.brendangregg.com/blog/2018-11-08/flamescope-pattern-recognition.html

설명	플레임스코프
시간에 따라 로드가 늘어나는 중	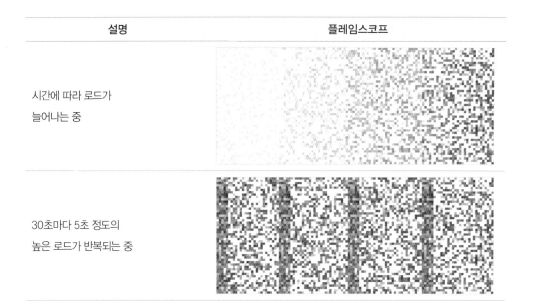
30초마다 5초 정도의 높은 로드가 반복되는 중	

이처럼 시간에 따른 시스템 리소스의 사용 패턴을 한눈에 확인할 수 있습니다. 다른 예를 더 보겠습니다.

표 5.2 플레임스코프 패턴 예 2

설명	플레임스코프
100ms 간격으로 모든 CPU의 사용률이 100%로 나타났습니다. 진한 붉은 선에 주목합니다.	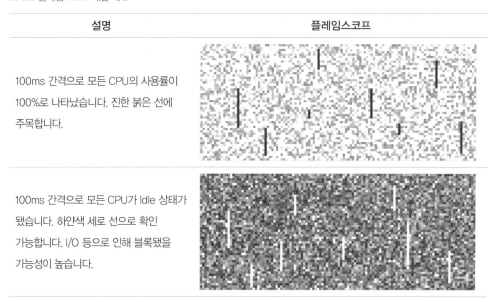
100ms 간격으로 모든 CPU가 Idle 상태가 됐습니다. 하얀색 세로 선으로 확인 가능합니다. I/O 등으로 인해 블록됐을 가능성이 높습니다.	

설명	플레임스코프
위와 유사합니다. 전부는 아니지만 소수의 스레드에서 블록 상태가 반복되고 있습니다. 색이 옅으므로 전체 CPU가 Idle하지는 않은 상태입니다.	

이처럼 플레임스코프를 활용하면 시간에 따라 전체 시스템이 어떤 패턴으로 움직이는지 짐작할 수 있습니다.

이제 플레임스코프를 직접 만들어 보겠습니다. 다음과 같이 설치합니다.

```
$ git clone https://github.com/netflix/flamescope
$ cd flamescope
$ pip install -r requirements.txt
$ python run.py
```

이 시점에서부터 브라우저를 통해 localhost:5000에서 플레임스코프 UI를 확인할 수 있습니다. 별다른 설정이 없으면 실행 경로 아래의 examples에 있는 데이터를 사용합니다. 포트 등 설정 수정이 필요하면 다음 app/config.py를 수정합니다.

```
$ cat app/config.py
import os
DEBUG = True
BASE_DIR = os.path.abspath(os.path.dirname(__file__))
PROFILE_DIR = 'examples'
HOST = '0.0.0.0'
PORT = 5001
JSONIFY_PRETTYPRINT_REGULAR = False
```

브라우저로 확인하면 다음과 같은 화면을 볼 수 있습니다.

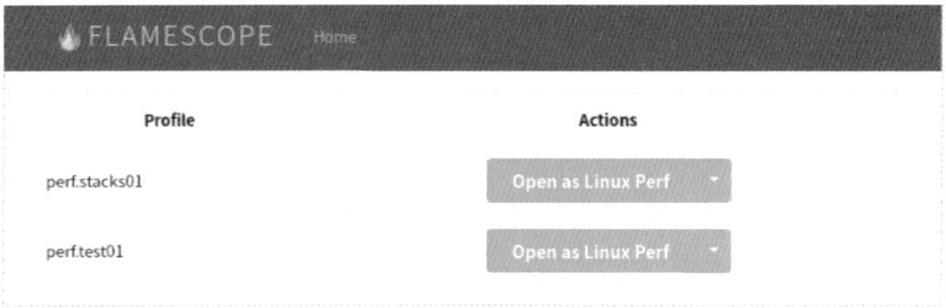

그림 5.5 플레임스코프 UI

examples 경로에 있던 perf 데이터가 보입니다. 이제 같은 경로에 데이터를 생성하면 새롭게 Profile 데이터가 생성될 것입니다. 아직 데이터를 수집하지 않았으므로 perf를 통해 데이터를 생성하겠습니다.

```
$ perf record -F 49 -a -g -- sleep 120
$ perf script --header > stacks.app.$(date +%s)
```

49프레임으로 120초 분량의 데이터를 샘플링해서 수집하고, perf script를 통해 스택 트레이스 데이터를 생성했습니다. 브라우저를 통해 만들어진 내용을 확인해봅시다.

그림 5.6 플레임스코프 그래프

일정 주기로 CPU 사용량이 늘어나는 것을 볼 수 있습니다. 색깔이 희미한 부분은 인지하기가 어려운데, Enhanced 기능을 활성화하면 사용하는 색상 팔레트가 바뀌면서 개수가 적은 이벤트 를 푸른색 계통으로 표시합니다.

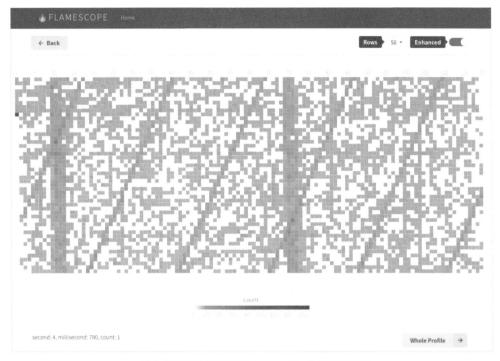

그림 5.7 플레임스코프에서 Enhanced 기능을 활성화한 경우

여기서 특정 픽셀 범위를 선택하면 해당 시간 범위를 기준으로 다음과 같은 플레임그래프를 얻 을 수 있습니다.

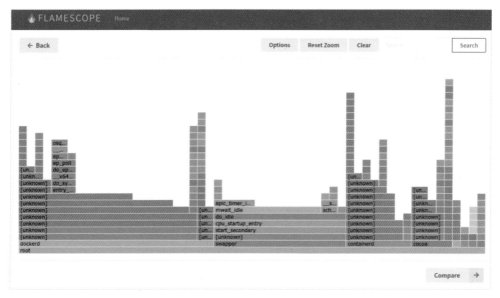

그림 5.8 플레임그래프 확인

Option을 통해 다른 형태의 가시화를 제공합니다. 플레임그래프의 뒤집어진 형태인 아이시클 (icicle) 그래프를 만들 수 있고, 자바나 노드의 경우 패키지 단위로 그룹화해서 그래프를 만들 수도 있습니다.

그림 5.9 아이시클 그래프

우측 하단의 Compare 버튼을 누르면 다른 시간대의 플레임그래프와 비교할 수 있습니다. 앞서 플레임그래프에서 두 개를 비교할 때 전후 순서가 중요했는데, 상단의 Flip 버튼을 누르면 쉽게 순서를 반전시킬 수 있습니다.

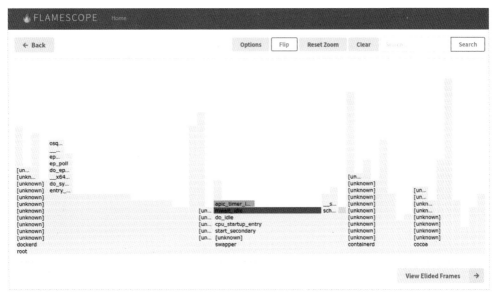

그림 5.10 플레임스코프에서 스택 트레이스 비교

우측 하단의 View Elided Flames를 선택하면 차이점이 관찰되는 스택만 다음과 같이 추릴 수 있습니다.

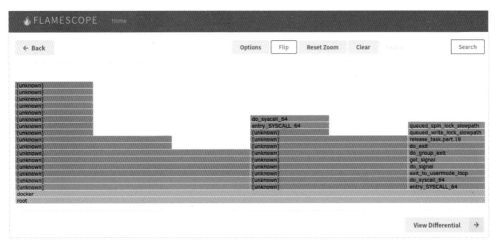

그림 5.11 비교 데이터 중 차이 값만 표시

여기까지 플레임스코프에 대해서 알아봤습니다. 굉장히 유용해 보이지만, 안타깝게도 당장은 플레임스코프에서 perf 외에 다른 포맷을 지원하지 않습니다. BCC tools의 스택 트레이스 관련 도구에서는 스택과 호출 횟수만 기록하고 해당 스택이 호출된 시간을 저장하지 않고 있어 마찬가지로 사용이 불가능합니다. 하지만 플레임스코프는 현재까지 시간에 따른 스택 트레이스의 변화를 가장 잘 나타낼 수 있는 도구이며, 지금도 BPF 프로그램에서 직접 perf script 포맷으로 스택을 출력하면 사용할 수 있습니다. 언젠가 현재 사용되는 포맷에 변화가 생기면 플레임스코프에서 수용할 수도 있을 것입니다.

여기까지 스택 트레이스에 대한 소개와 가시화 방법을 소개했습니다. 여기서는 perf를 사용했지만, 뒤에서 다시 BPF 도구를 활용해 스택 트레이스를 생성하고 가시화하는 루틴을 반복합니다. BPF로 트레이스한 모든 데이터를 이렇게 가시화할 수 있는 것은 아니고 어디까지나 스택 트레이스 데이터에 대한 가시화 방법으로서 분석 대상을 함수 단위로 확인하고자 할 때 사용하면 됩니다.

## 06장

BPF 다루기

이번 장에서는 본격적으로 BPF를 활용한 시스템 트레이싱을 실습해 보겠습니다. 앞 장에서 언급했던 것처럼 다양한 형태로 BPF를 사용해 봅니다. 가장 먼저 BCC에서 제공하는 도구를 사용해 보고, 이후 bpftrace를 통해 간단하지만 유용한 스크립트를 작성해 보겠습니다. 최종적으로는 파이썬과 BCC를 활용해 BPF 프로그램을 작성하는 방향으로 진행합니다.

6.1 환경 설정

먼저 실습 환경부터 확인하겠습니다. 다음 의존성들에 대해 점검하겠습니다.

- 리눅스 머신
- 커널과 커널 헤더
- LLVM Clang
- 기타 가상 파일 시스템

필자의 경우 다음과 같은 환경에서 테스트를 진행했습니다. 똑같이 맞추지 못하더라도 아래에서 언급되는 Dockerfile을 참고하고 커널 설정만 맞추면 테스트 가능한 환경을 설정할 수 있을 것입니다.

- CentOS 8

- 리눅스 v5.8.17

- BCC v0.16.0

- bpftrace v0.11.2

- dwarves v1.18

- LLVM, clang v10.0.1

6.1.1 리눅스 머신

먼저 루트 권한이 있는 리눅스 머신이 필요합니다. 물리 머신이나 가상 머신 모두 괜찮습니다.

클라우드 서비스

가장 간단하게 테스트 환경을 만들 수 있는 방법은 클라우드 서비스를 활용하는 것입니다. GCP(Google Cloud Platform) [1]의 경우 현 시점에서 다음 3개 리전에 대해서는 f1-micro VM 1개를 무료로 사용할 수 있습니다.

- us-west1

- us-central1

- us-east1

무료인 만큼 리소스의 제약이 많습니다. BPF는 충분히 작은 리소스로도 구동이 가능하지만, 직접 라이브러리나 바이너리를 빌드하면서 실습하기에는 부족합니다.

베이그런트 [2]

베이그런트(vagrant)는 Hashicorp [3]에서 만든 개발 환경 관리 도구입니다. 버추얼박스 (VirtualBox) [4]나 libvirtd [5]를 기반으로 손쉽게 개발 및 테스트 환경을 구축할 수 있게 도와줍니다. 이를 활용해 바로 사용 가능한 가상 머신을 손쉽게 만들 수 있습니다.

---

1 https://cloud.google.com/

2 https://www.vagrantup.com/

3 https://www.hashicorp.com/

4 https://www.virtualbox.org/

5 https://libvirt.org/

아래 내용을 통해 CentOS8 기반 베이그런트 박스를 받을 수 있습니다.

예제 6.1 CentOS8 가상 머신을 위한 Vagrantfile

```
Vagrant.configure("2") do |config|
  config.vm.box = "centos/8"
end
```

다음 명령어를 통해 가상 머신을 만듭니다.

```
$ vagrant plugin install vagrant-libvirt
$ vagrant up
$ vagrant ssh
```

이 예제에서 베이그런트는 libvirtd를 사용했습니다. 윈도우 환경에서는 버추얼박스를 사용합니다. 자세한 내용은 베이그런트 문서[6]를 확인해보세요.

6.1.2 커널과 커널 헤더

BPF는 비교적 최신 리눅스 시스템 환경을 요구합니다. 특히 커널 버전이 충분히 높지 않으면 일부 기능이 정상적으로 동작하지 않습니다. 대부분의 기능은 커널 4.1 이상에서 쓸 수 있지만, 일부 실험적인 기능은 5.3 이상의 커널을 요구합니다. 커널 버전에 따라 사용 가능한 기능에 제한이 있으니 필요 시 BCC 내 문서[7]를 살펴봅시다.

먼저 사용하는 시스템에서 커널을 설정을 확인해 봅니다. 혹시 /proc/config.gz가 없는 경우 /boot 이하를 확인해 봅니다.

```
$ zcat /proc/config.gz | grep -iE 'bpf|btf'
CONFIG_CGROUP_BPF=y
CONFIG_BPF=y
CONFIG_BPF_LSM=y
CONFIG_BPF_SYSCALL=y
CONFIG_ARCH_WANT_DEFAULT_BPF_JIT=y
CONFIG_BPF_JIT_ALWAYS_ON=y
```

---

6 https://www.vagrantup.com/docs/
7 https://github.com/iovisor/bcc/blob/v0.16.0/docs/kernel-versions.md

```
CONFIG_BPF_JIT_DEFAULT_ON=y
CONFIG_NETFILTER_XT_MATCH_BPF=m
# CONFIG_BPFILTER is not set
CONFIG_NET_CLS_BPF=m
CONFIG_NET_ACT_BPF=m
CONFIG_BPF_JIT=y
CONFIG_BPF_STREAM_PARSER=y
CONFIG_LWTUNNEL_BPF=y
CONFIG_HAVE_EBPF_JIT=y
CONFIG_LSM="lockdown,yama,loadpin,safesetid,integrity,selinux,smack,tomoyo,apparmor,bpf"
CONFIG_DEBUG_INFO_BTF=y
CONFIG_BPF_EVENTS=y
CONFIG_BPF_KPROBE_OVERRIDE=y
CONFIG_TEST_BPF=m
```

리눅스 커널 5.7 이상을 사용하지 않을 경우 BPF 프로그램을 빌드하기 위해서는 커널 헤더도 필요합니다. 필요에 따라 커널 내 함수를 확인해보고자 할 때 커널의 debuginfo 정보가 필요할 수도 있습니다. 다음은 배포판별 관련 패키지를 기술한 것입니다.

표 6.1 배포판별 커널 헤더 패키지

배포판	패키지
우분투 / 민트 / 데비안	linux-headers-$(uname -r) linux-image-$(uname -r)-dbgsym
레드햇 / 센트OS / 페도라	kernel-headers kernel-debuginfo-$(uname -r), kernel-debuginfo-common-$(uname -m)-$(uname -r)
아치 / 젠투	linux-headers

6.1.3 배포판별 패키지

이 책에서는 BCC와 bpftrace 같은 도구를 직접 리포지토리에서 받아서 쓰겠지만 필요한 의존성을 설치하는 데는 배포판에서 제공하는 패키지를 설치하는 것이 편할 수도 있습니다. 다음 표에 있는 패키지를 설치하면 구동에 필요한 의존성을 자동으로 설치할 수 있습니다.

표 6.2 배포판별 BCC/BPF 관련 패키지

배포판	패키지
우분투 / 민트 / 데비안	bpfcc-tools bpftrace
레드햇 / 센트OS / 페도라	bcc bpftrace bcc-tools
아치	bcc bcc-tools python-bcc
젠투	dev-util/bcc

BCC 리포지토리에서는 이 밖에도 배포판별로 의존성 설치와 관련된 내용을 공유[8]하고 있으니 필요 시 참고하세요.

6.1.4 도커[9]

커널과 헤더가 적절히 설치되어 있다면 이런저런 라이브러리를 설치하지 않고 도커(Docker)를 활용해 볼 수도 있습니다. 다음과 같이 컨테이너로 빌드해서 테스트하면 좀 더 테스트 환경을 손쉽게 통제할 수 있습니다. 다음과 같이 Dockerfile을 작성해 이미지를 직접 작성합니다.

예제 6.2 BPF 테스트 환경을 위한 Dockerfile 작성

```
FROM centos:8
RUN curl https://repos.baslab.org/bpftools.repo --output /etc/yum.repos.d/bpftools.repo
RUN dnf update -y
RUN dnf install -y python2 python36 \
        && alternatives --set python /usr/bin/python2
RUN dnf install -y --nobest bpftrace bpftrace-tools bpftrace-doc bcc bcc-tools bpftool
ENV PATH /usr/share/bcc/tools:/usr/share/bpftrace/tools:$PATH
```

위 Dockerfile을 다음과 같이 bpfenv라는 이름으로 빌드하겠습니다.

```
$ docker build -t bpfenv .
```

이어서 컨테이너를 생성해 보겠습니다. --privileged를 통해 루트 권한을 온전히 주고 네임스페이스를 가능한 한 호스트와 맞추면 권한 문제로 인한 혼란을 피해갈 수 있습니다. --volume 옵션

---

8   https://github.com/iovisor/bcc/blob/v0.16.0/INSTALL.md#packages
9   https://www.docker.com/

을 통해 cgroup, debug, BPF 파일 시스템을 공유합니다. /lib/modules 이하에는 커널의 헤더가 있습니다. BPF 프로그램을 빌드하는 데 필요하기 때문에 이 역시 공유합니다. 실제 서비스 환경에서는 이러한 공유 파일 시스템은 적절히 readonly 옵션을 지정해 더 안전하게 실행하는 것이 좋습니다.

```
$ docker run -ti \
--privileged \
--pid host \
--net host \
--volume /sys/fs/cgroup:/sys/fs/cgroup \
--volume /sys/kernel/debug:/sys/kernel/debug \
--volume /sys/fs/bpf:/sys/fs/bpf \
--volume /lib/modules:/lib/modules \
bpfenv bash
```

컨테이너 환경으로 보면 BPF의 의존성이 좀 더 명확하게 드러납니다. 크게 보면 다음의 4가지 의존성을 확인할 수 있습니다.

- debugfs: /sys/fs/debug

- tracefs: /sys/fs/debug/tracing

- cgroupfs: /sys/fs/cgroup

- bpffs: /sys/fs/bpf

- linux headers: /lib/modules

linux header를 제외한 4가지 가상 파일 시스템이 혹시 다른 지점에 마운트되어 있으면 컨테이너를 생성할 때 해당 경로를 볼륨으로 묶어야 합니다. 다음과 같이 확인할 수 있습니다.

```
$ mount | egrep 'debug|trace|cgroup|bpf'
tmpfs on /sys/fs/cgroup type tmpfs (ro,nosuid,nodev,noexec,mode=755)
cgroup2 on /sys/fs/cgroup/unified type cgroup2 (rw,nosuid,nodev,noexec,relatime,nsdelega
te)
cgroup on /sys/fs/cgroup/systemd type cgroup (rw,nosuid,nodev,noexec,relatime,xattr,name
=systemd)
none on /sys/fs/bpf type bpf (rw,nosuid,nodev,noexec,relatime,mode=700)
```

```
cgroup on /sys/fs/cgroup/devices type cgroup (rw,nosuid,nodev,noexec,relatime,devices)
cgroup on /sys/fs/cgroup/pids type cgroup (rw,nosuid,nodev,noexec,relatime,pids)
cgroup on /sys/fs/cgroup/rdma type cgroup (rw,nosuid,nodev,noexec,relatime,rdma)
cgroup on /sys/fs/cgroup/cpuset type cgroup (rw,nosuid,nodev,noexec,relatime,cpuset)
cgroup on /sys/fs/cgroup/memory type cgroup (rw,nosuid,nodev,noexec,relatime,memory)
cgroup on /sys/fs/cgroup/hugetlb type cgroup (rw,nosuid,nodev,noexec,relatime,hugetlb)
cgroup on /sys/fs/cgroup/freezer type cgroup (rw,nosuid,nodev,noexec,relatime,freezer)
cgroup on /sys/fs/cgroup/cpu,cpuacct type cgroup (rw,nosuid,nodev,noexec,relatime,cpu,cp
uacct)
cgroup on /sys/fs/cgroup/net_cls,net_prio type cgroup (rw,nosuid,nodev,noexec,relatime,n
et_cls,net_prio)
cgroup on /sys/fs/cgroup/blkio type cgroup (rw,nosuid,nodev,noexec,relatime,blkio)
cgroup on /sys/fs/cgroup/perf_event type cgroup (rw,nosuid,nodev,noexec,relatime,pe
rf_event)
debugfs on /sys/kernel/debug type debugfs (rw,nosuid,nodev,noexec,relatime)
tracefs on /sys/kernel/tracing type tracefs (rw,nosuid,nodev,noexec,relatime)
tracefs on /sys/kernel/debug/tracing type tracefs (rw,nosuid,nodev,noexec,relatime)
```

debugfs와 tracefs는 보통 ftrace 같은 도구를 사용할 때 함께 사용됩니다. BPF에서 사용하는 다양한 이벤트에도 이들 파일 시스템이 사용됩니다. bpffs는 BPF 오브젝트를 피닝하는 용도로 쓰입니다. cgroupfs는 컨테이너 환경의 프로세스를 추적하는 데 사용됩니다. BPF 프로그램을 빌드하는 데 리눅스 헤더가 사용됩니다. BTF를 활용하는 경우 생략할 수도 있지만, 이 책의 실습에서는 편의상 모두 포함하게 했습니다.

이렇게 해서 실습 환경에 대한 준비가 끝났습니다. 도커를 활용하면 사용자 영역의 의존성을 대부분 해소할 수 있습니다. 앞에서 준비한 환경으로도 일반적인 사용에는 충분하지만 좀 더 최신 BPF 관련 기능을 테스트해 보려면 가능한 한 직접 빌드해서 사용하는 것이 좋습니다. 이에 대해서는 이 책의 부록 D에 정리했습니다.

6.2 BCC tools

먼저 BCC tools 중 일부를 사용해 보겠습니다. 앞서 이야기한 것처럼 배포판에서 제공하는 패키지를 통해 설치할 수도 있지만 프로젝트 구조도 살펴볼 겸 여기서는 깃허브(GitHub) 리포지토리에서 직접 받아 사용하겠습니다.

tools 디렉터리 아래에 이미 작성된 도구들을 확인할 수 있습니다. 여기서는 특히 유용한 몇 가지 도구를 소개하고 사용해 보겠습니다. 뒤에서 BCC로 전용 도구를 개발할 때 이 도구들은 좋은 예제가 됩니다.

```
$ git clone https://github.com/iovisor/bcc
$ cd bcc
$ git checkout v0.16.0
$ ls tools/*.py
tools/argdist.py       tools/capable.py       tools/exitsnoop.py       tools/killsnoop.
py       tools/opensnoop.py     tools/stackcount.py   tools/tcptop.py
tools/bashreadline.py  tools/compactsnoop.py  tools/ext4dist.py        tools/klockstat.
py       ...
$ ls -l tools/*.py | wc -l
87
```

보다시피 굉장히 많은 도구가 제공됩니다. 앞서 BCC를 소개할 때 봤던 그림은 이 도구들을 타깃 영역별로 나타낸 그림이었습니다.

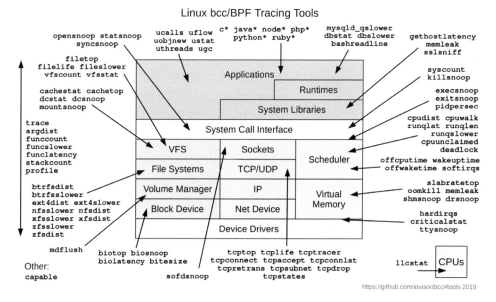

그림 6.1 BCC tools에서 제공하는 도구와 타깃 영역

그중 다음 4개의 도구는 개발자 입장에서 특히 범용으로 쓰기에 좋습니다.

- funccount: 함수 호출 횟수 등 이벤트를 측정한다.

- stackcount: 이벤트와 연관된 스택 트레이스를 측정한다.

- trace: 디테일한 이벤트 내용을 출력한다.

- argdist: 특정 함수의 인자를 추적한다.

이후 장에서 많은 도구를 소개하겠지만 위 4개의 도구부터 간단히 살펴보겠습니다.

funccount

funccount는 특정 함수가 얼마나 호출됐는지 리스트로 보여줍니다. 다음은 funccount를 이용해 tcp_drop 함수가 몇 번이나 호출됐는지 센 결과입니다.

```
$ tools/funccount.py tcp_drop
Tracing 1 functions for "tcp_drop"... Hit Ctrl-C to end.
^C
FUNC                              COUNT
tcp_drop                              3
Detaching...
```

'*'를 통해 여러 함수에 매칭시킬 수 있습니다. 다음은 vfs_로 시작하는 모든 함수 호출을 확인합니다. 커널의 경우 컴포넌트별로 접두사(prefix)가 명확하게 지정되어 있어 영역별로 확인할 수 있습니다. 예를 들어, VFS 관련 함수의 호출 현황을 알고 싶으면 다음과 같이 사용하면 됩니다.

```
$ tools/funccount.py 'vfs_*'
TTracing 55 functions for "vfs_*"... Hit Ctrl-C to end.
^C
FUNC                              COUNT
vfs_rename                            1
vfs_readlink                          2
vfs_lock_file                         2
vfs_statfs                            3
vfs_fsync_range                       3
vfs_unlink                            5
vfs_statx                           189
vfs_statx_fd                        229
```

```
vfs_open                          345
vfs_getattr_nosec                 353
vfs_getattr                       353
vfs_writev                       1776
vfs_read                         5533
vfs_write                        6938
Detaching...
```

커널 외에 사용자 영역에서 정의된 함수도 확인할 수 있습니다. C로 작성된 libpthread의 함수를 다음과 같이 확인할 수 있습니다. -i 옵션을 지정하면 1초 간격으로 출력합니다. 카운트가 늘어나는 것으로 스레드(thread) 경합이 늘어나고 있음을 알 수 있습니다.

```
$ tools/funccount.py -i 1 c:pthread_mutex_lock
Tracing 1 functions for "c:pthread_mutex_lock"... Hit Ctrl-C to end.
FUNC                          COUNT
pthread_mutex_lock             1849
FUNC                          COUNT
pthread_mutex_lock             1761
FUNC                          COUNT
pthread_mutex_lock             2057
FUNC                          COUNT
pthread_mutex_lock             2261
Detaching...
```

사용자 영역의 함수에 대해서도 '*'를 쓸 수 있습니다. 다음과 같이 문자열 관련 함수의 사용 현황을 확인할 수 있습니다.

```
$ tools/funccount.py 'c:str*'
Tracing 59 functions for "c:str*"... Hit Ctrl-C to end.
^C
FUNC                          COUNT
strndup                           3
strerror_r                        5
strerror                          5
strtof32x_l                     350
strtoul                         587
strtoll                         724
```

```
strtok_r                        2839
strdup                          5788
Detaching...
```

시스템 콜의 경우 다음과 같이 t:syscalls:sys_enter_로 시작하는 접두사를 사용합니다.

```
$ tools/funccount.py 't:syscalls:sys_enter_*'
Tracing 316 functions for "t:syscalls:sys_enter_*"... Hit Ctrl-C to end.
^C
FUNC                            COUNT
syscalls:sys_enter_creat            1
syscalls:sys_enter_read          6582
syscalls:sys_enter_write         7442
syscalls:sys_enter_mprotect      7460
syscalls:sys_enter_gettid        7589
syscalls:sys_enter_ioctl        10984
syscalls:sys_enter_poll         14980
syscalls:sys_enter_recvmsg      27113
syscalls:sys_enter_futex        42929
Detaching...
```

stackcount

stackcount는 funccount에서 좀 더 나아가 스택 트레이스를 카운트합니다. 다음은 ktime_get 함수
와 관련된 스택 트레이스를 수집합니다.

```
$ tools/stackcount.py ktime_get
Tracing 1 functions for "ktime_get"... Hit Ctrl-C to end.
^C
  ktime_get
  nvme_queue_rq
  __blk_mq_try_issue_directly
  blk_mq_try_issue_directly
  blk_mq_make_request
  generic_make_request
  dmcrypt_write
  kthread
```

```
ret_from_fork
  52
ktime_get
tick_nohz_idle_enter
do_idle
cpu_startup_entry
start_secondary
secondary_startup_64
  1077
Detaching...
```

-P 옵션을 지정하면 스택을 프로세스별로 분리해서 출력합니다.

```
$ tools/stackcount.py -P ktime_get
ktime_get
 tick_nohz_idle_enter
 do_idle
 cpu_startup_entry
 start_secondary
 secondary_startup_64
   swapper/2 [0]
   207
```

이렇게 수집된 스택 트레이스 데이터를 그대로 플레임그래프로 만들 수도 있습니다. 앞에서 본 플레임그래프 리포지토리를 다시 활용합니다.

```
$ tools/stackcount.py -f -P -D 10 ktime_get > stack.out
$ wc stack.out
  2277   4564 861695 stack.out
$ git clone http://github.com/brendangregg/FlameGraph
$ cd FlameGraph
$ ./flamegraph.pl --hash --bgcolors=grey < ../stack.out > stack.svg
```

위 코드는 다음과 같이 가시화됩니다.

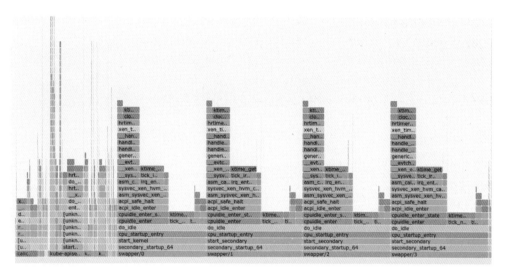

그림 6.2 플레임그래프

trace

trace 도구는 특정 조건을 만족하는 함수를 출력합니다. 다음은 open 시스템 콜이 호출될 때마다 출력되며, 2번째 인자가 어떤 것인지 함께 표시합니다.

```
$ tools/trace.py 'do_sys_open "%s", arg2'
PID     TID     COMM          FUNC            -
29588   29591   device poll   do_sys_open     /dev/bus/usb
29588   29591   device poll   do_sys_open     /dev/bus/usb/004
...
```

조건을 명시할 수 있습니다. 마찬가지로 open 시스템 콜에 대해 이번에는 두 번째 인자가 42인 함수 호출을 출력합니다.

```
$ tools/trace.py 'c:open (arg2 == 42) "%s %d", arg1, arg2'
```

read나 write 같은 시스템 콜에 전달되는 인자를 다음과 같이 사이즈로 필터링하면 그에 해당하는 I/O 요청을 확인할 수 있습니다.

```
$ tools/trace.py '__x64_sys_read (arg3 > 20000) "read %d bytes", arg3'
PID     TID     COMM          FUNC            -
```

```
6994    9143    containerd      __x64_sys_read    read 32768 bytes
6994    9143    containerd      __x64_sys_read    read 32768 bytes
6994    9143    containerd      __x64_sys_read    read 32768 bytes
6994    8084    containerd      __x64_sys_read    read 32768 bytes
...
```

다음과 같이 특정 함수 콜에 대해 스택 트레이스도 확인할 수 있습니다.

```
$ tools/trace.py 'do_sys_open "%s", arg2@user' -UK -f temp
PID     TID     COMM            FUNC            -
9557    9557    a.out           do_sys_open     temp.1
        do_sys_open+0x1 [kernel]
        do_syscall_64+0x5b [kernel]
        entry_SYSCALL_64_after_hwframe+0x44 [kernel]
        __open_nocancel+0x7 [libc-2.17.so]
        __libc_start_main+0xf5 [libc-2.17.so]
9558    9558    a.out           do_sys_open     temp.2
        do_sys_open+0x1 [kernel]
        do_syscall_64+0x5b [kernel]
        entry_SYSCALL_64_after_hwframe+0x44 [kernel]
        __open_nocancel+0x7 [libc-2.17.so]
        __libc_start_main+0xf5 [libc-2.17.so]
```

argdist

앞서 trace에서처럼 함수의 인자를 확인할 수 있는 기능은 아주 유용합니다. argdist는 여기서 더 나아가 이에 대한 사용 통계를 나타낼 수 있습니다. 다음은 __tcp_select_window()의 리턴값이 어떤 분포를 나타내는지 출력합니다.

```
$ tools/argdist.py -H 'r::__tcp_select_window():int:$retval'
[21:50:03]
     $retval           : count     distribution
         0 -> 1         : 6100     |************************************|
         2 -> 3         : 0        |                                    |
         4 -> 7         : 0        |                                    |
         8 -> 15        : 0        |                                    |
        16 -> 31        : 0        |                                    |
```

```
        32 -> 63          : 0        |                               |
        64 -> 127         : 0        |                               |
       128 -> 255         : 0        |                               |
       256 -> 511         : 0        |                               |
       512 -> 1023        : 0        |                               |
      1024 -> 2047        : 0        |                               |
      2048 -> 4095        : 0        |                               |
      4096 -> 8191        : 0        |                               |
      8192 -> 16383       : 24       |                               |
     16384 -> 32767       : 3535     |**********************         |
     32768 -> 65535       : 1752     |***********                    |
     65536 -> 131071      : 2774     |*****************              |
    131072 -> 262143      : 1001     |******                         |
    262144 -> 524287      : 464      |***                            |
    524288 -> 1048575     : 3        |                               |
   1048576 -> 2097151     : 9        |                               |
   2097152 -> 4194303     : 10       |                               |
   4194304 -> 8388607     : 2        |                               |
    . . .
```

별다른 전처리 없이 손쉽게 분포를 확인할 수 있어 유용하게 활용할 수 있습니다.

그 밖에 각 도구의 자세한 사용법은 모두 해당 리포지토리의 tool 폴더 아래에 예제와 함께 안내되어 있습니다. 상황마다 필요한 도구를 적절히 사용할 수 있게 미리 살펴보는 것이 좋습니다.

6.3 bpftrace

이번 절에서는 bpftrace를 써보겠습니다. bpftrace는 awk 같은 스타일의 스크립팅을 지원합니다. 앞서 사용했던 BCC tools보다는 유연하게 사용자가 필요로 하는 기능을 수행하는 스크립트를 손쉽게 작성할 수 있습니다.

다음은 bpftrace의 구조를 나타낸 그림입니다.

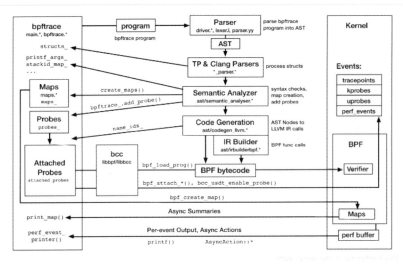

그림 6.3 bpftrace 아키텍처

bpftrace 역시 BCC를 기반으로 구현된 것을 알 수 있습니다. 트레이싱 목적에 맞게 적절히 제한된 BCC 기능을 스크립트를 통해 손쉽게 구동할 수 있게 설계됐습니다.

6.3.1 예제로 살펴보기

먼저 간단한 bpftrace 스크립트 예제를 통해 bpftrace의 대략적인 사용법을 살펴보겠습니다. 여기서 다루는 예제는 iovisor/bpftrace 내 튜토리얼[10]을 참고했습니다.

BPF에서는 다양한 이벤트를 활용해야 합니다. 첫 번째 예제는 bpftrace를 통해 이 이벤트들을 확인하는 것으로 시작하겠습니다. bpftrace에서 -l 옵션을 사용하면 시스템에서 사용 가능한 트레이스포인트, kprobe 목록을 확인할 수 있습니다.

```
$ bpftrace -l 'tracepoint:syscalls:sys_enter_*'
tracepoint:syscalls:sys_enter_socket
tracepoint:syscalls:sys_enter_socketpair
tracepoint:syscalls:sys_enter_bind
```

---

10 https://github.com/iovisor/bpftrace/blob/v0.11.2/docs/tutorial_one_liners.md

```
tracepoint:syscalls:sys_enter_listen
tracepoint:syscalls:sys_enter_accept4
tracepoint:syscalls:sys_enter_accept
tracepoint:syscalls:sys_enter_connect
tracepoint:syscalls:sys_enter_getsockname
tracepoint:syscalls:sys_enter_getpeername
tracepoint:syscalls:sys_enter_sendto
...
```

위 bpftrace 스크립트는 현재 시스템에서 가용한 시스템 콜 트레이스포인트를 목록으로 보여줍니다. '*'를 사용해 매칭되는 이벤트를 골라 쓸 수 있습니다. '*' 외에 '?'도 지원합니다.

bpftrace에서는 -e 옵션을 통해 실행할 스크립트 문자열을 전달할 수 있습니다. 아직은 따로 이벤트에 프로그램을 바인딩하지 않고 단순히 bpftrace가 실행되는 시점에 "hello world" 문자열을 출력하게 했습니다.

예제 6.3 "hello world"를 출력하는 예제

```
$ bpftrace -e 'BEGIN { printf("hello world\n"); }'
Attaching 1 probe...
hello world
^C
```

위에서 BEGIN은 bpftrace가 실행되는 시점을 가리킵니다. awk에서 BEGIN과 동일한 역할로서 보통 헤더를 출력하거나 변수를 정의하는 데 사용됩니다. 이후 이어지는 중괄호 블록({})에 코드가 위치합니다.

이제 스크립트에서 이벤트를 활용해 보겠습니다. 다음 예제는 시스템에서 파일이 오픈되면 관련 프로세스와 파일 경로를 출력합니다. 가끔 시스템에 정체불명의 파일이 생성되는 것을 볼 수 있는데, 누가 파일을 만들었는지 보고자 할 때 유용할 수 있습니다.

예제 6.4 openat() 시스템 콜의 트레이스포인트 이벤트에 바인딩되는 스크립트

```
$ bpftrace -e 'tracepoint:syscalls:sys_enter_openat { printf("%s %s\n", comm, str(args->filename)); }'
Attaching 1 probe...
dockerd /proc/self/mountinfo
dockerd /proc/self/cgroup
```

```
dockerd /var/lib/docker/overlay2/8d10bc3f1d936d11006
dockerd /sys/fs/cgroup/cpuset/cpuset.cpus
dockerd /sys/fs/cgroup/cpuset/cpuset.mems
dockerd /proc/self/cgroup
dockerd /proc/self/mountinfo
dockerd /proc/sys/net/ipv4/ip_forward
dockerd /proc/sys/net/bridge/bridge-nf-call-iptables
^C
```

이 코드는 openat() 시스템 콜의 트레이스포인트에 바인딩됩니다. comm은 빌트인 변수로서 현재 프로세스의 이름을 가리킵니다. args는 트레이스포인트의 인자를 담습니다. 트레이스포인트의 args 인자는 다음과 같이 확인할 수 있습니다.

예제 6.5 트레이스포인트의 인자 확인

```
$ bpftrace -vl tracepoint:syscalls:sys_enter_openat
tracepoint:syscalls:sys_enter_openat
    int __syscall_nr;
    int dfd;
    const char * filename;
    int flags;
    umode_t mode;
```

filename이 const char* 타입임을 알 수 있습니다. str()을 사용하면 이 주소에서 문자열을 가져올 수 있습니다.

이번에는 맵을 사용해보겠습니다. 다음 예제는 bpftrace가 실행되는 동안 호출된 시스템 콜의 횟수를 프로세스별로 정리해서 출력합니다.

예제 6.6 시스템 콜의 호출 빈도를 맵에 저장

```
$ bpftrace -e 'tracepoint:raw_syscalls:sys_enter { @[comm] = count(); }'
Attaching 1 probe...
^C
@[docker]: 13
@[sshd]: 13
@[chronyd]: 17
@[sleep]: 58
```

```
@[tail]: 74
@[service]: 100
@[redis-server]: 130
@[irqbalance]: 304
@[curl]: 716
...
```

처음으로 맵 타입의 변수를 정의했습니다. bpftrace에서 맵 변수를 정의할 때는 항상 '@'을 접두사로 사용합니다. []를 통해 맵의 키와 값에 접근할 수 있습니다. 맵의 키로 프로세스의 이름을 사용하는데, comm 빌트인 변수를 사용했습니다. 해당 키의 값으로 빌트인 함수인 count()를 사용했습니다. count()는 맵에서 쓸 수 있는 특수한 함수로서 함수가 몇 번 호출됐는지 체크합니다. 여기서는 comm 단위로 저장되어 결과적으로 전체 시스템 콜의 호출 횟수를 프로세스 이름별로 저장합니다. 맵은 따로 출력 처리를 하지 않아도 bpftrace가 종료될 때 자동으로 출력됩니다.

이번에는 필터를 사용해 보겠습니다. 다음 예제는 dockerd 프로세스에서 사용한 read() 시스템 콜의 리턴값 분포를 나타냅니다. 다른 프로세스를 확인하고 싶다면 dockerd 대신 다른 프로세스를 넣어주세요.

예제 6.7 특정 프로세스의 read() 시스템 콜의 리턴값을 히스토그램으로 나타내기

```
$ bpftrace -e 'tracepoint:syscalls:sys_exit_read /pid =='$(pidof dockerd)'/ { @bytes =
hist(args->ret); }'
Attaching 1 probe...
^C
@bytes:
(..., 0)           3310 |@@@@@@@@@@@@@@@@@@@@@@@@@@@@@@@@@@@@@@@@@@@@@@@@@@@@|
[0]                  56 |                                                  |
[1]                   1 |                                                  |
[2, 4)                2 |                                                  |
[4, 8)                0 |                                                  |
[8, 16)              42 |                                                  |
[16, 32)           2939 |@@@@@@@@@@@@@@@@@@@@@@@@@@@@@@@@@@@@@@@@@@@@@@@     |
[32, 64)            235 |@@@                                               |
[64, 128)             5 |                                                  |
[128, 256)           75 |@                                                 |
[256, 512)           98 |@                                                 |
[512, 1K)           168 |@@                                                |
```

```
[1K, 2K)              0 |                                            |
[2K, 4K)              0 |                                            |
[4K, 8K)              0 |                                            |
[8K, 16K)             0 |                                            |
[16K, 32K)           56 |                                            |
```

// 사이에 기술된 것이 필터입니다. 필터가 매칭되는 경우에만 해당되는 코드 블록이 실행됩니다. 필터 표현식은 참/거짓 값으로 정의해야 합니다. && 혹은 ||와 같은 연산자도 지원합니다. 여기서는 필터에 빌트인 변수인 pid를 사용했습니다. ret는 해당 함수의 반환값입니다. read()의 경우 에러가 나면 −1, 그 외에는 읽어 들인 바이트 수가 반환됩니다.

이전 예제에서처럼 '@bytes'로 맵을 정의했는데, 따로 키는 사용하지 않고 hist() 함수를 통해 맵을 초기화했습니다. hist() 함수는 지정한 인자에 대해 log2 히스토그램을 만듭니다. log2 히스토그램에서는 키가 2의 자승으로 증가합니다. 여기서는 0, 2, 4, 8, 16과 같은 식으로 증가한 것을 볼 수 있는데, 이는 키가 넓은 범위를 가질 때 효과적으로 출력하기 위해서입니다. 맵과 관련된 함수는 그 외에도 count(), sum(), avg(), min(), max() 등이 있으며, 이후 장에서 다시 정리하겠습니다.

다음은 앞의 예제와 동작이 비슷합니다. 다만 바인딩되는 이벤트가 kretprobe입니다. 또한 hist() 대신 lhist()를 사용했습니다.

예제 6.8 hist() 대신 lhist() 사용

```
$ bpftrace -e 'kretprobe:vfs_read { @bytes = lhist(retval, 0, 2000, 200); }'
Attaching 1 probe...
^C
@bytes:
(..., 0)          20951 |@@@@@@@@@@@@@@@@@@@@@@@@@@@@@@@@             |
[0, 200)          33687 |@@@@@@@@@@@@@@@@@@@@@@@@@@@@@@@@@@@@@@@@@@@@@@@|
[200, 400)          501 |                                            |
[400, 600)          629 |                                            |
[600, 800)          450 |                                            |
[800, 1000)         537 |                                            |
[1000, 1200)         23 |                                            |
[1200, 1400)          0 |                                            |
[1400, 1600)          1 |                                            |
[1600, 1800)          6 |                                            |
```

```
[1800, 2000)         5 |
[2000, ...)        368 |
```

lhist()의 1은 linear를 뜻합니다. hist()와 달리 키가 0, 200, 400, 600, ...과 같은 식으로 선형적으로 증가하는 것을 볼 수 있습니다. 이처럼 맵을 사용할 때는 사용되는 키의 성격에 따라 hist()와 lhist()를 선택하는 것이 좋습니다.

이번에는 복수의 이벤트를 사용해 보겠습니다. 다음 예제는 read() 시스템 콜이 얼마만큼의 시간을 썼는지에 대한 분포를 프로세스별로 출력합니다.

예제 6.9 두 개의 이벤트에 바인딩해서 소요 시간 측정하기

```
$ bpftrace -e 'kprobe:vfs_read { @start[tid] = nsecs; } kretprobe:vfs_read /@start[tid]/
{ @ns[comm] = hist(nsecs - @start[tid]); delete(@start[tid]); }'
Attaching 2 probes...
@ns[dockerd]:
[256, 512)        1552 |@@@@@@@@@@@@@@@@@@@@@@@@@@@@      |
[512, 1K)         1500 |@@@@@@@@@@@@@@@@@@@@@@@@@@@       |
[1K, 2K)           490 |@@@@@@@@@                         |
[2K, 4K)          2817 |@@@@@@@@@@@@@@@@@@@@@@@@@@@@@@@@@@@@@@@@@@@@@@@@@@@@|
[4K, 8K)           381 |@@@@@@@                           |
[8K, 16K)           63 |@                                 |
[16K, 32K)           9 |                                  |
[32K, 64K)           7 |                                  |
[64K, 128K)         60 |@                                 |
[128K, 256K)         4 |                                  |
[256K, 512K)         1 |                                  |
[512K, 1M)           2 |                                  |

@ns[containerd]:
[256, 512)         805 |@@@@@@@@@@@@@@@@@@@@@@@            |
[512, 1K)         1267 |@@@@@@@@@@@@@@@@@@@@@@@@@@@@@@@@@@@@@@ |
[1K, 2K)          1530 |@@@@@@@@@@@@@@@@@@@@@@@@@@@@@@@@@@@@@@@@@@@@@@@|
[2K, 4K)           603 |@@@@@@@@@@@@@@@@@                  |
[4K, 8K)           446 |@@@@@@@@@@@@@                      |
[8K, 16K)          125 |@@@@                              |
[16K, 32K)           3 |                                  |
[32K, 64K)           0 |                                  |
```

```
[64K, 128K)          56 |@                                          |
[128K, 256K)          1 |                                           |
...
```

이벤트를 2개에 바인딩하고 있으며, kprobe와 kretprobe를 사용합니다. 시간을 계산하기 위해서는 함수 출력 시점과 리턴 시점이 필요하기 때문입니다. BPF는 이벤트 기반으로 동작하므로 시스템 콜마다 존재하는 kprobe와 kretprobe를 동기화할 필요가 있습니다. 여기서는 동기화의 키로 스레드 ID를 나타내는 tid를 사용했습니다. 동일 시점에서 스레드 ID는 유일한 것으로 가정할 수 있기 때문에 이를 키로 사용할 수 있습니다.

nsecs()는 현재 시간을 시스템 부팅 시점부터 계산해서 나노초 단위로 반환합니다. kretprobe에 필터로 맵의 키 값 유무를 봅니다. 이를 통해 kprobe 시점에서 시간이 계산되지 않은 것은 kretprobe에서 달리 처리하지 않을 수 있습니다. delete()는 필요 없는 맵의 데이터를 지우는 데 사용됐습니다.

많은 모니터링 프로그램이 일정 주기로 메트릭을 표시합니다. bpftrace에서는 interval 이벤트를 활용할 수 있습니다. 다음은 5초 주기로 스케줄링 관련 이벤트 사용 횟수를 출력합니다.

예제 6.10 인터벌을 활용해 주기적으로 출력하기

```
$ bpftrace -e 'tracepoint:sched:sched* { @[probe] = count(); } interval:s:5 { exit(); }'
Attaching 25 probes...
@[tracepoint:sched:sched_wakeup_new]: 1
@[tracepoint:sched:sched_process_fork]: 1
@[tracepoint:sched:sched_process_exec]: 1
@[tracepoint:sched:sched_process_exit]: 1
@[tracepoint:sched:sched_process_free]: 2
@[tracepoint:sched:sched_process_wait]: 7
@[tracepoint:sched:sched_wake_idle_without_ipi]: 53
@[tracepoint:sched:sched_stat_runtime]: 212
@[tracepoint:sched:sched_wakeup]: 253
@[tracepoint:sched:sched_waking]: 253
@[tracepoint:sched:sched_switch]: 510
```

sched 카테고리의 sched로 시작하는 모든 이벤트를 출력했습니다. comm은 프로세스의 이름을 뜻합니다. 이를 키로 사용하는 맵을 만들고 키별로 count()를 사용해 이벤트 호출 횟수를 저장했습니다. interval을 사용해 5초마다 bpftrace를 exit()로 종료시킵니다. 결과적으로 5초 단위로 프로세스 이름별로 맵이 출력됩니다.

이번에는 커널에 대한 스택 트레이스를 구해 보겠습니다.

예제 6.11 커널 스택 트레이스

```
$ bpftrace -e 'profile:hz:99 { @[kstack] = count(); }'
Attaching 1 probe...
^C
@[
    ep_insert+909
    __x64_sys_epoll_ctl+1250
    do_syscall_64+104
    entry_SYSCALL_64_after_hwframe+73
]: 1
@[
    mwait_idle+161
    do_idle+515
    cpu_startup_entry+111
    start_secondary+407
    secondary_startup_64+164
]: 1
...
```

99Hz로 샘플링하고 있습니다. kstack()은 커널의 스택 트레이스를 생성합니다. 맵의 키로 다시 이를 사용했습니다. count()로 해당 스택의 호출 횟수를 기록합니다.

스택 트레이스는 다양한 이벤트에서 사용할 수 있습니다. 다음 예제는 컨텍스트 스위칭 관련 스택 트레이스 횟수를 기록합니다.

예제 6.12 스케줄러 트레이싱

```
$ bpftrace -e 'tracepoint:sched:sched_switch { @[kstack] = count(); }'
^C
@[
    __sched_text_start+1455
    __sched_text_start+1455
    schedule+40
```

```
    __lock_sock+121
    lock_sock_nested+79
    tcp_recvmsg+141
    inet_recvmsg+91
    sock_read_iter+162
    __vfs_read+289
    vfs_read+145
    ksys_read+87
    do_syscall_64+104
    entry_SYSCALL_64_after_hwframe+73
]: 1
@[
    __sched_text_start+1455
    __sched_text_start+1455
    schedule+40
    kthreadd+397
    ret_from_fork+58
]: 1
...
```

sched_switch 트레이스포인트는 해당 스레드가 CPU를 떠나면서 발동됩니다. I/O를 기다리거나 기타 타이머 및 록으로 인해 발생할 수 있습니다. comm, pid 같은 빌트인 변수들이 대상 스레드를 참조하지 않을 수 있어 사용 시 주의가 필요합니다.

다음은 블록 I/O 요청에서 요청된 데이터의 크기 분포를 출력합니다.

예제 6.13 블록 I/O 트레이싱

```
$ bpftrace -e 'tracepoint:block:block_rq_issue { @ = hist(args->bytes); }'
Attaching 1 probe...
^C
@:
[4K, 8K)          19 |@@@@@@@@@@@@@@@@@@@@@@@@@@@@@@@@@@@@@@@@@@@@@@@@@@@@|
[8K, 16K)         10 |@@@@@@@@@@@@@@@@@@@@@@@@@@@@                       |
[16K, 32K)         0 |                                                  |
[32K, 64K)         1 |@@                                                |
```

block_q_issue는 I/O 요청이 해당 블록 장치에 요청될 때 발동됩니다. args->bytes로 해당 트레이스포인트의 인자를 출력합니다. 이 같은 요청은 어떤 상태에서 이뤄진 것이냐에 따라 가용한 빌트인 변수가 달라질 수 있습니다. 사용자 프로세스에서 요청이 이뤄진 경우 pid, comm과 같은 빌트인 변수를 사용할 수 있습니다. 커널에서 readahead 동작 같은 것으로 인해 요청이 이뤄졌다면 pid, comm과 같은 빌트인 변수는 전혀 다른 값을 가리킬 것입니다.

다음은 vfs_open() 함수와 관련된 구조체를 트레이싱한 것입니다.

예제 6.14 커널 구조체 트레이싱

```
$ cat path.bt
#include <linux/path.h>
#include <linux/dcache.h>
kprobe:vfs_open
{
    printf("open path: %s\n", str(((struct path *)arg0)->dentry->d_name.name));
}
$ bpftrace path.bt
Attaching 1 probe...
open path: dev
open path: if_inet6
open path: retrans_time_ms
...
```

스크립트를 vfs_open의 kprobe 이벤트에 바인딩했습니다. 이전과 다르게 커널의 헤더를 포함하고 있습니다. arg0에는 해당 함수의 인자가 들어오는데, 이를 구조체 포인터로 캐스팅해서 구조체 내 값에 접근합니다.

여기까지 예제를 통해 bpftrace를 살펴봤습니다. 뒤에서는 좀 더 구조적으로 bpftrace에 대해 알아보겠습니다.

6.3.2 기본 문법

앞의 예제를 보면 대략적인 문법이 다음과 같은 형태임을 유추할 수 있습니다.

```
probe /filter/ { action }
```

각 항목은 다음과 같습니다.

- 프루브(probe): bpftrace가 바인드될 이벤트

- 필터(filter): 전체 이벤트 중 매칭되는 케이스만 수행

- 액션(action): 수행할 작업

그 외 프로그램의 주석으로 다음 두 가지 형태를 지원합니다. 주석은 bpftrace 프로그램 내 어느 위치에든 올 수 있습니다.

```
// 한 줄 주석
```

```
/*
여러 줄
주석
*/
```

BPF가 이벤트 기반의 프로그램임을 생각하면 목적에 맞게 간결한 구조를 갖고 있음을 짐작할 수 있습니다. 이어서 앞에서 소개한 각 항목을 순서대로 살펴보겠습니다.

6.3.3 프루브

프루브(probe)에는 우리가 사용할 액션(action)을 호출하는 이벤트를 명시할 수 있습니다. 바인딩될 이벤트를 기술할 수 있으며, 이전 장에서 언급한 이벤트를 지원합니다. 이벤트의 종류에 따라 기술하는 방식이 조금 다른데, 뒤에서 하나씩 살펴보겠습니다.

- tracepoint

- USDT

- kprobe / kretprobe

- uprobe / uretprobe

- software / hardware

- profile

- interval

· BEGIN / END

· kfunc / kretfunc: experimental

· watchpoint: experimental

다음은 각 이벤트를 리눅스 아키텍처에 나타낸 그림 [11]입니다.

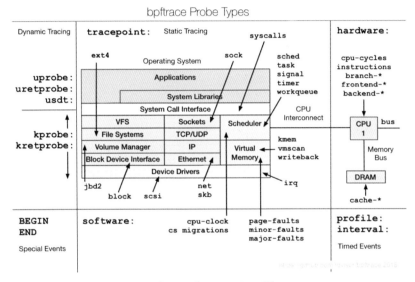

그림 6.4 bpftrace 프루브 타입

하나의 액션 블록에 대해 프루브는 다음과 같이 여러 개가 들어올 수 있습니다.

```
probe,probe,probe ... { actions }
```

혹은 다음과 같이 복수의 프루브와 액션을 정의해도 무방합니다.

```
probe { actions } probe { actions } probe { actions }
```

일부 프루브에 대해서는 다음과 같이 와일드카드 매칭도 지원하므로 '*'과 '?'를 쓸 수 있습니다.

```
kprobe:vfs_*
```

---

11 https://github.com/iovisor/bpftrace/blob/v0.11.2/images/bpftrace_probes_2018.png

bpftrace에서는 오버헤드를 피하기 위해 최대 사용 가능한 프루브가 512개로 제한되어 있습니다. BPFTRACE_MAX_PROBES 환경변수를 통해 이를 조정할 수 있지만 시스템에 악영향을 줄 수 있으니 주의해야 합니다.

앞에서 본 것처럼 와일드카드를 사용할 때 적용되는 프루브는 무엇이 있는지 다음과 같이 확인할 수 있습니다.

예제 6.15 bpftrace로 프루브 리스트 확인

```
$ bpftrace -l 'kprobe:vfs_*'
kprobe:vfs_fadvise
kprobe:vfs_fallocate
kprobe:vfs_truncate
...
$ bpftrace -l 'kprobe:vfs_*' | wc -l
56
```

다음 형태의 프루브에 대해서는 와일드카드가 지원되지 않습니다.

- software
- hardware
- profile
- interval
- watchpoint
- BEGIN, END

다음으로 각각의 이벤트를 살펴보겠습니다.

tracepoint

먼저 정적 이벤트를 살펴보겠습니다. tracepoint부터 시작합니다. 기본 포맷은 다음과 같습니다.

표 6.3 tracepoint 포맷

프루브	포맷
tracepoint	tracepoint:$tracepoint_group:$tracepoint_event

tracepoint 유형의 프루브는 다음 변수를 제공합니다.

표 6.4 tracepoint의 변수

프루브	관련 변수	설명
tracepoint	args	tracepoint 인자 args->$arg_name으로 접근 가능합니다.

사용 가능한 트레이스포인트 목록은 다음과 같이 확인할 수 있습니다.

```
$ bpftrace -l tracepoint:*
tracepoint:kprobes:myprobe
tracepoint:sunrpc:rpc_call_status
tracepoint:sunrpc:rpc_bind_status
...
```

다음과 같은 형태로 사용합니다.

예제 6.16 bpftrace block_rq_insert 트레이스포인트 사용

```
$ bpftrace -e 'tracepoint:block:block_rq_insert { printf("block I/O created by %d\n",
tid); }'
Attaching 1 probe...
block I/O created by 2132
block I/O created by 2132
block I/O created by 2132
...
```

좀 더 세부적인 내용이 필요할 경우 -v1 옵션을 활용해 해당 tracepoint에 대한 세부 내용을 확인한 후 사용합니다.

예제 6.17 트레이스포인트 syscalls/sys_enter_openat 인자 확인

```
$ bpftrace -v1 tracepoint:syscalls:sys_enter_openat
tracepoint:syscalls:sys_enter_openat
    int __syscall_nr;
    int dfd;
    const char * filename;
```

```
    int flags;
    umode_t mode;
```

args 변수를 통해 인자에 접근할 수 있습니다.

예제 6.18 트레이스포인트의 인자 사용

```
$ bpftrace -e 'tracepoint:syscalls:sys_enter_openat { printf("%s %s\n", comm, str(args-
>filename)); }'
Attaching 1 probe...
tmux: server /proc/718597/cmdline
tmux: server /proc/718597/cmdline
tmux: server /proc/718597/cmdline
...
```

usdt

이번에는 usdt를 살펴보겠습니다. 사용 포맷은 다음과 같습니다.

표 6.5 usdt 포맷

프루브	포맷
usdt	usdt:$binary_path:$probe_name
	usdt:$binary_path:$probe_namespace:$probe_name
	usdt:$library_path:$probe_name
	usdt:$library_path:$probe_namespace:$probe_name

usdt 유형의 프루브는 다음 변수를 제공합니다. tracepoint와 달리 args에 필드명이 아닌 arg0, arg1 등의 형태를 사용합니다. tracepoint와 달리 구체적으로 해당 인자가 어떤 타입이나 정보를 기술하는지 명확하게 알기가 힘듭니다.

표 6.6 usdt의 변수

프루브	관련 변수	설명
tracepoint	arg0, arg1, ..., argN	usdt의 인자

사용 가능한 USDT 목록은 다음과 같이 확인 가능합니다.

```
$ bpftrace -l 'usdt:/lib64/libc.so.6:*'
usdt:/lib64/libc.so.6:libc:setjmp
usdt:/lib64/libc.so.6:libc:longjmp
usdt:/lib64/libc.so.6:libc:longjmp_target
...
```

혹은 동작 중인 PID를 통해 확인할 수도 있습니다.

```
$ bpftrace -p $(pidof mybin) -l 'usdt:*'
usdt:/proc/130717/root/usr/lib64/ld-2.28.so:rtld:init_start
usdt:/proc/130717/root/usr/lib64/ld-2.28.so:rtld:init_complete
usdt:/proc/130717/root/usr/lib64/ld-2.28.so:rtld:map_failed
...
```

PID를 통해 USDT를 확인하는 경우 연결된 라이브러리의 USDT도 함께 확인할 수 있다는 장점이 있습니다. 파일로부터 연결된 라이브러리 확인은 ldd를 통해 확인할 수 있습니다.

```
$ ldd ./mybin
        linux-vdso.so.1 (0x00007ffcfb38a000)
        libc.so.6 => /lib64/libc.so.6 (0x00007f34d0bfb000)
        /lib64/ld-linux-x86-64.so.2 (0x00007f34d0fbd000)
```

다음과 같이 특정 라이브러리를 직접 경로에 넣어도 됩니다.

예제 6.19 bpftrace의 USDT 사용

```
$ bpftrace -e 'usdt:/lib64/libc.so.6:* { printf("%s\n", probe) }'
Attaching 33 probes...
usdt:/lib64/libc.so.6:libc:setjmp
usdt:/lib64/libc.so.6:libc:setjmp
usdt:/lib64/libc.so.6:libc:setjmp
...
```

kprobe / kretprobe

kprobe와 kretprobe는 다음과 같은 형태로 사용합니다.

표 6.7 kprobe / kretprobe 포맷

프루브	포맷
kprobe	kprobe:$function_name
kretprobe	kretprobe:$function_name

프루브별로 다음 변수들을 지원합니다.

표 6.8 kprobe / kretprobe의 변수

프루브	관련 변수	설명
kprobe	arg0, arg1, ..., argN	함수 인자
kretprobe	Retval	함수의 리턴 값

사용 가능한 kprobe 목록은 다음과 같이 확인할 수 있습니다.

예제 6.20 kprobe 목록 확인

```
$ bpftrace -l kprobe:*
kprobe:trace_initcall_finish_cb
kprobe:initcall_blacklisted
kprobe:do_one_initcall
...
```

다음과 같은 형태로 사용합니다.

예제 6.21 kprobe 사용

```
$ bpftrace -e 'kprobe:do_nanosleep { printf("sleep by %d\n", tid); }'
Attaching 1 probe...
sleep by 1396
sleep by 3669
sleep by 1396
...
```

kprobe의 경우 특정 함수의 오프셋(offset)에 바인딩될 수도 있습니다. 오프셋의 내용을 확인하려면 다음과 같이 gdb를 활용하며, 커널의 debuginfo가 필요합니다. 배포판 커널을 사용하는 경우 직접 해당 패키지를 설치하고 다음과 같이 사용합니다.

```
$ gdb -q /usr/lib/debug/boot/vmlinux-$(uname -r) --ex 'disassemble do_sys_open'
Reading symbols from /usr/lib/debug/boot/vmlinux-5.4.0-1024-gcp...done.
Dump of assembler code for function do_sys_open:
   0xffffffff812b2ed0 <+0>:     callq  0xffffffff81c01820 <__fentry__>
   0xffffffff812b2ed5 <+5>:     push   %rbp
   0xffffffff812b2ed6 <+6>:     mov    %rsp,%rbp
   0xffffffff812b2ed9 <+9>:     push   %r15
...
```

직접 커널을 빌드했거나 기타 이유로 debuginfo 패키지가 없는 경우 extract-vmlinux [12]를 활용해 vmlinuz에서 직접 vmlinux를 추출합니다.

```
$ wget -O extract-vmlinux https://raw.githubusercontent.com/torvalds/linux/master/
scripts/extract-vmlinux
$ chmod +x extract-vmlinux
$ ./extract-vmlinux /boot/vmlinuz > vmlinux
```

보고자 하는 함수의 주소는 System.map에서 가져옵니다.

```
$ cat /boot/System.map | grep do_sys_open
ffffffff8130f0e0 t do_sys_openat2
ffffffff81310870 T do_sys_open
```

위 주소를 objdump에 전달해서 디스어셈블할 수 있습니다.

```
$ objdump -S --start-address=0xffffffff81310870  ./vmlinux | awk '{print $0} $3~/retq?/
{exit}'

./vmlinux:     file format elf64-x86-64

Disassembly of section .text:

ffffffff81310870 <.text+0x310870>:
ffffffff81310870:       e8 cb 2e d4 ff          callq  0xffffffff81053740
ffffffff81310875:       48 83 ec 20             sub    $0x20,%rsp
```

---

12 https://raw.githubusercontent.com/torvalds/linux/v5.8/scripts/extract-vmlinux

```
ffffffff81310879:        65 48 8b 04 25 28 00    mov    %gs:0x28,%rax
ffffffff81310880:        00 00
...
```

오프셋을 확인했으면 이를 다음과 같이 '+숫자' 형태로 사용합니다.

예제 6.22 kprobe로 함수의 오프셋 접근

```
$ bpftrace -e 'kprobe:do_sys_open+9 { printf("in here\n"); }'
Attaching 1 probe...
in here
...
```

오프셋 범위는 어디까지나 해당 함수의 범위에서만 유효합니다. 벗어나면 다음과 같이 에러를
만납니다.

예제 6.23 오프셋이 함수의 범위를 벗어나는 경우

```
$ bpftrace -e 'kprobe:do_sys_open+1 { printf("in here\n"); }'
Attaching 1 probe...
Could not add kprobe into middle of instruction: /usr/lib/debug/boot/vmlinux-5.8.17:do_
sys_open+1
```

kprobe에 바인딩된 함수의 인자는 arg0과 같은 변수로 접근할 수 있습니다. 이때 인자로 전달받
은 구조체를 확인하려면 해당 구조체가 정의된 커널의 헤더를 활용해야 합니다.

예제 6.24 구조체 필드 접근

```
#!/usr/bin/env bpftrace
#include <linux/path.h>
#include <linux/dcache.h>
kprobe:vfs_open
{
    printf("open path: %s\n", str(((struct path *)arg0)->dentry->d_name.name));
}
```

어떤 구조체는 헤더에 정의되어 있지 않습니다. 이러한 경우 직접 해당 구조체를 bpftrace 스크
립트 내에서 정의해야 합니다. 혹은 커널 바이너리에서 BTF를 제공한다면 별다른 헤더 없이 구
조체를 활용할 수 있습니다. BTF로 접근 가능한 구조체는 다음과 같이 확인할 수 있습니다.

```
$ bpftrace -lv "struct path"
BTF: using data from /sys/kernel/btf/vmlinux

struct path {
    struct vfsmount *mnt;
    struct dentry *dentry;
};
```

위에서 확인한 path 구조체는 일반적으로 리눅스 헤더만 설치해서 볼 때는 확인하기 어려운 구조체입니다.

uprobe/uretprobe

uprobe/uretprobe는 다음과 같은 형태로 사용합니다.

표 6.9 uprobe / uretprobe 포맷

프루브	포맷
uprobe uretprobe	uprobe:$binary_path:$function_name
	uretprobe:$binary_path:$function_name
	uprobe:$library_path:$function_name
	uretprobe:$library_path:$function_name

kprobe/kretprobe와 마찬가지로 다음 변수들을 지원합니다.

표 6.10 uprobe/uretprobe 의 변수

프루브	관련 변수	설명
uprobe	arg0, arg1, ..., argN	함수 인자
uretprobe	retval	함수의 리턴값

uprobe와 uretprobe는 해당 바이너리에 함수 심벌이 존재하면 사용할 수 있습니다. 독립된 심벌 파일은 아직 사용할 수 없습니다[13]. bpftrace로는 마찬가지로 -l 옵션을 통해 확인할 수 있습니다.

---

13 https://github.com/iovisor/bpftrace/issues/516

예제 6.25 uprobe 목록 확인

```
$ bpftrace -l 'uprobe:/usr/bin/bash'
uprobe:/usr/bin/bash:rl_old_menu_complete
uprobe:/usr/bin/bash:maybe_make_export_env
uprobe:/usr/bin/bash:initialize_shell_builtins
...
```

기본적인 사용법은 다음과 같습니다.

예제 6.26 uprobe 사용

```
$ bpftrace -e 'uprobe:/usr/bin/bash:find_shell_builtin { printf("arg0: %s\n", str(arg0)); }'
Attaching 1 probe...
arg0: ps
arg0: grep
arg0: grep
...
```

uretprobe도 동일합니다.

예제 6.27 uretprobe 사용

```
$ bpftrace -e 'uretprobe:/usr/bin/bash:find_shell_builtin { printf("ret: %d\n", retval); }'
Attaching 1 probe...
ret: 0
ret: 0
ret: 0
...
```

심벌이 아닌 주소로 접근하는 것도 가능합니다. bpftrace로는 심벌 주소를 확인하기 어려우니 여기서는 objdump를 통해 앞에서 본 심벌의 주소를 찾아보겠습니다.

```
$ objdump -tT /usr/bin/bash | grep initialize_shell_builtins
000000000008d610 g    DF .text    0000000000093640 Base        initialize_shell_builtins
```

그러고 나서 심벌 대신 주솟값을 쓰면 됩니다.

예제 6.28 주소로 uprobe 사용

```
$ bpftrace -e 'uprobe:/usr/bin/bash:0x0000000000093640 { printf("in here\n"); }'
Attaching 1 probe...
in here

...
```

kprobe와 마찬가지로 오프셋을 사용할 수 있습니다.

예제 6.29 오프셋 사용

```
$ bptrace -e 'uprobe:/usr/bin/bash:initialize_shell_builtins+10 { printf("in here\n");
}'
Attaching 1 probe...
in here
```

해당 오프셋에서 어떤 동작이 이뤄지는지는 objdump를 통해 확인합니다.

예제 6.30 오프셋 내용 확인

```
$ objdump -d /usr/bin/bash | grep -A 10 -E '<initialize_shell_builtins.+>:'
0000000000093640 <initialize_shell_builtins@@Base>:
   93640:       f3 0f 1e fa             endbr64
   93644:       48 63 35 99 70 08 00    movslq 0x87099(%rip),%rsi        # 11a6e4 <num_
shell_builtins@@Base>
   9364b:       48 8b 3d 96 70 08 00    mov    0x87096(%rip),%rdi        # 11a6e8 <shell_
builtins@@Base>
   93652:       ba 30 00 00 00          mov    $0x30,%edx
   93657:       48 8d 0d 02 eb ff ff    lea    -0x14fe(%rip),%rcx        # 92160 <command_
builtin@@Base+0x290>
   9365e:       e9 1d a9 f9 ff          jmpq   2df80 <qsort@plt>
   93663:       66 2e 0f 1f 84 00 00    nopw   %cs:0x0(%rax,%rax,1)
   9366a:       00 00 00
   9366d:       0f 1f 00                nopl   (%rax)
   93670:       41 57                   push   %r15
```

현재 uprobe 관련해서 한 가지 버그가 있습니다. GCC 같은 컴파일러로 빌드하는 경우 다음과 같은 심벌이 포함될 수 있습니다.

- frame_dummy

- _init

- _fini

이 타깃에 대해서는 bpftrace에서 다음과 같은 에러가 나면서 종료됩니다.

```
Offset outside the function bounds ('frame_dummy' size is 0)
```

당장은 해당 프루브를 사용하지 않도록 적절히 필터링해야 합니다. 이에 대해서는 아직 업스트림 커뮤니티에서 논의가 진행되고 있습니다. [14]

software/hardware

software/hardware는 각각 커널에 정의되어 있는 특별한 이벤트입니다. 일반적으로는 perf를 통해 쓸 수 있습니다. 자세한 내용은 perf 매뉴얼에 정의되어 있습니다. bpftrace에서 이를 사용하는 문법은 다음과 같습니다.

표 6.11 software/hardware 이벤트 포맷

프루브	포맷
	software:$event_name:count
software	software:$event_name:
hardware	hardware:$event_name:count
	hardware:$event_name:

현재 지원하는 이벤트는 다음과 같습니다.

- cpu-clock (cpu)

- task-clock

- page-faults (faults)

- context-switches (cs)

---

14 https://github.com/iovisor/bpftrace/issues/940

- cpu-migrations

- minor-faults

- major-faults

- alignment-faults

- emulation-faults

- dummy

- bpf-output

예제 6.31 컨텍스트 스위칭 확인

```
$ bpftrace -e 'software:context-switches:100 { @[comm] = count(); }'
Attaching 1 probe...
^C
@[bpftrace]: 1
@[swapper/0]: 2
@[ksoftirqd/0]: 2
@[kworker/0:1]: 3
@[rcu_sched]: 4
@[fish]: 190
```

하드웨어 이벤트 목록은 다음과 같습니다.

- cpu-cycles (cycles)

- instructions

- cache-references

- cache-misses

- branch-instructions (branches)

- branch-misses

- bus-cycles

- frontend-stalls

- backend-stalls

- ref-cycles

profile

profile은 perf 예제에서 사용했던 perf record 동작과 동일합니다. 즉, 일정 주기로 시스템 전반을 프로파일링합니다.

표 6.12 profile 포맷

프루브	포맷
profile	profile:hz:$rate
	profile:s:$rate
	profile:ms:$rate
	profile:us:$rate

profile은 다음과 같은 형태로 사용합니다. 종종 모든 이벤트를 트레이싱하기 부담스러울 때 profile을 통해 샘플링하면 시스템의 부담을 많이 줄일 수 있습니다.

예제 6.32 profile 사용

```
$ bpftrace -e 'profile:hz:99 { @[comm] = count(); }'
Attaching 1 probe...
^C
@[clear]: 1
@[sshd]: 1
@[ls]: 1
@[awk]: 1
...
```

interval

interval 역시 주기를 가지고 작동하는 이벤트입니다. profile과 달리 hz 대신 초 단위를 사용합니다.

표 6.13 interval 포맷

프루브	포맷
interval	interval:s:$rate
	interval:ms:$rate

interval은 다음과 같은 형태로 사용합니다. 이 밖에도 초 단위로 맵을 출력한다거나 할 때 유용
하게 쓰입니다.

예제 6.33 interval 사용

```
$ bpftrace -e 'i:s:1 { printf("%s\n", strftime("%H:%M:%S", nsecs)); }'
Attaching 1 probe...
13:18:01
13:18:02
13:18:03
```

BEGIN/END

BEGIN과 END는 각각 bpftrace 스크립트의 시작과 끝에 바인딩되는 이벤트입니다. 다음과 같은 형
태로 사용할 수 있습니다.

예제 6.34 BEGIN/END 사용

```
$ bpftrace -e 'BEGIN { printf("started\n") } END { printf("finished\n")}'
Attaching 2 probes...
started
^Cfinished
```

kfunc/kretfunc

BTF를 사용하는 커널에서는 kfunc와 kretfunc를 쓸 수 있습니다. 기능적으로는 kprobe/kretprobe
와 동일하지만 오버헤드가 훨씬 더 적습니다. bpftrace에서는 아직 실험적인 기능으로, 추후 인
터페이스의 변화가 있을 수 있습니다.

표 6.14 kfunc/kretfunc 포맷

프루브	포맷
kfunc	kfunc:$function_name
kretfunc	kretfunc:$function_name

프루브별로 다음 변수들을 지원합니다. 함수의 인자에 접근하는 방법이 kprobe/kretprobe와 다소
다른 것을 알 수 있습니다.

표 6.15 kfunc/kretfunc의 변수

프루브	관련 변수	설명
kfunc	args	함수 인자 args->$arg_name으로 접근 가능합니다.
kretfunc	args	kfunc의 args와 동일합니다.
	retval	함수의 리턴값

tracepoint저럼 bpftrace를 통해 이벤트의 상세 내용을 쉽게 확인할 수 있습니다.

예제 6.35 kfunc의 상세 내용 확인

```
$ bpftrace -lv kfunc:fget
BTF: using data from /sys/kernel/btf/vmlinux
kfunc:fget
    unsigned int fd;
    struct file * retval;
```

다음은 사용 예입니다.

예제 6.36 kfunc 사용

```
$ bpftrace -e 'kfunc:fget { printf("fd %d\n", args->fd);  }'
Attaching 1 probe...
fd 3
```

watchpoint

watchpoint는 커널에서 제공하는 특정 메모리 주소에 접근함에 따라 발생하는 이벤트입니다. bpftrace에서는 아직 실험적인 기능으로, 추후 인터페이스의 변화가 있을 수 있습니다.

표 6.16 watchpoint 문법

Probe 이름	Syntax
watchpoint	watchpoint::$hex_address:$length:$mode

mode는 r, w, x의 조합으로 사용할 수 있습니다. 각각 해당 메모리를 읽어 들일 때, 메모리에 쓰일 때, 메모리를 실행할 때로 구분됩니다. $length는 지정한 $hex_address로부터의 길이입니다. 2, 4, 8 등 2의 제곱수를 사용할 수 있습니다.

watchpoint는 -c 옵션이나 -p 옵션이 필요하며, 다음과 같은 형태로 사용할 수 있습니다.

예제 6.37 watchpoint 사용

```
$ bpftrace -e 'watchpoint::0x10000000:8:rw { printf("hit!\n"); }' -p $(pidof mybin)
```

watchpoint의 동작 예를 보기 위해 bpftrace 리포지토리 내에 포함된 테스트 프로그램(tests/testprogs/watchpoint.c)을 활용하겠습니다.

예제 6.38 특정 주소에 접근하는 C 프로그램

```c
#include <stdint.h>
#include <stdio.h>
#include <sys/mman.h>
#include <unistd.h>

int main() {
  volatile void* addr = mmap(
      (void*)0x10000000,
      2 << 20,
      PROT_READ | PROT_WRITE,
      MAP_PRIVATE | MAP_ANONYMOUS,
      -1,
      0);

  if ((long)addr < 0) {
    perror("mmap");
    return 1;
  }


  uint8_t i = 0;
  while (1) {
    *((volatile uint8_t*)addr) = i++;
  }
}
```

위 코드는 0x10000000 주소의 메모리에 직접 접근합니다. 일단 소스코드를 빌드합니다.

```
$ gcc watchpoint.c -o watchpoint
```

이를 -c 옵션으로 watchpoint와 함께 사용하면 다음과 같은 출력 결과를 볼 수 있습니다.

예제 6.39 watchpoint 사용

```
$ bpftrace -v -e 'watchpoint::0x10000000:8:w { printf("hit!\n"); exit() }' -c ./
watchpoint
BTF: using data from /sys/kernel/btf/vmlinux
Attaching 1 probe...

Program ID: 10596

Bytecode:
processed 25 insns (limit 1000000) max_states_per_insn 0 total_states 2 peak_states 2
mark_read 1

Running...
hit!
```

6.3.4 필터

모든 이벤트마다 동작을 정의하지 않고 싶을 때는 필터를 사용합니다. 필터는 다음과 같은 형태로 정의할 수 있습니다.

```
/pid == 2/
/pid > 100 && pid < 1000/
/comm=="bash"/
```

언뜻 awk에서 사용하는 필터 문법과 유사하다는 것을 알 수 있습니다. 위 예제는 각각 pid가 2인 이벤트, pid가 100-1000 사이인 이벤트만 처리합니다.

6.3.5 액션

다음은 액션의 문법입니다. C 언어와 유사한데, 명령 사이는 ';'로 구분되나 단일 명령의 경우 생략 가능합니다.

```
{ action one; action two; action three }
```

다음은 $x 변수를 만들고 42로 값을 초기화한 뒤 출력합니다.

```
{ $x = 43; printf("$x is %d", $x); }
```

위와 같이 사용 가능한 액션을 다음과 같이 구분할 수 있습니다.

- 함수: printf(), system() 등
- 변수: 맵 변수, 임시 변수 정의 등
- 제어문: if, unroll 등

함수 및 변수와 관련해서는 뒤에서 자세히 알아보겠습니다. 먼저 몇 가지 제어문과 연산자를 살펴보겠습니다. 가장 먼저 C 스타일의 삼항 연산자인 ?:입니다.

예제 6.40 삼항 연산자 사용

```
$ bpftrace -e 'tracepoint:syscalls:sys_exit_read { @error[args->ret < 0 ? - args->ret :
0] = count(); }'
Attaching 1 probe...
^C
@error[11]: 24
@error[0]: 78
```

if-else 문법도 지원합니다.

예제 6.41 if-else 사용

```
$ bpftrace -e 'tracepoint:syscalls:sys_enter_read { @reads = count();
    if (args->count > 1024) { @large = count(); } }'
Attaching 1 probe...
^C
@large: 72
@reads: 80
```

간단한 반복문도 있습니다.

예제 6.42 unroll 사용

```
$ bpftrace -e 'kprobe:do_nanosleep { $i = 1; unroll(5) { printf("i: %d\n", $i); $i = $i
+ 1; } }'
Attaching 1 probe...
i: 1
i: 2
i: 3
i: 4
i: 5
^C
```

위 예제는 {} 사이의 스크립트를 5회 반복합니다.

다음은 while 문입니다. unroll이 정해진 횟수의 루틴을 실행하는 데 반해 while 문은 상태를 정의할 수 있습니다. 참고로 아직은 실험적인 기능입니다.

다음은 while을 사용해 0부터 100까지 출력하는 예제입니다.

예제 6.43 while 사용

```
$ bpftrace -e 'i:ms:100 { $i = 0; while ($i <= 100) { printf("%d ", $i); $i++} exit();
}'
Attaching 1 probe...
0 1 2 3 4 5 6 7 8 9 10 11 12 13 14 15 16 17 18 19 20 21 22 23 24 25 26 27 28 29 30 31 32
33 34 35 36 37 38 39 40 41 42 43 44 45 46 47 48 49 50 51 52 53 54 55 56 57 58 59 60 61
62 63 64 65 66 67 68 69 70 71 72 73 74 75 76 77 78 79 80 81 82 83 84 85 86 87 88 89 90
91 92 93 94 95 96 97 98 99 100
```

6.3.6 변수

bpftrace에서 변수는 다음과 같은 3가지 종류가 있습니다.

- 빌트인 변수
- 임시 변수
- 맵 변수

또한 변수의 유효 범위에 따라 다음과 같은 3가지로 나눌 수 있습니다.

- 지역 변수
- 글로벌 변수
- 스레드 변수

빌트인 변수

빌트인 변수는 앞의 예제에서 몇 차례 사용했습니다. 다음과 같은 값들입니다.

- pid: 해당 프로세스 아이디
- comm: 프로세스 이름
- nsecs: 타임스탬프
- curtask: 현재 스레드의 task_struct

bpftrace에서 지원하는 전체 빌트인 변수는 다음과 같습니다.

표 6.17 빌트인 변수들

변수	설명
pid	프로세스 ID
tid	스레드 ID
uid	User ID
gid	Group ID
nsecs	현재 시간, 나노초 단위
elapsed	bpftrace가 실행되고 나서 걸린 시간, 나노초 단위
cpu	프로세서 ID
comm	프로세스 이름
kstack	커널 영역 스택 트레이스
ustack	사용자 영역 스택 트레이스
arg0, arg1, ..., argN	트레이싱하는 함수의 인자

변수	설명
sarg0, sarg1, ..., sargN	트레이싱하는 함수의 인자. 함수의 인자를 스택에 저장하는 프로그램을 위한 변수
retval	트레이싱하는 함수의 리턴값
func	트레이싱하는 함수의 이름
probe	이벤트 프루브 이름
curtask	현재 프로세스의 task_struct
rand	랜덤 함수
cgroup	현재 프로세스의 cgroup ID
cpid	자식 프로세스 ID
$1, $2, ..., $N, $#	bpftrace로 전달된 인자

임시 변수

임시 변수는 이름에 '$'를 접두사로 사용합니다. 타입은 값이 할당될 때 정해지며, 임시 변수는 여러 가지 타입을 지원합니다. 다음은 튜플 타입의 변수 $t를 정의한 것입니다.

예제 6.44 튜플 타입의 변수 정의

```
$ bpftrace -e 'BEGIN { $t = (1, 2, "string"); printf("%d %s\n", $t.1, $t.2); }'
Attaching 1 probe...
2 string
^C
```

튜플에는 여러 타입의 데이터가 섞여 있을 수 있습니다. 튜플의 데이터는 순서대로 $t.1, $t.2와 같은 방식으로 접근합니다.

맵 변수

맵 변수는 '@'를 사용해 정의합니다. 맵 변수의 경우 bpftrace의 프로그램이 종료되면 자동으로 표준 출력으로 덤프됩니다. 앞에서 본 예제를 다시 살펴보겠습니다.

예제 6.45 종료 시점에서의 맵 덤프

```
$ bpftrace -e 'kretprobe:vfs_read /pid==1234/ { @bytes = hist(retval); }'
Attaching 1 probe...
^C

@bytes:
(..., 0)              223 |@@@@@@@@@@@@@                                     |
[0]                   110 |@@@@@@                                           |
[1]                   581 |@@@@@@@@@@@@@@@@@@@@@@@@@@@@@@@@@                  |
[2, 4)                 23 |@                                                |
[4, 8)                  9 |                                                 |
[8, 16)               844 |@@@@@@@@@@@@@@@@@@@@@@@@@@@@@@@@@@@@@@@@@@@@@@@@@@@|
[16, 32)               44 |@@                                               |
[32, 64)               67 |@@@@                                             |
[64, 128)              50 |@@@                                              |
[128, 256)             24 |@                                                |
[256, 512)              1 |                                                 |
```

Ctrl + C로 프로그램이 종료된 뒤 @byte 맵에 저장되어 있던 히스토그램 값이 출력되는 것을 알
수 있습니다.

예제 6.46 필터에서 맵 사용

```
$ bpftrace -e 'BEGIN { @start = nsecs; }
    kprobe:do_nanosleep /@start != 0/ { printf("at %d ms: sleep\n", (nsecs - @start) /
1000000); }'
Attaching 2 probes...
at 437 ms: sleep
at 647 ms: sleep
at 1098 ms: sleep
at 1438 ms: sleep
at 1648 ms: sleep
^C
```

위와 같이 정의된 맵 변수를 필터에도 쓸 수 있습니다.

맵 변수의 경우 연관 배열 형태도 지원합니다.

```
@associative_array_name[key_name] = value
@associative_array_name[key_name, key_name2, ...] = value
```

위와 같이 여러 키를 갖게 할 수도 있습니다. 임시 변수는 연관 배열 형태를 지원하지 않습니다.

변수들은 동일 타입에 대해 서로 할당할 수 있습니다. 임시 변수에 맵 변수를 할당할 수도 있고, 빌트인 변수를 맵이나 임시 변수에 넣을 수도 있습니다.

```
probe1 { @a = 1; }
probe2 { $x = @a }
```

다음은 액션이 시작될 때 start라는 맵을 만들고 현재 스레드 ID가 생성된 시점의 타임스탬프를 저장합니다.

```
@start[tid] = nsecs;
```

글로벌 변수

글로벌 변수는 최초 정의된 시점부터 전역적으로 참조될 수 있습니다. 다음 예에서는 @start입니다. 이름에서 볼 수 있듯이 실체는 맵입니다. 맵으로 정의된 모든 변수는 전역적으로 참조될 수 있습니다.

예제 6.47 글로벌 변수 정의

```
$ bpftrace -e 'BEGIN { @start = nsecs; }
    kprobe:do_nanosleep /@start != 0/ { printf("at %d ms: sleep\n", (nsecs - @start) /
1000000); }'
Attaching 2 probes...
at 437 ms: sleep
at 647 ms: sleep
at 1098 ms: sleep
at 1438 ms: sleep
at 1648 ms: sleep
^C
@start: 4064438886907216
```

스레드별 변수

스레드 단위로 변수를 관리하고 싶을 때는 보통 연관 배열에 키로 빌트인 변수인 tid를 사용합
니다.

예제 6.48 맵 변수에 빌트인 변수를 키로 값 할당

```
$ bpftrace -e 'kprobe:do_nanosleep { @start[tid] = nsecs; }      kretprobe:do_nanosleep /@
start[tid] != 0/ {
        printf("slept for %d ms\n", (nsecs - @start[tid]) / 1000000); delete(@start[tid]);
}'
Attaching 2 probes...
slept for 1000 ms
slept for 1000 ms
slept for 1000 ms
slept for 1009 ms
slept for 2002 ms
...
```

위에서 @start[tid]는 연관 배열을 활용해 해당 이벤트가 호출된 시점을 조정합니다.

지역변수

맵이 아닌 임시 변수는 정의된 블록에서만 유효합니다. 다음 예제에서 $delta가 여기에 해당합니
다.

예제 6.49 지역변수 사용

```
$ bpftrace -e 'kprobe:do_nanosleep { @start[tid] = nsecs; }
   kretprobe:do_nanosleep /@start[tid] != 0/ { $delta = nsecs - @start[tid];
        printf("slept for %d ms\n", $delta / 1000000); delete(@start[tid]); }'
Attaching 2 probes...
slept for 1000 ms
slept for 1000 ms
slept for 1000 ms
```

6.3.7 함수

예제에서 printf()와 같은 함수를 사용했습니다. 그 밖에도 여러 가지 함수들을 지원합니다. 여기서는 다음 범주로 나눠 살펴보겠습니다.

- 문자열 함수
- 맵 함수
- 출력 함수
- 심벌 및 메모리 주소 관련 함수
- 기타 함수

문자열 함수

다음은 문자열과 관련된 함수입니다.

표 6.18 문자열 관련 함수들

함수	설명
str(char *s [, int length])	지정한 주소에서 문자열을 가져옵니다.
join(char *arr[] [, char *delim])	지정한 배열의 문자들을 합칩니다.
strncmp(char *s1, char *s2, int length)	두 문자열을 비교합니다.
strftime(const char *format, int nsecs)	현재 시간을 지정한 포맷의 문자열로 제공합니다.

맵 함수

다음은 맵과 같이 쓰는 함수입니다.

표 6.19 맵 관련 함수

함수	설명
@counter_name[optional_keys] = count()	대상 맵의 값을 증가시킵니다.
@counter_name[optional_keys] = sum(value)	대상 맵의 값에 value를 더합니다.
@counter_name[optional_keys] = avg(value)	대상 맵의 값에 value를 포함한 이동 평균을 계산합니다.

함수	설명
@counter_name[optional_keys] = min(value)	대상 맵의 값에 value를 포함한 최솟값을 계산합니다.
@counter_name[optional_keys] = max(value)	대상 맵의 값에 value를 포함한 최댓값을 계산합니다.
@counter_name[optional_keys] = stats(value)	대상 맵의 값에 value를 포함한 count, avg, total을 계산합니다.
@histogram_name[optional_key] = hist(value)	log2 히스토그램을 생성합니다.
@histogram_name[optional_key] = lhist(value, min, max, step)	리니어 히스토그램을 생성합니다.
delete(@map[optional_key])	맵에서 해당 키를 제거합니다.
clear(@map)	맵에서 모든 키를 제거합니다.
zero(@map)	맵의 모든 값을 0으로 만듭니다.

출력 함수

다음은 출력과 관련된 함수입니다.

표 6.20 출력과 관련 함수

함수	설명
printf(char *format, arguments)	포맷 문자열을 출력합니다.
print(@map [, top [, divisor]])	명시적으로 맵을 출력합니다.
cat(filename)	파일의 내용을 출력합니다.

심벌 및 메모리 주소 관련 함수

다음은 심벌 및 메모리 주소와 관련된 함수입니다.

표 6.21 심벌 및 메모리 주소 관련 함수들

함수	설명
ksym(addr)	주어진 커널 영역 주소에서 심벌 문자열을 가져옵니다.
usym(addr)	주어진 사용자 영역 주소에서 심벌 문자열을 가져옵니다.
kaddr(char *name)	커널 영역 심벌로부터 주소를 가져옵니다.
u64 *uaddr(symbol) (default) u64 *uaddr(symbol) u32 *uaddr(symbol) u16 *uaddr(symbol) u8 *uaddr(symbol)	사용자 영역 심벌로부터 주소를 가져옵니다.
kstack([StackMode mode,][int limit])	커널 스택 트레이스 배열을 가져옵니다. mode는 출력 포맷으로 perf를 선택할 수 있습니다.
ustack([StackMode mode,][int limit])	사용자 스택 트레이스 배열을 가져옵니다. mode는 출력 포맷으로 perf를 선택할 수 있습니다.

기타

다음은 기타 함수입니다.

표 6.22 기타 함수들

함수	설명
reg(char *name)	레지스터의 값을 읽습니다.
system(fmt)	셸로 주어진 명령을 실행합니다. --unsafe 플래그와 함께 사용해야 합니다.
exit()	프로그램을 종료합니다.
cgroupid(char *path)	주어진 경로의 cgroup으로부터 cgroupid를 가져옵니다.
ntop([int af,]int¦char[4¦16] addr)	IP 주소를 문자열로 바꿉니다.
signal(u32 signal) signal("SIG")	현재 태스크에 시그널을 보냅니다.

함수	설명
override(u64 rc)	리턴값을 덮어씁니다. kprobe에서만 쓸 수 있습니다. 커널에 CONFIG_BPF_KPROBE_OVERRIDE 설정이 필요하고, ALLOW_ERROR_INJECTION로 태그된 함수에만 쓸 수 있습니다.
buf(void *d [, int length])	주소로부터 hex 문자열을 가져옵니다.
sizeof(TYPE) sizeof(EXPRESSION)	지정한 인자의 크기를 구합니다.

6.3.8 복잡한 구조체 확인

bpftrace에서 kprobe를 사용할 때 arg0 ~ argN 빌트인 변수를 통해 함수의 인자를 확인할 수 있었습니다. 추가로 bpftrace에서는 커널 헤더를 이용해 인자로 받은 구조체를 더 자세히 확인할 수 있습니다.

예제 6.50 구조체 필드 출력

```
#!/usr/local/bin/bpftrace

#include <net/sock.h>

k:tcp_sendmsg
{
    @sk[tid] = arg0;
    @size[tid] = arg2;
}

kr:tcp_sendmsg
/@sk[tid]/
{
    $sk = (struct sock *)@sk[tid];
    $size = @size[tid];
    $af = $sk->__sk_common.skc_family;
    if ($af == AF_INET) {
        $daddr = ntop($af, $sk->__sk_common.skc_daddr);
```

```
        $saddr = ntop($af, $sk->__sk_common.skc_rcv_saddr);
        $lport = $sk->__sk_common.skc_num;
        $dport = $sk->__sk_common.skc_dport;
        $dport = ($dport >> 8) | (($dport << 8) & 0xff00);
        printf("%-15s %-5d -> %-15s %-5d: %d bytes, retval %d\n",
            $saddr, $lport, $daddr, $dport, $size, retval);
    } else {
        printf("IPv6...\n");
    }
    delete(@sk[tid]);
    delete(@size[tid]);
}
```

앞의 예에서 2개의 코드 블록이 보입니다. 각각 tcp_sendmsg의 kprobe와 kretprobe에 바인딩됩니다. 해당 함수가 호출되면 @sk, @size 맵에 스레드 아이디별로 첫 번째와 두 번째 인자를 넣습니다. tcp_sendmsg의 첫 번째 인자는 커널의 net/sock.h에 정의된 sock 구조체입니다. kretprobe에 바인딩된 코드 블록에서는 해당 구조체의 필드를 출력하고 있음을 볼 수 있습니다.

위와 같은 형태로 많은 커널의 구조체를 확인할 수 있지만 헤더로 노출되지 않은 구조체 경우 파악하기가 힘듭니다. 다음은 bpftrace 도구 중 dcsnoop의 코드[15]를 일부 발췌한 것입니다.

예제 6.51 dcsnoop 코드 중 구조체를 사용하는 부분

```
...
#include <linux/fs.h>
#include <linux/sched.h>
// from fs/namei.c:
struct nameidata {
        struct path     path;
        struct qstr     last;
...
};
BEGIN
{
    printf("Tracing dcache lookups... Hit Ctrl-C to end.\n");
    printf("%-8s %-6s %-16s %1s %s\n", "TIME", "PID", "COMM", "T", "FILE");
```

---

15 https://github.com/iovisor/bpftrace/blob/v0.11.2/tools/dcsnoop.bt

```
}
// comment out this block to avoid showing hits:
kprobe:lookup_fast
{
    $nd = (struct nameidata *)arg0;
    printf("%-8d %-6d %-16s R %s\n", elapsed / 1000000, pid, comm,
        str($nd->last.name));
}
...
```

kpreobe로 lookup_fast()의 첫 번째 인자로 들어오는 nameidta를 살펴보려고 합니다. 하지만 이 구조체는 딱히 커널 헤더로 노출되어 있지 않습니다. 어쩔 수 없이 커널 소스 내 fs/name.c에 정의된 구조체를 그대로 가져다 사용하고 있습니다.

위와 같은 형태로 쓰는 것은 커널에 따라 호환성이 떨어질 수 있습니다. 커널에서 BTF를 지원하는 경우 헤더로 노출되지 않은 모든 구조체에 대해 따로 헤더를 bpftrace에서 정의하지 않아도 됩니다.

bpftrace에서 구조체를 정의할 때 주의할 점은 해당 심벌의 구조체가 커널 영역과 사용자 영역 양쪽에 존재할 수도 있다는 것입니다. BTF를 사용하는 경우 구조체 심벌의 출처는 세 종류가 됩니다. 이에 대한 동작은 아직 정리가 덜 된 상태[16]입니다.

6.3.9 플레임스코프

여기서는 앞에서 본 플레임스코프를 bpftrace로 만들어 보겠습니다. 이전에 설명했듯이 플레임스코프를 사용하려면 스택을 perf 방식으로 출력해야 합니다. 먼저 bpftrace에서 만들어주는 스택을 perf의 것과 비교해 보겠습니다. 다음은 ustack()을 통해 얻은 문자열을 출력한 것입니다.

```
runtime.futex+35
runtime.notewakeup+70
runtime.startm+215
runtime.resetspinning+152
runtime.schedule+519
runtime.park_m+167
```

---

16 https://github.com/iovisor/bpftrace/issues/1588

```
runtime.mcall+83
runtime.netpollblock+156
internal/poll.runtime_pollWait+88
internal/poll.(*pollDesc).wait+157
internal/poll.(*FD).Read+413
os.(*File).Read+114
github.com/docker/docker/vendor/github.com/containerd/fifo.(*fifo).Read+747
io.copyBuffer+292
github.com/docker/docker/pkg/pools.Copy+209
github.com/docker/docker/container/stream.(*Config).CopyToPipe.func1.1+115
runtime.goexit+1
```

다음은 같은 스택을 perf 포맷으로 출력한 것입니다. 다행히 bpftrace에서는 ustack(perf) 같은 함수 호출로 perf 형태로도 스택을 출력할 수 있습니다.

```
460b13 runtime.futex+35 (/usr/bin/dockerd)
40b936 runtime.notewakeup+70 (/usr/bin/dockerd)
4375ce runtime.entersyscall_sysmon+110 (/usr/bin/dockerd)
45cbf3 runtime.systemstack+99 (/usr/bin/dockerd)
437556 runtime.entersyscall+38 (/usr/bin/dockerd)
4b3465 syscall.Syscall+5 (/usr/bin/dockerd)
4c8c53 internal/poll.(*FD).Read+307 (/usr/bin/dockerd)
4cff72 os.(*File).Read+114 (/usr/bin/dockerd)
8bbe3b github.com/docker/docker/vendor/github.com/containerd/fifo.(*fifo).Read+747 (/
usr/bin/dockerd)
4a4a54 io.copyBuffer+292 (/usr/bin/dockerd)
8a0aa1 github.com/docker/docker/pkg/pools.Copy+209 (/usr/bin/dockerd)
8c3613 github.com/docker/docker/container/stream.(*Config).CopyToPipe.func1.1+115 (/usr/
bin/dockerd)
45ec81 runtime.goexit+1 (/usr/bin/dockerd)
```

플레임스코프에서는 스택 정보 외 시간과 관련된 정보도 필요합니다. 실제 perf script 등으로 프로파일하면 결과물은 다음과 같은 형태를 띕니다. 스택을 출력하기 전에 최상단에 몇 가지 정보를 더 출력하는 것을 알 수 있습니다.

```
swapper     0 [007] 5076.836353: cpu-clock:
      ffffffff81051586 native_safe_halt ([kernel.kallsyms])
```

```
ffffffff8101db4f default_idle ([kernel.kallsyms])
ffffffff8101e466 arch_cpu_idle ([kernel.kallsyms])
ffffffff810c2b31 cpu_startup_entry ([kernel.kallsyms])
ffffffff810427cd start_secondary ([kernel.kallsyms])
```

각각의 의미는 다음과 같습니다.

- swapper: 프로세스 이름

- 0: PID

- 007: CPU

- 5076.836353: 타임스탬프

- cpu-clock: 관련 이벤트 이름

위 내용을 참고해서 같은 형태로 출력해 보겠습니다. 다음은 dockerd 프로세스를 99Hz 주기로
프로파일링한 것입니다.

예제 6.52 bpftrace에서 플레임스코프 스택 포맷 출력

```
$ bpftrace -e 'profile:hz:99 /pid=='$(pidof dockerd)'/ {
  printf("%s %d [000] %u.%06u: cpu-clock:", comm, pid, nsecs/1000000000, nsecs%1000000 );
  printf("%s", ustack(perf)); printf("\n");
}' | sed '1d' > bpftrace.perf
```

CPU 번호와 이벤트 이름 등 플레임스코프에서 크게 의미 없어 보이는 정보는 임의의 값으로 채
웠습니다. "sed -1d"는 bpftrace를 실행할 때 출력되는 "Attaching 1 probe..." 같은 문자열을 제
거하기 위해 사용됐습니다. 위 명령을 실행하면 다음과 같은 결과를 얻을 수 있습니다.

```
dockerd 52521 [000] 20992538.299618: cpu-clock:
        460b13 runtime.futex+35 (/usr/bin/dockerd)
        40b936 runtime.notewakeup+70 (/usr/bin/dockerd)
        4375ce runtime.entersyscall_sysmon+110 (/usr/bin/dockerd)
        45cbf3 runtime.systemstack+99 (/usr/bin/dockerd)
        437556 runtime.entersyscall+38 (/usr/bin/dockerd)
        4b3465 syscall.Syscall+5 (/usr/bin/dockerd)
        4c8c53 internal/poll.(*FD).Read+307 (/usr/bin/dockerd)
```

```
      4cff72 os.(*File).Read+114 (/usr/bin/dockerd)
      8bbe3b github.com/docker/docker/vendor/github.com/containerd/fifo.(*fifo).
Read+747 (/usr/bin/dockerd)
      4a4a54 io.copyBuffer+292 (/usr/bin/dockerd)
      8a0aa1 github.com/docker/docker/pkg/pools.Copy+209 (/usr/bin/dockerd)
      8c3613 github.com/docker/docker/container/stream.(*Config).CopyToPipe.func1.1+115
(/usr/bin/dockerd)
      45ec81 runtime.goexit+1 (/usr/bin/dockerd)
...
```

이를 플레임스코프에서 확인해 보면 다음과 같이 정상적으로 그래프가 만들어집니다.

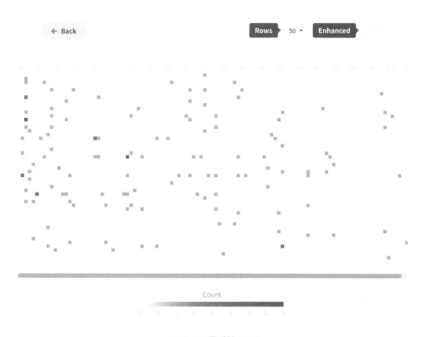

그림 6.5 플레임스코프

픽셀을 선택해 보면 플레임그래프에서 호출 스택도 정상적으로 확인할 수 있습니다.

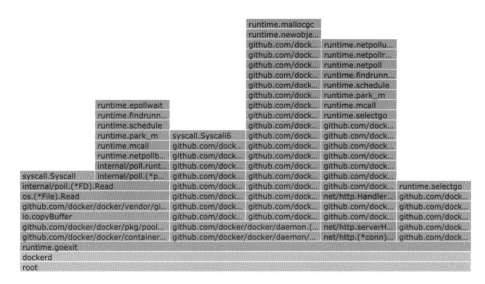

그림 6.6 플레임스코프 내 플레임그래프

여기까지 bpftrace에 대해 알아봤습니다. BCC tools처럼 bpftrace도 몇 가지 예제가 프로젝트에
포함되어 있습니다. 이를 참고하면 더 편리하게 스크립트를 작성할 수 있습니다.

```
$ git clone https://github.com/iovisor/bpftrace
$ cd bpftrace
$ ls tools/*.bt
tools/bashreadline.bt   tools/capable.bt        tools/killsnoop.bt   tools/opensnoop.bt
tools/statsnoop.bt   tools/tcpconnect.bt   tools/threadsnoop.bt
tools/biolatency.bt      tools/cpuwalk.bt        tools/loads.bt      tools/pidpersec.bt
tools/swapin.bt      tools/tcpdrop.bt      tools/vfscount.bt
tools/biosnoop.bt       tools/dcsnoop.bt        tools/mdflush.bt     tools/runqlat.bt
tools/syncsnoop.bt   tools/tcplife.bt      tools/vfsstat.bt
tools/biostacks.bt      tools/execsnoop.bt      tools/naptime.bt     tools/runqlen.bt
tools/syscount.bt    tools/tcpretrans.bt   tools/writeback.bt
tools/bitesize.bt       tools/gethostlatency.bt tools/oomkill.bt     tools/setuids.bt
tools/tcpaccept.bt   tools/tcpsynbl.bt     tools/xfsdist.bt
```

bpftrace도 활발하게 개발되고 있고 빌트인 변수나 함수도 계속 추가되고 있습니다. 최신
bpftrace에 대한 가이드는 리포지토리에 포함된 문서[17]를 통해 확인할 수 있습니다.

---

17 https://github.com/iovisor/bpftrace/blob/v0.11.2/docs/reference_guide.md

07장

BCC 프로그래밍

앞에서 BCC 프로젝트 내에 이미 작성되어 있는 도구들을 사용해봤습니다. 이번에는 해당 도구들의 코드를 통해 어떻게 하면 BCC 프로젝트를 활용해 나만의 BPF 프로그램을 만들어 볼 수 있을지 알아보겠습니다. 먼저 일반적인 BCC 프로그램의 구조를 살펴보겠습니다.

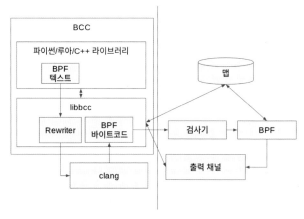

그림 7.1 BCC 구조

그림 7.1은 BCC에서 프로그램의 아키텍처를 도식화한 것입니다. 사용자 영역과 커널 영역 두 군데로 나뉘어 있는 것을 확인할 수 있습니다. 파이썬으로 작성된 사용자 프로그램을 가정해보면 이는 다음과 같은 순서로 실행됩니다.

1. 파이썬 BPF 객체가 생성된다. C로 작성된 BPF 프로그램이 전달된다.

2. clang이 BPF C 프로그램을 LLVM으로 컴파일한다.

3. LLVM은 이를 다시 BPF 바이트코드로 변환한다.

4. 맵이 생성된다.

5. 바이트코드가 커널로 전달된다.

6. 검사기가 이를 검증한다.

7. BPF 프로그램이 이벤트에 바인딩된다.

8. 이벤트가 발생함에 따라 BPF 프로그램이 이를 처리한다.

9. 필요 시 커널 내에 저장된 데이터를 사용자 영역으로 전달한다.

BCC의 사용자 영역 프로그래밍은 다음의 3가지 언어를 지원합니다.

- 파이썬

- C++

- 루아(Lua)

고랭(Golang) 프로그래밍 환경도 gobpf [1]라는 이름의 프로젝트로 iovisor에 존재합니다. gobpf 는 BCC에 고랭 바인딩을 제공합니다. 또 다른 고랭 개발 환경으로 Cilium의 eBPF 프로젝트[2] 가 있습니다. eBPF는 gobpf와 달리 BCC에 대한 의존성이 없다는 특징이 있으며, CGO 의존성 을 없애서 gobpf 대비 빠른 처리가 가능하다는 장점이 있습니다. 고랭 프로그래밍에 관심이 있다 면 해당 프로젝트를 확인해보세요.

여러 언어가 지원되지만 이러한 언어 중에서는 파이썬이 비교적 레퍼런스와 문서가 잘 정리되어 있습니다. 이 책에서도 파이썬을 기준으로 내용을 소개하겠습니다.

---

1 https://github.com/iovisor/gobpf
2 https://github.com/cilium/ebpf

7.1 예제로 살펴보기

먼저 BCC 프로젝트에 포함된 간단한 형태의 BPF 코드를 살펴보겠습니다. 여기서 살펴보는 예제는 iovisor/bcc 내 튜토리얼[3] 문서의 내용을 따릅니다. 먼저 BCC를 설치하겠습니다.

```
$ git clone https://github.com/iovisor/bcc
$ cd bcc/examples
```

이 책에서 살펴볼 예제는 examples 아래에 있습니다. 첫 번째 예제로 hello_world.py를 살펴보겠습니다. 내용은 다음과 같습니다.

예제 7.1 파이썬 버전의 Hello, World!
```
from bcc import BPF
BPF(text='int kprobe__sys_clone(void *ctx) { bpf_trace_printk("Hello, World!\\n");
return 0; }').trace_print()
```

위 예제는 clone 시스템 콜이 호출될 때마다 "Hello, World!"를 출력합니다. 파이썬 프로그램과 C 프로그램이 섞여 있는 것을 확인할 수 있으며, BPF()에 text 인자로 C 프로그램 코드를 나타내는 문자열이 들어 있습니다. 이 코드가 커널에 로드될 BPF 프로그램이 됩니다. 파이썬 코드는 이 프로그램을 커널에 전달하고 프로그램에서 뭔가 출력이 이뤄지면 trace_print() 함수를 통해 출력하는 역할을 수행합니다.

C로 작성된 코드를 좀 더 살펴보겠습니다. kprobe__sys_clone()은 kprobe로 sys_clone() 함수에 바인딩한다는 뜻입니다. kprobe__ 이하가 함수명으로 간주됩니다. void *ctx에는 커널에서 제공하는 메타 정보가 들어갑니다. 여기서는 따로 쓰지 않아서 void*로 캐스팅합니다. bpf_trace_print()는 출력 함수로서, printf()로 /sys/kernel/debug/tracing/trace_pipe로 문자열을 출력합니다.

프로그램을 실행하면 다음과 같이 출력 결과를 얻을 수 있습니다.

```
$ ./hello_world.py
        bash-11922   [000] .... 2153641.589061: 0: Hello, World!
        bash-50113   [001] .... 2153641.594523: 0: Hello, World!
```

---

[3] https://github.com/iovisor/bcc/blob/v0.16.0/docs/tutorial_bcc_python_developer.md

```
bash-50113   [001] .... 2153641.594622: 0: Hello, World!
bash-50113   [001] .... 2153641.594796: 0: Hello, World!
<...>-50113   [001] .... 2153641.595281: 0: Hello, World!
...
```

위 내용은 /sys/kernel/debug/tracing/trace_pipe의 포맷을 그대로 출력한 것입니다. 왼쪽부터 태
스크명, PID, CPU, 그리고 타임스탬프를 나타냅니다. 출력 내용과 관련된 상세한 설명은 커널
의 ftrace 문서[4]에서 살펴볼 수 있습니다.

지금부터는 tracing 디렉터리에 들어 있는 예제를 보겠습니다. 먼저 hello_fields.py를 살펴보겠
습니다.

예제 7.2 문자열 변수로 BPF 사용

```python
from bcc import BPF
# define BPF program
prog = """
int hello(void *ctx) {
  bpf_trace_printk("Hello, World!\\n");
  return 0;
}
"""
# load BPF program
b = BPF(text=prog)
b.attach_kprobe(event=b.get_syscall_fnname("clone"), fn_name="hello")
# header
print("%-18s %-16s %-6s %s" % ("TIME(s)", "COMM", "PID", "MESSAGE"))
# format output
while 1:
  try:
    (task, pid, cpu, flags, ts, msg) = b.trace_fields()
  except ValueError:
    continue
  print("%-18.9f %-16s %-6d %s" % (ts, task, pid, msg))
```

앞의 예제보다 좀 더 구조화된 느낌입니다. 이번에도 하나씩 살펴보겠습니다.

---

4 https://www.kernel.org/doc/Documentation/trace/ftrace.txt

- prog에 C 프로그램을 담았습니다.
- C 프로그램의 본문을 보면 함수의 시그니처 형태가 이전 예제와 다릅니다. 이전 예제와 다르게 이름 컨벤션을 따르지 않습니다. 이 예제에서는 파이썬 코드에서 b.attach_kprobe() 함수로 사용자 영역에서 커널 영역에 있는 함수를 이벤트에 바인딩합니다.
- b.trace_field()는 trace_pipe의 출력 내용을 필드 단위로 가져옵니다.

이처럼 다양한 방식으로 프로그램을 이벤트에 바인딩할 수 있습니다. 이 프로그램은 clone() 시스템 콜이 호출될 때마다 지정한 필드를 다음과 같이 출력합니다.

```
$ ./hello_fields.py
TIME(s)            COMM        PID    MESSAGE
2154846.455448000  bash        76167  Hello, World!
2154846.455869000  bash        76168  Hello, World!
2154846.457172000  bash        76167  Hello, World!
...
```

다음 예제로 sync_timing.py를 살펴봅니다. 이제 코드가 다소 길어지기 시작합니다.

예제 7.3 맵 사용

```
from __future__ import print_function
from bcc import BPF
# load BPF program
b = BPF(text="""
#include <uapi/linux/ptrace.h>
BPF_HASH(last);
int do_trace(struct pt_regs *ctx) {
  u64 ts, *tsp, delta, key = 0;
  // attempt to read stored timestamp
  tsp = last.lookup(&key);
  if (tsp != NULL) {
      delta = bpf_ktime_get_ns() - *tsp;
      if (delta < 1000000000) {
          // output if time is less than 1 second
          bpf_trace_printk("%d\\n", delta / 1000000);
      }
      last.delete(&key);
```

```
    }
    // update stored timestamp
    ts = bpf_ktime_get_ns();
    last.update(&key, &ts);
    return 0;
}
""")
b.attach_kprobe(event=b.get_syscall_fnname("sync"), fn_name="do_trace")
print("Tracing for quick sync's... Ctrl-C to end")
# format output
start = 0
while 1:
    (task, pid, cpu, flags, ts, ms) = b.trace_fields()
    if start == 0:
        start = ts
    ts = ts - start
    print("At time %.2f s: multiple syncs detected, last %s ms ago" % (ts, ms))
```

C 코드 본문에 커널 헤더가 포함됐습니다. 이 예제에서 처음으로 맵을 선언하고 사용하고 있습니다. 관련 함수는 다음과 같습니다.

- BPF_HASH(last): HASH 타입의 BPF 맵을 만듭니다.

- last.lookup(&key): 맵에서 키를 통해 값을 가져옵니다.

- last.delete(&key): 맵에서 키를 제거합니다.

- last.update(&key, &ts): 맵의 키 값을 갱신합니다.

다음 함수가 또 처음으로 등장했는데, 이는 현재 시간을 나노초 단위로 반환합니다.

- bpf_ktime_get_ns()

앞에서는 sync() 시스템 콜이 호출될 때마다 do_trace()가 호출됩니다. do_trace()에서는 현재 시간을 맵에 저장합니다. 저장되어 있던 직전 호출 시간의 값과 현재 시간의 차이가 1초 이하이면 bpf_trace_printk()로 출력합니다. 사용자 영역에서는 while 루프 내에서 b.trace_fields()로 커널 영역에서 bpf_trace_printk()로 출력한 내용을 보여줍니다.

다음은 출력 예입니다. 혹시 출력이 보이지 않으면 다른 터미널을 열어서 sync 명령을 여러 차례
실행해봅니다.

```
$ ./sync_timing.py
Tracing for quick sync's... Ctrl-C to end
At time 0.00 s: multiple syncs detected, last 265 ms ago
At time 0.21 s: multiple syncs detected, last 205 ms ago
At time 0.39 s: multiple syncs detected, last 182 ms ago
At time 0.63 s: multiple syncs detected, last 239 ms ago
...
```

다음 예제는 블록 I/O 요청을 추적합니다. disksnoop.py의 내용이 길어 일부만 발췌했습니다.

예제 7.4 블록 I/O 요청 추적

```
...
REQ_WRITE = 1           # from include/linux/blk_types.h
# load BPF program
b = BPF(text="""
#include <uapi/linux/ptrace.h>
#include <linux/blkdev.h>
BPF_HASH(start, struct request *);
void trace_start(struct pt_regs *ctx, struct request *req) {
    // stash start timestamp by request ptr
    u64 ts = bpf_ktime_get_ns();
    start.update(&req, &ts);
}
void trace_completion(struct pt_regs *ctx, struct request *req) {
    u64 *tsp, delta;
    tsp = start.lookup(&req);
    if (tsp != 0) {
        delta = bpf_ktime_get_ns() - *tsp;
        bpf_trace_printk("%d %x %d\\n", req->__data_len,
            req->cmd_flags, delta / 1000);
        start.delete(&req);
    }
}
""")
```

```
b.attach_kprobe(event="blk_start_request", fn_name="trace_start")
b.attach_kprobe(event="blk_mq_start_request", fn_name="trace_start")
b.attach_kprobe(event="blk_account_io_done", fn_name="trace_completion")
...
```

trace_start(struct pt_regs *ctx, struct request *req) 함수는 blk_start_request의 kprobe에 바인딩됩니다. 해당 함수의 인자를 처리하기 위해 struct request *req가 사용됐습니다.

start.update(&req, &ts); 부분에서 주목할 것은 해시 키로 req의 주소를 사용한 것입니다. 중복되지 않는다는 보장만 있으면 이렇게 주소를 키로 사용해도 무방합니다. 여기서는 해당 디스크 I/O 요청별로 타임스탬프를 저장하기 위한 용도로 쓰고 있습니다.

req->__dat_len;에서 struct request의 멤버를 필드로 접근합니다. 이처럼 커널의 메모리로 직접 접근하는 것은 사실 불가능합니다. BCC에서는 자동으로 이 부분을 bpf_probe_read_kernel() 을 사용하도록 바꿔서 처리합니다. 혹시 복잡한 필드 접근을 시도할 때 제대로 되지 않으면 직접 bpf_probe_read_kernel()을 작성해야 할 수도 있습니다.

다음은 출력 예입니다.

```
$ ./disksnoop.py
TIME(s)              T  BYTES    LAT(ms)
2155203.467809000    W  0          0.51
2155203.468355000    W  0          1.03
2155203.468816000    M  0          0.04
2155203.469377000    W  0          0.53
2155203.471664000    W  0          0.47
...
```

이 예제에서는 kprobe로 들어오는 인자를 맵에 저장하고 해당 인자의 필드로 접근하는 방법을 볼 수 있습니다.

지금까지는 커널 영역에서 처리한 것을 사용자 영역에서 출력하는 데 bpf_trace_printk()나 trace_field() 같은 함수를 사용했습니다. 이 함수들은 본래 디버깅을 위한 용도로 사용되는 함수입니다. 이번 예제부터는 BPF_PERF_OUTPUT 인터페이스를 사용해서 출력 부분을 바꿔보겠습니다. hello_perf_output.py를 보겠습니다.

예제 7.5 clone()이 호출될 때마다 perf 링 버퍼를 통해 문자열을 출력

```python
from bcc import BPF
# define BPF program
prog = """
#include <linux/sched.h>
// define output data structure in C
struct data_t {
 u32 pid;
 u64 ts;
 char comm[TASK_COMM_LEN];
};
BPF_PERF_OUTPUT(events);
int hello(struct pt_regs *ctx) {
 struct data_t data = {};
 data.pid = bpf_get_current_pid_tgid();
 data.ts = bpf_ktime_get_ns();
 bpf_get_current_comm(&data.comm, sizeof(data.comm));
 events.perf_submit(ctx, &data, sizeof(data));
 return 0;
}
"""

# load BPF program
b = BPF(text=prog)
b.attach_kprobe(event=b.get_syscall_fnname("clone"), fn_name="hello")
# header
print("%-18s %-16s %-6s %s" % ("TIME(s)", "COMM", "PID", "MESSAGE"))
# process event
start = 0
def print_event(cpu, data, size):
    global start
    event = b["events"].event(data)
    if start == 0:
            start = event.ts
    time_s = (float(event.ts - start)) / 1000000000
    print("%-18.9f %-16s %-6d %s" % (time_s, event.comm, event.pid,
        "Hello, perf_output!"))
# loop with callback to print_event
b["events"].open_perf_buffer(print_event)
```

```
while 1:
  b.perf_buffer_poll()
```

다음 라인부터 보겠습니다. 사용자 영역에서 시작합니다.

- b.attach_kprobe(event=b.get_syscall_fnname("clone"), fn_name="hello"): 커널 영역의 hello 함수를 clone 시스템 콜에 바인딩합니다.

이제 커널 영역을 살펴봅니다. 시스템 콜 clone()이 호출되고 hello() 함수가 실행됩니다.

- struct data_t: 결과 데이터를 담을 구조체를 준비합니다.
- BPF_PERF_OUPUT(events): perf 이벤트를 담을 맵인 events를 만듭니다.
- bpf_get_current_pid_tgid(): 현재 이벤트와 연관된 PID를 가져옵니다.
- bpf_get_currenet_comm(): 현재 이벤트와 연관된 프로세스의 이름을 가져옵니다.
- events.perf_submit(): events 맵에 담긴 이벤트들을 perf 링 버퍼로 보냅니다.

다시 사용자 영역으로 돌아옵니다.

- def print_event(): 이 함수는 각 이벤트를 어떻게 출력할지 정의합니다.
- b["events"].event(data): 커널 영역의 events 맵의 데이터를 불러옵니다.
- b["events"].open_perf_buffer(print_event): perf 이벤트에 대한 콜백 함수로 print_event()를 등록합니다.
- b.perf_buffer_poll(): perf 이벤트가 들어왔는지 주기적으로 폴링하고 print_event()를 실행합니다.

실행 예는 다음과 같습니다.

```
$ ./hello_perf_output.py
TIME(s)           COMM          PID    MESSAGE
0.024054726       runc          93603  Hello, perf_output!
0.024178688       runc          93603  Hello, perf_output!
0.024267655       runc          93603  Hello, perf_output!
0.024578919       runc          93603  Hello, perf_output!
```

다음은 urandom_read 트레이스포인트를 추적하는 예제입니다. urandomread.py를 보겠습니다.

예제 7.6 random/urandom_read 트레이스포인트의 인자를 출력

```
from __future__ import print_function
from bcc import BPF
# load BPF program
b = BPF(text="""
TRACEPOINT_PROBE(random, urandom_read) {
  // args is from /sys/kernel/debug/tracing/events/random/urandom_read/format
  bpf_trace_printk("%d\\n", args->got_bits);
  return 0;
}
""")
# header
print("%-18s %-16s %-6s %s" % ("TIME(s)", "COMM", "PID", "GOTBITS"))
# format output
while 1:
    try:
        (task, pid, cpu, flags, ts, msg) = b.trace_fields()
    except ValueError:
        continue
    print("%-18.9f %-16s %-6d %s" % (ts, task, pid, msg))
```

이벤트 바인딩하는 루틴이 따로 없습니다. 커널 영역 코드부터 바로 보겠습니다.

TRACEPOINT_PROBE(random, urandom_read): random 카테고리의 urandom_read 트레이스포인트로 함수가 바인딩됩니다.

bpf_trace_printk("%d\\n", args->got_bits): 해당 트레이스포인트의 인자를 트레이스 파이프(/sys/kernel/debug/tracing/trace_pipe)로 출력합니다.

사용자 영역에서는 다음과 같이 동작합니다.

(task, pid, cpu, flags, ts, msg) = b.trace_fields(): 트레이스 파이프의 필드를 가져오고 출력합니다.

이 예제에서는 트레이스포인트를 사용했습니다. 트레이스포인트 이벤트에 바인딩되는 인자는 다음과 같이 /sys/kernel/debug/tracing/events 아래에서 확인할 수 있습니다. 여기서는 이 가운데 got_bits 필드를 사용했습니다. 다음은 urandom_read tracepoint의 인자를 앞서 언급한 파일에서 확인한 내용입니다.

```
$ cat /sys/kernel/debug/tracing/events/random/urandom_read/format
name: urandom_read
ID: 972
format:
        field:unsigned short common_type;    offset:0;         size:2;  signed:0;
        field:unsigned char common_flags;    offset:2;         size:1;  signed:0;
        field:unsigned char common_preempt_count;    offset:3;         size:1;  signed:0;
        field:int common_pid;        offset:4;        size:4;  signed:1;
        field:int got_bits;          offset:8;        size:4;  signed:1;
        field:int pool_left;         offset:12;       size:4;  signed:1;
        field:int input_left;        offset:16;       size:4;  signed:1;
print fmt: "got_bits %d nonblocking_pool_entropy_left %d input_entropy_left %d", REC-
>got_bits, REC->pool_left, REC->input_left
```

실행 예는 다음과 같습니다.

```
$ ./urandomread.py
TIME(s)              COMM           PID     GOTBITS
2155763.705036000    systemd        1128    128
2155763.705061000    systemd        1128    128
2155763.705071000    systemd        1128    128
2155763.705306000    systemd        1128    128
2155763.705336000    systemd        1128    128
2155763.705346000    systemd        1128    128
...
```

이번에는 사용자 영역의 함수 인자를 검사하는 예제를 보겠습니다. 대상은 strlen() 함수이며, uprobe 이벤트를 활용합니다. strlen_count.py를 봅니다.

예제 7.7 uprobe로 strlen() 함수의 인자를 확인

```python
from __future__ import print_function
from bcc import BPF
from time import sleep
# load BPF program
b = BPF(text="""
#include <uapi/linux/ptrace.h>
struct key_t {
  char c[80];
};
BPF_HASH(counts, struct key_t);
int count(struct pt_regs *ctx) {
  if (!PT_REGS_PARM1(ctx))
      return 0;
  struct key_t key = {};
  u64 zero = 0, *val;
  bpf_probe_read_user(&key.c, sizeof(key.c), (void *)PT_REGS_PARM1(ctx));
  // could also use `counts.increment(key)`
  val = counts.lookup_or_try_init(&key, &zero);
  if (val) {
    (*val)++;
  }
  return 0;
};
""")
b.attach_uprobe(name="c", sym="strlen", fn_name="count")
# header
print("Tracing strlen()... Hit Ctrl-C to end.")
# sleep until Ctrl-C
try:
    sleep(99999999)
except KeyboardInterrupt:
    pass
# print output
print("%10s %s" % ("COUNT", "STRING"))
counts = b.get_table("counts")
for k, v in sorted(counts.items(), key=lambda counts: counts[1].value):
    print("%10d \"%s\"" % (v.value, k.c.encode('string-escape')))
```

- b.attach-uprobe(name="c", sym="strlen", fn_name="count"): 커널 영역의 함수 count()를 strlen uprobe에 바인딩합니다.

- PT_REGS_PARAM1(ctx): strlen()의 첫 번째 인자를 가져옵니다.

다음은 위 코드를 실행한 예입니다. 프로그램을 실행한 후 일정 시간 뒤 Ctrl + C를 눌러 종료합니다.

```
$ ./strlen_count.py
Tracing strlen()... Hit Ctrl-C to end.
^C     COUNT STRING
           1 "2.2.5"
           1 "LIBC_2.2.5"
           3 ".5"
           3 ".2.5"
           4 "IBC_2.2.5"
           8 ""
          30 "GLIBC_2.2.5"
```

이번에는 USDT 이벤트를 살펴보겠습니다. 여기서는 노드(Node.js) 서버를 대상으로 합니다. 노드 바이너리가 USDT를 포함하지 않으면 정상적으로 동작하지 않을 것입니다(9.2.6절에서 노드에서 USDT를 사용하는 것과 관련된 내용을 설명하겠습니다). 일단은 USDT가 어떻게 사용되는지만 살펴보겠습니다. nodejs_http_server.py를 봅니다.

예제 7.8 노드 서버의 USDT 인자를 출력

```
from __future__ import print_function
from bcc import BPF, USDT
import sys
if len(sys.argv) < 2:
    print("USAGE: nodejs_http_server PID")
    exit()
pid = sys.argv[1]
debug = 0
# load BPF program
bpf_text = """
#include <uapi/linux/ptrace.h>
int do_trace(struct pt_regs *ctx) {
```

```
  uint64_t addr;
  char path[128]={0};
  bpf_usdt_readarg(6, ctx, &addr);
  bpf_probe_read_user(&path, sizeof(path), (void *)addr);
  bpf_trace_printk("path:%s\\n", path);
  return 0;
};
"""
# enable USDT probe from given PID
u = USDT(pid=int(pid))
u.enable_probe(probe="http__server__request", fn_name="do_trace")
if debug:
   print(u.get_text())
   print(bpf_text)
# initialize BPF
b = BPF(text=bpf_text, usdt_contexts=[u])
```

bpf_usdt_readarg(6, ctx, &addr): 해당 USDT 6번째 인자의 주소를 가져옵니다.

bpf-probe_read_user(&path, sizeof(path), (void *)addr): 사용자 주소 addr를 path로 복사해옵니다.

u = USDT(pid-int(pid)): 지정한 pid에 대해 USDT를 활성화합니다.

u.enable_probe(probe="http__server__request", fn_name="do_trace"): do_trace() 함수를 USDT http__server__request에 바인딩합니다.

b = BPF(text=bpf_text, usdt_contexts=[u]): USDT 객체와 함께 BPF 객체를 초기화합니다.

```
$ ./nodejs_http_server.py 24728
TIME(s)              COMM           PID     ARGS
2159329.083639000    node           9344    path:/
2159329.745835000    node           9344    path:/
2159330.673028000    node           9344    path:/
...
```

이번 장의 마지막 예제입니다. 여기서는 커널에서 태스크 스위칭이 생길 때마다 이를 맵에 저장할 것입니다. task_switch.c와 task_switch.py라는 두 개의 파일로 구성됩니다. task_switch.c부터 보겠습니다.

예제 7.9 kprobe로 컨텍스트 스위칭을 맵에 기록

```c
#include <uapi/linux/ptrace.h>
#include <linux/sched.h>
struct key_t {
    u32 prev_pid;
    u32 curr_pid;
};
BPF_HASH(stats, struct key_t, u64, 1024);
int count_sched(struct pt_regs *ctx, struct task_struct *prev) {
    struct key_t key = {};
    u64 zero = 0, *val;
    key.curr_pid = bpf_get_current_pid_tgid();
    key.prev_pid = prev->pid;
    // could also use `stats.increment(key);`
    val = stats.lookup_or_try_init(&key, &zero);
    if (val) {
      (*val)++;
    }
    return 0;
}
```

위의 BPF 프로그램에서는 먼저 stats 맵을 만들었습니다. 이 맵은 키로 key_t 구조체를 사용하며, pref_pid에서 curr_pid로의 컨텍스트 스위칭을 표현합니다. 이 맵은 count_sched()가 호출될 때마다 그에 해당하는 키의 카운터가 증가합니다.

이를 로딩하는 파이썬 프로그램도 살펴보겠습니다.

예제 7.10 BPF 프로그램을 파일을 읽어서 kprobe에 바인딩

```python
from bcc import BPF
from time import sleep
b = BPF(src_file="task_switch.c")
b.attach_kprobe(event="finish_task_switch", fn_name="count_sched")
# generate many schedule events
for i in range(0, 100): sleep(0.01)
for k, v in b["stats"].items():
    print("task_switch[%5d->%5d]=%u" % (k.prev_pid, k.curr_pid, v.value))
```

위 파이썬 프로그램에서는 BPF 프로그램을 kprobe에 바인딩한 후 1초 동안 100번의 sleep을 반복적으로 호출해서 임의로 스케줄링 이벤트를 생성했습니다. 이후 stats 맵을 for 문을 통해 출력했습니다.

이어서 BCC의 레퍼런스 가이드[5] 내용을 중심으로 다음과 같이 나눠서 살펴보겠습니다.

    BPF 초기화

    이벤트

    데이터

    맵

    출력 처리

    기타 헬퍼 함수

그다음에는 다음과 같은 주제를 다루겠습니다.

    스택 트레이스

    오브젝트 피닝

    테일 콜

7.2 BPF 초기화

파이썬에서 BPF 프로그램을 준비하려면 BPF 객체를 초기화해야 합니다. 이는 BPF() 함수를 통해 이뤄지며, 다음과 같은 형식으로 호출할 수 있습니다. 이때 C로 작성된 BPF 프로그램 본문이나 프로그램이 담긴 소스 파일 중 하나가 필요합니다. 필요에 따라 USDT 관련 객체가 함께 들어가기도 합니다. 즉, 다음과 같이 직접 문자열 본문을 BPF()의 text에 담거나

```
BPF(text='int do_trace(void *ctx) { bpf_trace_printk("hit!\\n"); return 0; }');
```

다음과 같이 문자열 변수를 정의해서 사용할 수도 있고

---

5 https://github.com/iovisor/bcc/blob/v0.16.0/docs/reference_guide.md

```
# define program as a variable:
prog = """
int hello(void *ctx) {
  bpf_trace_printk("Hello, World!\\n");
  return 0;
}
"""
b = BPF(text=prog)
```

BPF()의 src_file에 C 프로그램이 담긴 파일을 넘겨도 됩니다.

```
b = BPF(src_file = "vfsreadlat.c")
```

USDT를 사용할 때는 USDT 객체를 따로 만들어야 합니다. 만들어진 객체는 다시 BPF 객체를 초기화할 때 전달합니다.

```
u = USDT(pid=int(pid))
...
b = BPF(text=bpf_text, usdt_contexts=[u])
# add include paths:
u = BPF(text=prog, cflags=["-I/path/to/include"])
```

필요에 따라 cflags를 통해 컴파일러 옵션을 정의할 수도 있습니다.

7.3 이벤트

이번에는 BCC에서 각 이벤트의 종류에 따라 어떻게 프로그램을 바인딩하는지 보겠습니다.

7.3.1 kprobe와 kretprobe

kprobe__${kernel_function_name}으로 함수명을 정의합니다. 앞에서 본 것처럼 함수명을 형식에 따르지 않게 정의해도 파이썬에서 BPF.attach_kprobe()를 통해 바인딩할 수 있습니다. ctx 이후로 들어오는 값은 해당 함수의 인자가 됩니다. 대상 함수에 따라 인자의 수나 값이 달라집니다.

다음 예는 tcp_v4_connect 함수의 kprobe로 바인딩됩니다.

예제 7.11 kprobe 작성 예

```
int kprobe__tcp_v4_connect(struct pt_regs *ctx, struct sock *sk)

    ...
}
```

함수명을 임의로 작성하고 사용자 영역에서 다음과 같이 바인딩할 수 있습니다.

예제 7.12 임의의 C 함수를 사용자 영역에서 kprobe로 바인딩

```
bpf_text="""
int do_trace(struct pt_regs *ctx, struct sock *sk)

    ...
}
"""
b = BPF(text=bpf_text)
b.attach_kprobe(event="tcp_v4_connect", fn_name="do_trace")
```

이번에는 kretprobe를 살펴보겠습니다. kretprobe__${kernel_function_name}으로 함수를 정의할 수 있습니다. 사용자 영역에서는 BPF.attach_kretprobe()를 사용할 수 있습니다. kretprobe는 커널의 함수 리턴 시점과 바인딩되므로 인자 값을 명시할 수는 없습니다. 대신 아래 예제처럼 PT_REGS_RC() 함수를 통해 해당 함수의 리턴값을 볼 수 있습니다.

예제 7.13 kretprobe 사용

```
int kretprobe__tcp_v4_connect(struct pt_regs *ctx)
{
    int ret = PT_REGS_RC(ctx);

    ...
}
```

kprobe와 마찬가지로 파이썬으로 다음과 같이 바인딩할 수 있습니다.

예제 7.14 임의의 C 함수를 사용자 영역에서 kretprobe로 바인딩

```
bpf_text="""
int do_trace_return(struct pt_regs *ctx)

    ...
}
"""
```

```
b = BPF(text=bpf_text)
b.attach_kretprobe(event="tcp_v4_connect", fn_name="do_trace_return")
```

7.3.2 트레이스포인트

트레이스포인트는 다음과 같은 TRACEPOINT_PROBE 함수를 통해 접근할 수 있습니다. 인자로 트레이스포인트 카테고리와 이벤트를 받습니다. 다음 예의 경우 random 카테고리에 존재하는 urandom_read 트레이스포인트에 바인딩됩니다. 해당 함수의 인자는 args 구조체를 통해 전달됩니다. args에 대한 정보는 /sys/kernel/debug/tracing/events/$category/$event/format에서 확인할 수 있습니다.

예제 7.15 트레이스포인트 사용

```
TRACEPOINT_PROBE(random, urandom_read) {
    bpf_trace_printk("%d\\n", args->got_bits);
    return 0;
}
```

다른 이벤트와 마찬가지로 파이썬으로 다음과 같이 바인딩할 수 있습니다.

예제 7.16 임의의 C 함수를 사용자 영역에서 트레이스포인트로 바인딩

```
bpf_text="""
...
int printarg (struct urandom_read_args *args) {
    ...
}
"""
b = BPF(text=bpf_text)
b.attach_tracepoint(tp="random:urandom_read", fn_name="printarg")
```

커널 4.17 버전부터 raw 트레이스포인트 타입이 생겼는데, 따로 인자를 파싱하지 않아 일반 트레이스포인트보다 빠르다는 장점이 있습니다. 인자로는 카테고리 없이 이벤트 이름을 바로 씁니다. 인자는 따로 파싱되지 않고 모두 컨텍스트 내 args 구조체로 전달됩니다.

다음 예제에서는 sched 카테고리에 있는 sched_switch 이벤트에 바인딩됩니다. 트레이스포인트의 인자를 args로부터 직접 파싱하고 있는 것을 볼 수 있습니다. bpf_probe_read_kernel() 함수를 이용해 커널 메모리에 접근하는데, 해당 함수에 대해서는 뒤에서 다시 살펴보겠습니다.

예제 7.17 raw 트레이스포인트

```
RAW_TRACEPOINT_PROBE(sched_switch)
{
    struct task_struct *prev = (struct task_struct *)ctx->args[1];
    struct task_struct *next= (struct task_struct *)ctx->args[2];
    s32 prev_tgid, next_tgid;
    bpf_probe_read_kernel(&prev_tgid, sizeof(prev->tgid), &prev->tgid);
    bpf_probe_read_kernel(&next_tgid, sizeof(next->tgid), &next->tgid);
    bpf_trace_printk("%d -> %d\\n", prev_tgid, next_tgid);
}
```

마찬가지로 사용자 영역에서는 다음 함수를 사용하여 임의의 함수에 바인딩할 수 있습니다.

예제 7.18 임의의 C 함수를 사용자 영역에서 raw 트레이스포인트로 바인딩

```
b.attach_raw_tracepoint("sched_swtich", "do_trace")
```

시스템 콜 트레이스포인트는 조금 특별합니다. 이를 사용하려면 먼저 커널 영역에서 다음과 같이 syscall__을 앞에 붙여주는 형태로 함수를 정의해야 합니다. 첫 번째 인자는 항상 struct pt_regs* 타입이고, 뒤에 시스템 콜의 인자를 넣어 줍니다. 이 함수를 다시 사용자 영역의 파이썬 코드에서 바인드해야 합니다.

예제 7.19 시스템 콜에 대한 트레이스포인트 사용

```
bpf_text="""
int syscall__execve(struct pt_regs *ctx,
  const char __user *filename,
  const char __user *const __user *__argv,
  const char __user *const __user *__envp)
{
  ...
}
"""

b = BPF(text=bpf_text)
execve_fnname = b.get_syscall_fnname("execve")
b.attach_kprobe(event=execve_fnname, fn_name="syscall__execve")
```

get_syscall_fname()으로 시스템 콜의 이름을 가져오고, 이를 다시 attach_kprobe로 바인딩할 때 사용합니다. 이는 다른 트레이스포인트와 달리 syscalls/sys_enter_* 및 syscalls/sys_exit_*는 따로 관련된 BPF 훅 포인트가 없기 때문입니다[6].

7.3.3 kfunc와 kretfunc

커널 5.5, BCC 0.14.0 이후 버전부터 kfunc와 kretfunc를 지원합니다. kprobe와 기능적으로 유사하며, 커널에서는 kfunc라는 이름보다는 BPF 트램펄린(trampoline)으로 소개됐습니다[7]. 기존의 kprobe보다 빠르게 동작한다는 장점이 있는 대신 BTF의 지원이 필요합니다.

사용 중인 시스템에서 BTF 사용 현황은 다음과 같이 확인할 수 있습니다.

```
$ zcat /proc/config.gz | grep BTF
CONFIG_DEBUG_INFO_BTF=y
```

kfunc는 다음과 같은 형태로 사용합니다. 첫 번째 인자로 커널 함수의 이름을 사용합니다. 두 번째 인자부터는 해당 함수의 인자가 그대로 들어갑니다.

```
KFUNC_PROBE(do_sys_open, int dfd, const char *filename, int flags, int mode)
{
    ...
}
```

kretfunc도 비슷합니다. 마지막 인자로 해당 함수의 리턴값이 들어간다는 차이가 있습니다.

```
KRETFUNC_PROBE(do_sys_open, int dfd, const char *filename, int flags, int mode, int ret)
{
    ...
}
```

---

6   https://github.com/iovisor/bcc/issues/748
7   https://lwn.net/Articles/804937/

7.3.4 uprobe와 uretprobe

uprobe와 uretprobe는 함수명만으로 바인딩되지 않습니다. 사용자 영역에서 파이썬의 다음 함수를 통해 바인딩해야 합니다.

- attach_uprobe()

- attach_uretprobe()

예제로 살펴보겠습니다. uprobe에 바인딩된 함수의 인자는 PT_REGS_PARAM 매크로 함수를 통해 가져올 수 있습니다. 아래 예처럼 PT_REGS_PARAM1, PT_REGS_PARAM2 등으로 사용합니다.

예제 7.20 uprobe 사용 예

```
bpf_text="""
int count(struct pt_regs *ctx) {
    char buf[64];
    bpf_probe_read(&buf, sizeof(buf), (void *)PT_REGS_PARM1(ctx));
    bpf_trace_printk("%s %d", buf, PT_REGS_PARM2(ctx));
    return(0);
}
"""
...
b = BPF(text=bpf_text)
b.attach_uprobe(name="c", sym="strlen", fn_name="count")
...
```

uretprobe에 대해서도 비슷합니다. 해당 함수의 리턴값은 PT_REG_RC(ctx)로 가져올 수 있습니다.

예제 7.21 uretprobe 사용 예

```
bpf_text="""
BPF_HISTOGRAM(dist);
int count(struct pt_regs *ctx) {
    dist.increment(PT_REGS_RC(ctx));
    return 0;
}
"""
...
```

```
b = BPF(text=bpf_text)
b.attach_uretprobe(name="c", sym="strlen", fn_name="count")
...
```

7.3.5 USDT

USDT 역시 사용자 영역에서 다음 함수를 통해 커널 영역의 함수에 바인딩하는 식으로 작성합니다.

```
USDT.enable_probe()
```

해당 트레이스포인트의 인자는 bpf_usdt_readarg() 함수를 통해 가져올 수 있습니다.

예제 7.22 USDT 사용 예

```
...
bpf_text="""
int do_trace(struct pt_regs *ctx) {
    uint64_t addr;
    char path[128];
    bpf_usdt_readarg(6, ctx, &addr);
    bpf_probe_read(&path, sizeof(path), (void *)addr);
    bpf_trace_printk("path:%s\\n", path);
    return 0;
};
"""

...
u = USDT(pid=int(pid))
u.enable_probe(probe="http__server__request", fn_name="do_trace")
...
```

7.4 맵

이번에는 BCC에서 맵을 다루는 방법을 보겠습니다. 먼저 맵을 정의하는 함수부터 살펴보겠습니다. 가장 기본이 되는 함수는 BPF_TABLE()로서 다음과 같은 형태를 띕니다.

```
BPF_TABLE(_table_type, _key_type, _leaf_type, _name, _max_entries)
```

첫 번째 인자로 테이블의 타입이 들어가는 것을 알 수 있습니다. BPF_TABLE()이 아닌 타입별로 정의된 생성 함수를 사용할 수도 있습니다. 예를 들면, 다음과 같은 함수가 있습니다.

- BPF_HASH

- BPF_ARRAY

- BPF_HISTOGRAM

- BPF_STACK_TRACE

- BPF_PERF_ARRAY

- BPF_PERCPU_ARRAY

- BPF_LPM_TRIE

- BPF_PROB_ARRAY

- BPF_DEVMAP

- BPF_CPUMAP

- BPF_XSKMAP

- BPF_ARRAY_OF_MAPS

- BPF_HASH_OF_MAPS

- BPF_STACK

- BPF_QUEUE

또한 맵 생성은 BPF 파일 시스템에 피닝된 오브젝트를 통해 초기화될 수도 있습니다.

```
BPF_TABLE_PINNED(_table_type, _key_type, _leaf_type, _name, _max_entries, "/sys/fs/bpf/
xyz")
```

피닝된 오브젝트를 사용하는 경우에 대해서는 뒤에서 다시 살펴보겠습니다.

다음은 위에서 언급된 모든 맵 타입에 대한 생성 매크로 함수입니다.

표 7.1 맵 생성 매크로 함수

함수
BPF_TABLE(_table_type, _key_type, _leaf_type, _name, _max_entries)
BPF_HASH(name [, key_type=u64 [, leaf_type=u64 [, size=10240]]])
BPF_ARRAY(name [, leaf_type=u64 [, size=10240]])
BPF_HISTOGRAM(name [, key_type=int [, size=64]])
BPF_STACK_TRACE(name, max_entries)
BPF_PERF_ARRAY(name, max_entries)
BPF_PERCPU_ARRAY(name [, leaf_type=u64 [, size=10240]])
BPF_LPM_TRIE(name [, key_type=u64 [, leaf_type=u64 [, size=10240]]])
BPF_PROG_ARRAY(name, size)
BPF_DEVMAP(name, size)
BPF_CPUMAP(name, size)
BPF_XSKMAP(name, size)
BPF_ARRAY_OF_MAPS(name, inner_map_name, size)
BPF_HASH_OF_MAPS(name, inner_map_name, size)
BPF_STACK(name, leaf_type, max_entries[, flags])
BPF_QUEUE(name, leaf_type, max_entries[, flags])

형태는 대체로 비슷한 것을 알 수 있습니다. 대괄호로 묶인 인자는 따로 명시하지 않으면 기본값이 사용되며, 각 인자의 뒤로 기본값을 표시했습니다. 이 기본값은 맵마다 차이가 있음을 알 수 있습니다. 예를 들어, 위 표에서 BPF_HASH() 함수의 기본 인자 값은 다음과 같습니다.

- _key_type: u64

- _leaf type:u64

- size: 10240

다음 2개의 맵은 맵을 담기 위한 특수한 자료 구조입니다.

- BPF_ARRAY_OF_MPAS

- BPF_HASH_OF_MAPS

각각 다음과 같이 사용할 수 있습니다. 먼저 맵의 ARRAY 타입입니다. 내부에 사용할 맵 타입을 정의하기 위해 ex1이 사용됐습니다.

예제 7.23 BPF_ARRAY_OF_MAPS 사용

```
BPF_TABLE("hash", int, int, ex1, 1024);
BPF_TABLE("hash", int, int, ex2, 1024);
BPF_ARRAY_OF_MAPS(maps_array, "ex1", 10);
```

다음은 맵에 대한 HASH 타입입니다.

예제 7.24 BPF_HASH_OF_MAPS 사용

```
BPF_ARRAY(ex1, int, 1024);
BPF_ARRAY(ex2, int, 1024);
BPF_HASH_OF_MAPS(maps_hash, "ex1", 10);
```

맵의 종류에 따라 사용할 수 있는 메서드가 따로 있습니다. 다음은 이를 표로 나타낸 것입니다.

표 7.2 맵별 메서드

맵	메서드
BPF_HASH BPF_LPM_TRIE BPF_HASH_OF_MAPS	▫ lookup() ▫ lookup_or_try_init() ▫ delte() ▫ update() ▫ insert() ▫ increment()
BPF_ARRAY BPF_PERCPU_ARRAY BPF_ARRAY_OF_MAPS	▫ lookup ▫ update() ▫ increment()
BPF_HISTOGRAM	▫ increment()
BPF_STACK_TRACE	▫ get_stackid()
BPF_PERF_ARRAY	▫ perf_read()
BPF_PROG_ARRAY	▫ call()
BPF_DEVMAP BPF_CPUMAP	▫ redirect_map()

맵	메서드
BPF_XSKMAP	• redirect_map( ) • lookup( )
BPF_STACK	• push( ) • pop( ) • peek( )
BPF_QUEUE	• push( ) • pop( ) • peek( )

다음은 각 메서드에 대해 정리한 표입니다.

표 7.3 맵 관련 헬퍼 함수

함수	설명
*val map.lookup(&key)	map에서 key를 찾아 값의 포인터를 *val로 넘겨줍니다.
*val map.lookup_or_try_init(&key, &zero)	lookup( )과 비슷하지만 key가 존재하지 않는 경우 zero 값으로 이를 초기화합니다.
map.delete(&key)	map에서 key를 제거합니다.
map.update(&key, &val)	map에서 key의 값을 val로 갱신합니다.
map.insert(&key, &val)	map에 key의 값으로 val을 넣어줍니다.
map.increment(key[, increment_amount])	map에 key의 값을 increment_amount만큼 증가시킵니다.
int map.get_stackid(void *ctx, u64 flags)	ctx의 pt_regs를 통해 스택 트레이스를 구하고 맵에 저장합니다. 해당 스택 트레이스의 유니크 ID를 int 타입으로 반환합니다.
u64 map.perf_read(u32 cpu)	map에 저장된 PMC 카운터를 반환합니다.
void map.call(void *ctx, int index)	map의 index에 저장된 BPF 프로그램을 실행합니다. 해당 프로그램의 ctx로 ctx를 전달합니다. 테일 콜을 위해 사용됩니다.

함수	설명
`int map.redirect_map(int index, int flags)`	패킷 재전송을 위한 함수입니다. map의 종류에 따라 전송처가 달라집니다.
`int map.push(&val, int flags)`	val을 map에 넣습니다.
`int map.pop(&val)`	map에서 값을 val로 가져오고 이를 map에서 제거합니다.
`int map.peek(&val)`	map에서 값을 val로 가져옵니다.

get_stackid()의 경우 스택 트레이스를 위해 사용됩니다(뒤에서 예제를 통해 다루겠습니다). call()은 테일 콜에 사용됩니다. 이 역시 뒤에서 예제를 보며 다루겠습니다. redirect_map()은 트레이싱 목적에서는 다룰 일이 없어 생략합니다. 관심이 있다면 BCC 레퍼런스[8]를 확인하세요.

7.4.1 파이썬에서 맵 다루기

BCC 파이썬에서 맵과 관련된 함수를 다뤄보겠습니다. 먼저 맵에 대한 접근은 다음 2가지 방법으로 가능합니다.

- get_table() 함수 사용
- BPF 객체에서 key로 접근

get_table()을 사용해 맵 객체를 다음과 같이 사용자 영역으로 가져올 수 있습니다.

예제 7.25 get_table()로 맵 가져오기

```
bpf_text="""
...
BPF_ARRAY(counts, u64, 32);
...
"""

...
b = BPF(text=bpf_text)
counts = b.get_table("counts")
```

---

8   https://github.com/iovisor/bcc/blob/v0.16.0/docs/reference_guide.md#maps

함수를 안 쓰고 그냥 BPF 객체에서 다음과 같이 바로 접근할 수도 있습니다. 7.25와 예제 7.26
은 동작이 같습니다.

예제 7.26 BPF 객체에서 맵 가져오기

```
bpf_text="""
...
BPF_ARRAY(counts, u64, 32);
...
"""

...
b = BPF(text=bpf_text)
counts = b["counts"]
```

다음은 맵 종류별로 사용 가능한 메서드를 정리한 것입니다.

표 7.4 맵 관련 메서드

맵	메서드
BPF_HASH	items()
BPF_ARRAY	values()
...	clear()
BPF_HISTOGRAM	print_log2_hist()
	print_linear_hist()
BPF_STACK	push()
BPF_QUEUE	pop()
	peek()

items()의 경우 보통 맵을 훑어볼 때 사용합니다.

예제 7.27 items()로 맵 살펴보기

```
# print output
print("%10s %s" % ("COUNT", "STRING"))
counts = b.get_table("counts")
for k, v in sorted(counts.items(), key=lambda counts: counts[1].value):
    print("%10d \"%s\"" % (v.value, k.c.encode('string-escape')))
```

values()는 맵의 모든 아이템을 배열로 반환하며, clear()는 모든 맵의 아이템을 지웁니다.

예제 7.28 clear()로 맵 비우기

```
# print map summary every second:
while True:
    time.sleep(1)
    print("%-8s\n" % time.strftime("%H:%M:%S"), end="")
    dist.print_log2_hist(sym + " return:")
    dist.clear()
```

다음 두 함수는 BPF_HISTOGRAM을 출력하기 위한 것입니다.

- print_log2_hist()

- print_linear_hist()

print_log2_hist()부터 살펴보겠습니다. 이 함수는 다음과 같은 형태를 띕니다. print_log2_hist()
를 쓰려면 대상 BPF_HISTOGRAM 맵에 값들이 log2로 저장되어 있어야 합니다.

```
table.print_log2_hist(val_type="value", section_header="Bucket ptr", section_print_
    fn=None)
```

각 인자는 모두 생략해도 됩니다.

- val_type: 열의 헤더명입니다.

- section_header: 해당 맵 히스토그램이 키를 하나 더 갖는 경우 두 번째 열의 헤더가 됩니다.

- section_pritn_fn: 출력 방식을 바꿔줄 수 있는 함수를 명시할 수 있습니다. 해당 함수에는 버킷의 값이 전
  달됩니다.

다음 예제를 봅시다. val_type의 값으로 "kbytes"를 지정했습니다. 커널 영역에서 bpf_log2l() 함
수를 사용해 주어진 값을 log2 값으로 변환하고 맵에 저장했습니다.

예제 7.29 print_log2_hist()로 함수 인자 출력

```
b = BPF(text="""
BPF_HISTOGRAM(dist);
int kprobe__blk_account_io_done(struct pt_regs *ctx, struct request *req)
```

```
{
    dist.increment(bpf_log2l(req->__data_len / 1024));
    return 0;
}
""")
...
b["dist"].print_log2_hist("kbytes")
```

다음은 위 예제의 출력 결과입니다. kbytes가 열의 이름으로 들어간 것을 알 수 있습니다. log2 값을 사용했기 때문에 kbyte 열이 0, 2, 4, 8, 16순으로 분포를 나타내는 것을 볼 수 있습니다. 이 같은 특징은 비교적 큰 범위의 분포를 보는 데 유리합니다.

```
kbytes          : count    distribution
    0 -> 1      : 3        |                                        |
    2 -> 3      : 0        |                                        |
    4 -> 7      : 211      |**********                              |
    8 -> 15     : 0        |                                        |
   16 -> 31     : 0        |                                        |
   32 -> 63     : 0        |                                        |
   64 -> 127    : 1        |                                        |
  128 -> 255    : 800      |****************************************|
...
```

이번에는 print_linear_hist()를 보겠습니다. 보통 이 함수는 적은 정수 범위의 분포를 출력하기 위해 사용합니다. 주요 함수 인자는 print_log2_hist()와 동일합니다.

예제 7.30 print_linear_hist()로 함수 인자를 출력

```
b = BPF(text="""
BPF_HISTOGRAM(dist);
int kprobe__blk_account_io_done(struct pt_regs *ctx, struct request *req)
{
    dist.increment(req->__data_len / 1024);
    return 0;
}
""")
...
b["dist"].print_linear_hist("kbytes")
```

앞의 log2 예제와 다르게 맵에 관심 데이터 값을 바로 저장했습니다. 저장한 값을 출력해 보겠습니다.

```
kbytes       : count     distribution
    0        : 3         |******                                  |
    1        : 0         |                                        |
    2        : 0         |                                        |
    3        : 0         |                                        |
    4        : 19        |****************************************|
    5        : 0         |                                        |
    6        : 0         |                                        |
    7        : 0         |                                        |
    8        : 4         |********                                |
    9        : 0         |                                        |
   10        : 0         |                                        |
   11        : 0         |                                        |
   12        : 0         |                                        |
   13        : 0         |                                        |
   14        : 0         |                                        |
   15        : 0         |                                        |
   16        : 2         |****                                    |
  ...
```

kbytes 열의 값이 0, 1, 2, 3, 4순으로 선형적으로 증가하는 것을 볼 수 있습니다. 범위가 너무 크면 출력되는 행이 매우 길어질 수 있습니다.

7.5 커널 및 사용자 영역의 데이터

프로그램을 작성하다 보면 여러 가지 데이터를 참고하게 됩니다. 커널 내 메모리에 있을 특정 구조체라든가 현재 시간, 혹은 이벤트를 트리거한 프로세스나 커맨드 등에 관심이 갈 수 있습니다. 여기서는 이와 관련된 함수를 살펴보겠습니다. 대략 다음과 같은 함수가 준비되어 있습니다.

표 7.5 데이터 관련 헬퍼 함수

함수	설명
bpf_probe_read_kernel()	커널 영역의 메모리를 BPF 스택에 복사
bpf_probe_read_kernel_str()	커널 영역의 문자열을 BPF 스택에 복사
bpf_ktime_get_ns()	현재 시간을 나노초로 반환
bpf_get_current_pid_tgid()	현재 프로세스의 PID를 반환
bpf_get_current_uid_gid()	UID와 GID를 반환
bpf_get_current_comm()	현재 프로세스의 이름을 반환
bpf_get_current_task()	현재 프로세스의 task_struct를 반환
bpf_log2l()	주어진 값의 log 값을 반환
bpf_get_prandom_u32()	임의의 32비트 부호 없는 정수 값을 반환
bpf_probe_read_user()	사용자 영역의 메모리를 BPF 스택에 복사
bpf_probe_read_user_str()	사용자 영역의 문자열을 BPF 스택에 복사
bpf_get_ns_current_pid_tgid()	현재 namespace의 PID와 TGID를 반환

BPF에서 커널 메모리에 접근하는 것은 간접적으로만 가능합니다. 커널 내 특정 구조체 등에 접근하고자 한다면 bpf_probe_read_kernel()을 사용해야 합니다. 이 함수는 특정 커널 주소에서 메모리를 BPF 스택으로 복사해옵니다. 커널 영역의 주소는 해당 이벤트에서 제공하는 컨텍스트에서 얻을 수 있는 것으로 한정됩니다. 다음 예제는 BCC tools 중 runqslower 일부를 발췌한 것입니다.

예제 7.31 bpf_probe_read_kernel()로 커널 영역의 메모리에 접근

```
...
#include <linux/sched.h>
...
RAW_TRACEPOINT_PROBE(sched_wakeup_new)
{
  // TP_PROTO(struct task_struct *p)
  struct task_struct *p = (struct task_struct *)ctx->args[0];
  u32 tgid, pid;
  bpf_probe_read_kernel(&tgid, sizeof(tgid), &p->tgid);
  bpf_probe_read_kernel(&pid, sizeof(pid), &p->pid);
```

```
    return trace_enqueue(tgid, pid);
  }
  ...
```

위 예제에서는 컨텍스트로부터 task_struct의 주소를 받고 bpf_probe_read_kernel()을 통해 해당 구조체 내의 pid와 tgid를 복사했습니다. task_struct는 커널의 linux/sched.h에 정의되어 있어 이를 사용하기 위해 해당 헤더를 포함시켰습니다.

기널 영역 메모리를 위해 bpf_probe_read_kernel()이 있다면, 사용자 영역의 메모리에 대해서는 bpf_probe_read_user()가 있습니다. 이번에는 BCC tools 중 sslsniff [9]의 코드를 일부를 발췌했습니다.

예제 7.32 bpf_probe_read_user()로 사용자 영역의 메모리에 접근

```
"""
...
int probe_SSL_write(struct pt_regs *ctx, void *ssl, void *buf, int num) {
      u32 pid = bpf_get_current_pid_tgid();
      FILTER
      struct probe_SSL_data_t __data = {0};
      __data.timestamp_ns = bpf_ktime_get_ns();
      __data.pid = pid;
      __data.len = num;
      bpf_get_current_comm(&__data.comm, sizeof(__data.comm));
      if ( buf != 0) {
              bpf_probe_read_user(&__data.v0, sizeof(__data.v0), buf);
      }
      perf_SSL_write.perf_submit(ctx, &__data, sizeof(__data));
      return 0;
}
...
"""

...
  b.attach_uprobe(name="ssl", sym="SSL_write", fn_name="probe_SSL_write",
                  pid=args.pid or -1)
...
```

---

9 https://github.com/iovisor/bcc/blob/v0.16.0/tools/sslsniff.py#L68

probe_SSL_write는 uprobe에 바인딩됐습니다. 바인딩된 SSL_write 함수의 인자인 ssl, buf, num이 전달된 것을 볼 수 있습니다. 여기서는 TLS/SSL 커넥션을 맺을 때 사용된 buffer를 BPF로 복사해오는 것을 볼 수 있습니다.

7.6 출력 채널

커널 영역의 데이터를 사용자 영역으로 출력하기 위해서는 몇 가지 정해진 채널이 있습니다. 하나는 앞에서 살펴본 맵입니다. 이 외에도 다음과 같은 3가지 채널이 있습니다. 여기서는 각 채널을 소개하고 BCC에서 다루는 법을 보겠습니다.

　트레이스 파이프(/sys/kernel/debug/trace_pipe)

　Perf 링 버퍼

　커널 링 버퍼

먼저 트레이스 파이프는 앞서 몇 차례 본 적이 있습니다. 간단한 디버깅을 위해 사용할 수 있으며, BCC에서는 bpf_trace_pritnk()로 사용 가능합니다.

```
int bpf_trace_printk(const char *fmt, ...)
```

가장 간단하게 사용할 수 있지만 보통 간단한 예나 테스트를 작성할 때만 사용합니다. 이것은 몇 가지 제약사항이 있기 때문인데, 먼저 포매팅 문자열에 인자를 3개까지만 쓸 수 있고 %s는 그중 한 개만 쓸 수 있습니다. 또한 /sys/kernel/debug/trace_pipe 자체가 여러 프로그램에서 사용할 수 있어 로그가 섞일 위험도 있습니다.

사용자 영역에서는 BCC 파이썬에서 다음과 같은 2개의 함수를 제공합니다.

　trace_print()

　trace_fields()

아무 인자 없이 출력하면 내용 그대로 출력됩니다.

```
b.trace_print()
```

다음과 같이 포맷을 지정하면 그에 맞게 출력됩니다. 다음과 같은 경우 PID와 메시지가 출력됩니다.

```
b.trace_print(fmt="{1} {5}")
```

trace_print_fields()도 유사하지만 필드 단위로 값을 리턴합니다.

```
while 1:
    try:
        (task, pid, cpu, flags, ts, msg) = b.trace_fields()
    except ValueError:
        continue
```

이벤트 출력은 일반적으로 Perf 링 버퍼를 사용할 것을 권장합니다. BPF_PERF_OUTPUT()으로 관련 테이블을 생성하고 해당 테이블의 메서드인 perf_submit()으로 사용자 영역에 이벤트를 보낼 수 있습니다.

표 7.6 Perf 링 버퍼 출력 처리 관련 함수

함수	설명
BPF_PERF_OUTPUT()	Perf 링 버퍼로 보낼 이벤트를 위한 테이블 생성
map.perf_submit()	BPF_PERF_OUTPUT 맵에 쌓인 이벤트를 사용자 영역으로 보냄

예제 7.33 커널 영역에서 Perf 링 버퍼 사용

```
struct data_t {
    u32 pid;
    u64 ts;
    char comm[TASK_COMM_LEN];
};
BPF_PERF_OUTPUT(events);

int hello(struct pt_regs *ctx) {
    struct data_t data = {};

    data.pid = bpf_get_current_pid_tgid();
    data.ts = bpf_ktime_get_ns();
```

```
    bpf_get_current_comm(&data.comm, sizeof(data.comm));

    events.perf_submit(ctx, &data, sizeof(data));

    return 0;
}
```

파이썬에서는 perf_buffer_poll() 함수를 통해 Perf 링 버퍼를 출력할 수 있습니다. perf_buffer_poll()을 호출하기 전에 open_perf_buffer()를 통해 해당 링 버퍼에 대한 콜백 함수를 등록해야 합니다. 예제에서는 print_event()를 등록했으므로 perf_buffer_poll()이 처리될 때마다 이 함수가 호출됩니다.

예제 7.34 사용자 영역에서 Perf 링 버퍼 사용

```
# process event
def print_event(cpu, data, size):
    event = ct.cast(data, ct.POINTER(Data)).contents
    ...
# loop with callback to print_event
b["events"].open_perf_buffer(print_event)
while 1:
    try:
        b.perf_buffer_poll()
    except KeyboardInterrupt:
        exit();
```

남은 출력 포인트는 커널 링 버퍼이며, 흔히 dmesg나 /var/log/message로 확인합니다. 링 버퍼 역시 다른 프로세스와 공유되는 공간이므로 특별한 메시지를 보내는 용도로만 쓰는 것이 좋습니다. 사용하는 방법은 Perf 링 버퍼와 유사합니다. BPF_RINGBUF_OUTPUT으로 테이블을 만들고 해당 테이블의 메서드들을 사용합니다.

표 7.7 커널 링 버퍼 출력 처리 관련 함수

함수	설명
BPF_RINGBUF_OUTPUT()	커널 링 버퍼로 보낼 이벤트를 저장할 저장소 생성
map.ringbuf_output()	BPF_RINGBUF_OUTPUT에 쌓인 이벤트를 사용자 영역으로 보냄

함수	설명
map.ringbuf_reserve()	커널 링 버퍼에 출력을 위한 공간 확보
ringbuf_submit()	커널 링 버퍼에 이벤트 출력
map.ringbuf_discard()	ringbuf_reserve()로 확보한 공간 내 이벤트를 제거

Perf 링 버퍼와 달리 BPF_RINGBUF_OUTPUT()을 통해 만들어진 버퍼는 모든 CPU에서 공유됩니다.

링 버퍼는 다음의 2가지 방법으로 사용자 영역에서 이벤트를 처리힐 수 있습니다.

- ringbuf_output()만 사용

- ringbuf_reserve()와 ringbuf_submit() 사용

전자는 바로 주어진 데이터를 링 버퍼에 보내고, 후자는 링 버퍼에 출력을 위한 공간을 ringbuf_reserve()를 통해 먼저 확보한 후 ringbuf_submit()으로 보냅니다. 필요 시 확보된 공간 내 이벤트를 ringbuf_discard()를 통해 없앨 수 있습니다.

다음은 2가지 경우를 보여주는 예입니다.

예제 7.35 커널 영역에서 링 버퍼 사용

```
struct data_t {
    u32 pid;
    u64 ts;
    char comm[TASK_COMM_LEN];
};


BPF_RINGBUF_OUTPUT(events, 8);
int first_api_example(struct pt_regs *ctx) {
    struct data_t data = {};
    data.pid = bpf_get_current_pid_tgid();
    data.ts = bpf_ktime_get_ns();
    bpf_get_current_comm(&data.comm, sizeof(data.comm));
    events.ringbuf_output(&data, sizeof(data), 0 /* flags */);
    return 0;
}
int second_api_example(struct pt_regs *ctx) {
```

```
    struct data_t *data = events.ringbuf_reserve(sizeof(struct data_t));
    if (!data) {
        return 1;
    }
    data->pid = bpf_get_current_pid_tgid();
    data->ts = bpf_ktime_get_ns();
    bpf_get_current_comm(&data->comm, sizeof(data->comm));
    events.ringbuf_submit(data, 0 /* flags */);
    return 0;
}
```

Perf 링 버퍼와 마찬가지로 ring_buffer_poll() 함수를 사용해 파이썬에서 출력할 수 있습니다. 이 역시 open_ring_buffer()로 관련 콜백 함수를 먼저 등록해야 합니다.

예제 7.36 사용자 영역에서 ring_buffer_poll()로 링 버퍼 사용

```
# loop with callback to print_event
b["events"].open_ring_buffer(print_event)
while 1:
    try:
        b.ring_buffer_poll(30)
    except KeyboardInterrupt:
        exit();
```

ring_buffer_consume()은 주기적인 폴링을 하지 않고 이벤트가 발생했을 때 동작합니다.

예제 7.37 사용자 영역에서 ring_buffer_consume()으로 링 버퍼 사용

```
# loop with callback to print_event
b["events"].open_ring_buffer(print_event)
while 1:
    try:
        b.ring_buffer_consume()
    except KeyboardInterrupt:
        exit();
```

7.7 심벌 처리

그 밖에 몇 가지 편의를 위한 헬퍼 함수들이 있습니다. 이 함수들은 사용자나 커널 영역의 메모리 주소를 사람이 읽을 수 있는 심벌 정보로 상호 바꿔주는 역할을 합니다. 이후 스택 트레이스 예제에서 활용 예를 보겠습니다.

- ksym()

- ksymname()

- sym()

ksym() 함수는 특정 커널 메모리 주소를 받고 커널 함수 이름을 반환합니다.

```
print("kernel function: " + b.ksym(addr))
```

ksymname() 함수는 ksym()의 역입니다. 커널 함수의 이름을 받아 주소를 반환합니다.

```
print("kernel address: %x" % b.ksymname("vfs_read"))
```

sym() 함수는 pid와 메모리 주소를 받아 해당하는 함수의 이름을 반환합니다.

```
print("function: " + b.sym(addr, pid))
```

7.8 스택 트레이스

이번에는 BCC tools 중 tcpdrop를 통해 스택 트레이스를 생성하는 방법을 알아보고, 이를 플레임그래프로 나타내 보겠습니다. 이 예제의 동작은 앞서 플레임그래프를 생성할 때 썼던 perf 와 동일합니다. 이 책에서는 지면상 전체 코드[10]를 싣는 대신 일부를 발췌해서 보겠습니다.

다음 코드에서는 IPv6 관련 내용은 표시하지 않았습니다. 이 프로그램은 커널에서 TCP DROP 이벤트가 발생할 때 해당 패킷의 상세 정보와 소켓의 상태, 그리고 커널 스택을 트레이스합니다. 출력은 다음과 같은 형태일 것입니다. 커널 실행 시점부터 TCP DROP 시점까지 스택이 표현되는 것을 볼 수 있습니다.

---

10 https://github.com/iovisor/bcc/blob/v0.16.0/tools/tcpdrop.py

```
$ ./tcpdrop.py
TIME      PID    IP SADDR:SPORT        > DADDR:DPORT          STATE (FLAGS)
20:49:06 0       4  10.32.119.56:443   > 10.66.65.252:22912   CLOSE (ACK)
    tcp_drop+0x1
    tcp_v4_do_rcv+0x135
    tcp_v4_rcv+0x9c7
    ip_local_deliver_finish+0x62
    ip_local_deliver+0x6f
    ip_rcv_finish+0x129
    ip_rcv+0x28f
    __netif_receive_skb_core+0x432
    __netif_receive_skb+0x18
    netif_receive_skb_internal+0x37
    napi_gro_receive+0xc5
    ena_clean_rx_irq+0x3c3
    ena_io_poll+0x33f
    net_rx_action+0x140
    __softirqentry_text_start+0xdf
    irq_exit+0xb6
    do_IRQ+0x82
    ret_from_intr+0x0
    native_safe_halt+0x6
    default_idle+0x20
    arch_cpu_idle+0x15
    default_idle_call+0x23
    do_idle+0x17f
    cpu_startup_entry+0x73
    rest_init+0xae
    start_kernel+0x4dc
    x86_64_start_reservations+0x24
    x86_64_start_kernel+0x74
    secondary_startup_64+0xa5
```

이제 내부 동작 방식이 어떤지 살펴보겠습니다.

예제 7.38 스택 트레이스

```
...
# define BPF program
bpf_text = """
#include <uapi/linux/ptrace.h>
#include <uapi/linux/tcp.h>
#include <uapi/linux/ip.h>
#include <net/sock.h>
#include <bcc/proto.h>
BPF_STACK_TRACE(stack_traces, 1024);
// separate data structs for ipv4 and ipv6
struct ipv4_data_t {
    u32 pid;
    u64 ip;
    u32 saddr;
    u32 daddr;
    u16 sport;
    u16 dport;
    u8 state;
    u8 tcpflags;
    u32 stack_id;
};
BPF_PERF_OUTPUT(ipv4_events);
...
static struct tcphdr *skb_to_tcphdr(const struct sk_buff *skb)
{
    // unstable API. verify logic in tcp_hdr() -> skb_transport_header().
    return (struct tcphdr *)(skb->head + skb->transport_header);
}
static inline struct iphdr *skb_to_iphdr(const struct sk_buff *skb)
{
    // unstable API. verify logic in ip_hdr() -> skb_network_header().
    return (struct iphdr *)(skb->head + skb->network_header);
}
...
int trace_tcp_drop(struct pt_regs *ctx, struct sock *sk, struct sk_buff *skb)
{
    if (sk == NULL)
```

```
        return 0;
    u32 pid = bpf_get_current_pid_tgid();
    // pull in details from the packet headers and the sock struct
    u16 family = sk->__sk_common.skc_family;
    char state = sk->__sk_common.skc_state;
    u16 sport = 0, dport = 0;
    struct tcphdr *tcp = skb_to_tcphdr(skb);
    struct iphdr *ip = skb_to_iphdr(skb);
    u8 tcpflags = ((u_int8_t *)tcp)[13];
    sport = tcp->source;
    dport = tcp->dest;
    sport = ntohs(sport);
    dport = ntohs(dport);
    if (family == AF_INET) {
        struct ipv4_data_t data4 = {};
        data4.pid = pid;
        data4.ip = 4;
        data4.saddr = ip->saddr;
        data4.daddr = ip->daddr;
        data4.dport = dport;
        data4.sport = sport;
        data4.state = state;
        data4.tcpflags = tcpflags;
        data4.stack_id = stack_traces.get_stackid(ctx, 0);
        ipv4_events.perf_submit(ctx, &data4, sizeof(data4));
    } else if (family == AF_INET6) {
    ...
    }
    // else drop

    return 0;
}
"""

...
# process event
def print_ipv4_event(cpu, data, size):
    event = b["ipv4_events"].event(data)
    print("%-8s %-6d %-2d %-20s > %-20s %s (%s)" % (
```

```
        strftime("%H:%M:%S"), event.pid, event.ip,
        "%s:%d" % (inet_ntop(AF_INET, pack('I', event.saddr)), event.sport),
        "%s:%s" % (inet_ntop(AF_INET, pack('I', event.daddr)), event.dport),
        tcp.tcpstate[event.state], tcp.flags2str(event.tcpflags)))
    for addr in stack_traces.walk(event.stack_id):
        sym = b.ksym(addr, show_offset=True)
        print("\t%s" % sym)
    print("")
...
# initialize BPF
b = BPF(text=bpf_text)
if b.get_kprobe_functions(b"tcp_drop"):
    b.attach_kprobe(event="tcp_drop", fn_name="trace_tcp_drop")
else:
    print("ERROR: tcp_drop() kernel function not found or traceable. "
        "Older kernel versions not supported.")
    exit()
stack_traces = b.get_table("stack_traces")
# header
print("%-8s %-6s %-2s %-20s > %-20s %s (%s)" % ("TIME", "PID", "IP",
    "SADDR:SPORT", "DADDR:DPORT", "STATE", "FLAGS"))
# read events
b["ipv4_events"].open_perf_buffer(print_ipv4_event)
b["ipv6_events"].open_perf_buffer(print_ipv6_event)
while 1:
    try:
        b.perf_buffer_poll()
    except KeyboardInterrupt:
        exit()
```

코드를 하나씩 보겠습니다. 먼저 BPF 프로그램을 tcp_drop kprobe에 바인딩했습니다. 바인딩된 BPF 함수는 trace_tcp_drop인데, 패킷 및 소켓 관련 정보를 얻고 스택 트레이스를 생성합니다. 최종적으로 이를 Perf 링 버퍼에 담습니다. 사용자 영역에서는 Perf 링 버퍼를 폴링하면서 print_ipv4_event()로 커널 영역에서 얻어온 정보를 출력합니다.

print_ipv4_event()를 살펴보면 스택 트레이스를 보통 어떻게 출력하는지 알 수 있습니다. walk()
메서드를 사용해 주어진 스택 트레이스를 하나씩 살펴보면서 ksym()을 통해 커널 영역의 주소를
함수명으로 바꿉니다.

7.9 TC와 XDP

BPF 프로그램 중 TC와 XDP는 네트워킹과 관련된 프로그램입니다. 앞에서 본 트레이싱 목적의
다른 이벤트와 달리 BCC에서 이들 프로그램은 사용 패턴이 조금 다릅니다. 이어지는 내용에서
오브젝트 피닝 및 테일 콜을 소개하는데 TC와 XDP 프로그램이 활용될 예정이니 여기서 먼저
사용법을 보겠습니다.

TC와 XDP에 대한 상세 내용은 이 책의 범위를 벗어납니다. 이후 9.1.5절에서 간단하게 소개하
겠습니다.

TC

일반적으로 TC(Traffic Control)에서 BPF 프로그램을 사용하려면 먼저 C로 작성된 BPF 프로
그램을 LLVM으로 컴파일하고, 빌드된 바이너리를 tc를 통해 바인딩해야 합니다. 예를 들면 다
음과 같습니다.

```
$ tc qdisc add dev eth0 clsact
$ tc filter add dev eth0 ingress bpf \
    object-file linux-stable/samples/bpf/parse_simple.o \
    section simple direct-action verbose
```

BCC를 사용하는 경우 바로 이처럼 tc에서 읽어 들일 수 있는 바이너리만 뽑기가 다소 애매합니
다. 대신 파이썬의 pyroute2 모듈을 활용해 이를 대신할 수 있습니다.

다음은 t1a라는 이름으로 네트워크 인터페이스를 만들고 여기에 BPF 프로그램을 바인딩하는 예
제[11]입니다.

---

11 https://github.com/iovisor/bcc/blob/v0.16.0/examples/networking/simple_tc.py

예제 7.39 pyroute2로 TC에 BPF 프로그램을 로드

```
…
from bcc import BPF
from pyroute2 import IPRoute
ipr = IPRoute()
text = """
int hello(struct __sk_buff *skb) {
  return 1;
}
"""
try:
    b = BPF(text=text, debug=0)
    fn = b.load_func("hello", BPF.SCHED_CLS)
    ipr.link("add", ifname="t1a", kind="veth", peer="t1b")
    idx = ipr.link_lookup(ifname="t1a")[0]
    ipr.tc("add", "ingress", idx, "ffff:")
    ipr.tc("add-filter", "bpf", idx, ":1", fd=fn.fd,
            name=fn.name, parent="ffff:", action="ok", classid=1)
    ipr.tc("add", "sfq", idx, "1:")

    ipr.tc("add-filter", "bpf", idx, ":1", fd=fn.fd,
            name=fn.name, parent="1:", action="ok", classid=1)
finally:
    if "idx" in locals(): ipr.link("del", index=idx)
print("BPF tc functionality - SCHED_CLS: OK")
```

코드에서 굵게 표시한 부분에 주목합니다. b.load_func는 BPF 오브젝트에서 hello 함수를 가져와 TC용으로 가공하는 역할을 합니다(어떤 가공 과정이 있었는지는 뒤에서 다시 설명하겠습니다). 준비된 오브젝트는 pyroute2의 IPRoute 모듈을 통해 사용됩니다. IPRoute로 먼저 veth 타입의 t1a 인터페이스를 만들었습니다. 이어서 인그레스(ingress)에 필터로 준비한 BPF 프로그램을 바인딩하고, 마지막으로 이그레스(egress) SFQ(Stochastic Fairness Queueing)에 같은 프로그램을 바인딩했습니다.

위 과정을 좀 더 깊이 있게 이해하기 위해 위 코드를 BCC 없이 tc 커맨드와 clang만으로 재현해보겠습니다. 먼저 예제 7.37의 C 코드를 다음과 같이 수정합니다.

예제 7.40 TC에서 바인딩할 BPF 프로그램: tc.c

```c
#include <linux/bpf.h>
#ifndef __section
# define __section(x)  __attribute__((section(x), used))
#endif
__section("classifier") int hello(struct __sk_buff *skb) {
  return 1;
}
```

위 코드는 2.3절의 예제 2.1과 형태가 동일합니다. tc에서 BPF 오브젝트를 바인딩할 때는 BPF 오브젝트 내 ELF 포맷에 기술된 섹션을 활용합니다. 위의 예제에서는 clang에서 제공하는 __attribute__를 활용해 hello() 함수에 "classifier"라는 이름으로 섹션을 정의했습니다. 이는 빌드 후 다음과 같이 확인할 수 있습니다.

```
$ clang -O2 -emit-llvm -c tc.c -o - ¦ llc -march=bpf -filetype=obj -o tc.o
$ readelf -SW tc.o ¦ grep classifier
  [ 3] classifier      PROGBITS        0000000000000000 000040 000018 00  AX  0   0  8
```

앞서 b.load_func()에서 수행한 내용이 위와 같은 내용이 되겠습니다. 이제 ip와 tc 커맨드를 통해 다음과 같이 BPF 오브젝트를 바인딩할 수 있습니다.

```
$ ip link add t1a type veth peer t1b
$ tc qdisc add dev t1a handle ffff:0 ingress
$ tc filter add dev t1a parent ffff:0 bpf object-file tc.o action ok classid 1
$ tc qdisc add dev t1a handle 1: root sfq
$ tc filter add dev t1a parent 1: bpf object-file tc.o action ok classid 1
```

확인이 끝나면 BCC 예제처럼 관련 인터페이스를 제거합니다.

```
$ ip link del t1a
```

여기까지 보면 BCC 스타일로 C 프로그램을 작성하고 BPF 오브젝트를 빌드할 수 있으면 좋겠다는 생각도 듭니다. 이와 관련해서는 업스트림에서 논의[12]가 이뤄지고 있습니다.

---

12 https://github.com/iovisor/bcc/issues/3090

XDP

XDP는 TC와 달리 BCC 헬퍼 함수를 통해 BPF를 로드할 수 있습니다.

예제 7.41 헬퍼 함수로 BPF를 XDP에 로드

```
from bcc import BPF
code = """
int xdp_drop(struct xdp_md *ctx)
{
  return XDP_DROP;
}
"""

bpf = BPF(text=code)
xdp_drop = bpf.load_func("xdp_drop", BPF.XDP)
bpf.attach_xdp("lo", xdp_drop, 0)
```

ip로 직접 올릴 때는 C 코드만 clang으로 빌드합니다. 앞서 TC와 달리 따로 섹션을 정의할 필요
는 없습니다.

예제 7.42 C 코드 확인: xdp.c

```
#include <linux/bpf.h>
int main() {
        return XDP_DROP;
}
```

다음과 같이 빌드해서 바인딩합니다.

```
$ clang -target bpf -c xdp.c -o xdp.o
$ ip link set dev lo xdp obj xdp.o sec .text
```

확인하고 나면 다음과 같이 다시 BPF 프로그램을 인터페이스에서 반드시 제거합니다.

```
$ ip link set dev lo xdp off
```

7.10 오브젝트 피닝

BCC에서 피닝된 오브젝트는 다음 매크로로 가져올 수 있습니다.

```
BPF_TABLE_PINNED(_table_type, _key_type, _leaf_type, _name, _max_entries, "/sys/fs/bpf/
xyz")
```

다음은 이 매크로의 사용 예로서 /sys/fs/bpf/ids 경로의 hash 타입 맵을 가져옵니다.

```
BPF_TABLE_PINNED("hash", u64, u64, ids, 1024, "/sys/fs/bpf/ids");
```

오브젝트 피닝은 맵을 BPF 프로그램의 생명주기와 독립적으로 운용할 수 있게 해줍니다. 일반
적인 BPF 프로그램에서 맵은 해당 프로그램이 종료되면 모두 사라집니다. 오브젝트 피닝을 활
용하면 필요에 따라 맵에 데이터를 저장하는 프로그램과 맵을 사용하는 프로그램을 분리해서 개
발할 수 있습니다. 이런 동작을 수행하는 예제를 작성하겠습니다.

앞에서 본 BPF_TABLE_PINNED()는 피닝된 오브젝트를 불러오는 역할을 합니다. 그럼 반대로 임의의
맵을 어떻게 피닝할 수 있을까요? 이때 파이썬의 libbcc를 활용할 수 있습니다. BCC에서 libbcc
는 libbpf.so에 대한 인터페이스를 제공하므로 필요 시 이를 직접 사용할 수 있습니다. libbpf에
정의된 함수로 바인딩되므로 파이썬에서 이를 처리하기 위해 ctypes를 함께 사용합니다. BCC에
서 사용 가능한 libbpf의 인터페이스 목록은 BCC 내 libbpf.h [13]에서 확인할 수 있습니다.

예제를 통해 살펴보겠습니다. 예제 7.43은 네트워크 패킷이 들어올 때마다 그 횟수를 기록하는
프로그램입니다. 이벤트 타깃 중 SCHED_CLS를 활용하는데, SCHED_CLS 타입의 BPF 프로그램은 TC
를 통해 패킷 인그레스에 바인딩될 수 있습니다. 앞서 TC에서 본것처럼 pyroute2를 활용해 BPF
프로그램을 lo 인터페이스에 바인딩합니다.

libbcc의 함수 중 다음 2개가 사용됩니다.

- bpf_obj_pin()

- bpf_obj_get()

---

13 https://github.com/iovisor/bcc/blob/v0.16.0/src/cc/libbpf.h

예제 7.43 오브젝트 피닝: obj_pin_writer.py

```python
#!/usr/bin/env python
from bcc import BPF, libbcc
import pyroute2
import ctypes
import time
import sys
code = """
#include <uapi/linux/bpf.h>
#include <uapi/linux/pkt_cls.h>
BPF_TABLE("array", uint32_t, long, cnt, 1);
int counter(struct __sk_buff *ctx) {
uint32_t index = 0;
long *value = cnt.lookup(&index);
if (value)
    *value += 1;
return TC_ACT_OK;
}
"""
device = "lo"
path = "/sys/fs/bpf/counter"
bpf = BPF(text=code, cflags=["-w"])
func = bpf.load_func("counter", BPF.SCHED_CLS)
counter = bpf.get_table("cnt")
ret = libbcc.lib.bpf_obj_pin(counter.map_fd, ctypes.c_char_p(path.encode('utf-8')))
if ret != 0:
    raise Exception("Failed to pinning object")
ip = pyroute2.IPRoute()
ipdb = pyroute2.IPDB(nl=ip)
idx = ipdb.interfaces[device].index
ip.tc("add", "clsact", idx)
ip.tc("add-filter", "bpf", idx, ":1", fd=func.fd, name=func.name, parent="ffff:fff2",
classid=1, direct_action=True)
while True:
    try:
        print(counter[0].value)
        time.sleep(1)
    except KeyboardInterrupt:
```

```
        print("Removing filter from device")
        break
ip.tc("del", "clsact", idx)
ipdb.release()
```

위 프로그램은 커널 영역에서 맵에 데이터를 작성하고 사용자 영역에서 이를 /sys/fs/bpf/counter에 피닝합니다. 이후 주기적으로 맵을 덤프합니다. C 프로그램에서 array 타입의 맵을 만들고, 0번 인덱스로 long 타입의 value를 쓰고 있다는 점을 염두에 둡니다.

실행하기에 앞서 동작을 확인하기 위해 먼저 lo 인터페이스로 HTTP 요청을 생성해 놓겠습니다.

```
$ while true; do curl localhost:1234; sleep 1; done
curl: (7) Failed to connect to localhost port 1234: Connection refused
...
```

이후 프로그램을 실행하면 다음과 같이 패킷 카운터가 증가하는 것을 볼 수 있습니다.

```
$ ./obj_pin_writer.py
0
37
38
39
70
...
```

피닝된 오브젝트는 BPF 파일 시스템에서 확인할 수 있습니다.

```
$ ls  -l /sys/fs/bpf/counter
-rw-------. 1 root root 0 Apr  8 14:23 /sys/fs/bpf/counter
```

이를 사용하는 별도 프로그램도 작성하겠습니다.

예제 7.44 피닝된 오브젝트를 확인하는 프로그램: obj_pin_reader.py

```
#!/usr/bin/env python
from bcc import BPF
import ctypes
import time
```

```
code="""
BPF_TABLE_PINNED("hash", u32, long, cnt, 1, "/sys/fs/bpf/counter");
"""
bpf = BPF(text=code)
counter = bpf.get_table("cnt")
while True:
  try:
      print(counter[ctypes.c_int(0)].value)
      time.sleep(1)
  except KeyboardInterrupt:
      break
```

C 프로그램 영역에는 별다른 핸들러 없이 `BPF_TABLE_PINNED`로 맵만 정의했습니다. 앞서 obj_pin_writer.py에서 사용한 것과 같은 경로를 사용합니다. 동일한 자료형을 쓰고 있다는 점을 주목해 주세요. obj_pin_writer.py와 같은 요령으로 bpf.get_table()로 맵을 가져와 출력합니다.

reader 프로그램을 실행해 보겠습니다.

```
$ ./obj_pin_reader.py
253
```

성공적으로 데이터를 읽었습니다. 이렇게 오브젝트 피닝을 활용하면 독립된 프로그램 사이에서 BPF 메모리를 공유할 수 있습니다.

7.11 테일 콜

일반적으로 BPF 프로그램은 이벤트에 의해 실행되지만 테일 콜을 이용하면 이벤트가 아닌 다른 프로그램에 의해 실행될 수 있습니다. 이렇게 BPF에서 테일 콜은 하나의 BPF 프로그램에서 다른 BPF 프로그램을 호출하는 것을 뜻합니다.

BCC에서 테일 콜은 `BPF_PROG_ARRAY` 맵을 통해 이뤄집니다. 정의된 맵에서 call() 함수를 통해 테일 콜을 처리할 수 있습니다. 이때 호출되는 프로그램은 호출자인 프로그램과 같은 유형의 프로그램이어야 합니다. 간단한 사용법을 보겠습니다.

예제 7.45 간단한 테일 콜 예제: tailcall.c

```c
BPF_PROG_ARRAY(prog_array, 10);
int callee(void *ctx) {
    bpf_trace_printk("Callee\n");
    return 0;
}
int caller(void *ctx) {
    bpf_trace_printk("Caller\n");
    prog_array.call(ctx, 2);
    return 0;
}
```

위의 tailcall.c에는 caller와 callee라는 2개의 BPF 프로그램을 담고 있습니다. caller에서는 prog_array.call(ctx, 2)를 통해 prog_array의 2번 인덱스에 존재하는 프로그램을 호출합니다.

예제 7.46 간단한 테일 콜 예제: tailcall.py

```python
b = BPF(src_file="tailcall.c")
tail_fn = b.load_func("callee", BPF.KPROBE)
prog_array = b.get_table("prog_array")
prog_array[c_int(2)] = c_int(tail_fn.fd)
b.attach_kprobe(event="some_kprobe_event", fn_name="caller")
b.trace_print()
```

사용자 영역에서 prog_array의 2번 인덱스로 callee를 저장했습니다. 이제 caller가 호출될 때마다 callee가 호출될 것입니다. 무한 루프를 방지하기 위해 테일 콜은 최대 32번 중첩 가능하며, MAX_TAIL_CALL_CNT로 커널 내 [14]에 정의되어 있습니다.

호출된 프로그램은 호출자와 동일한 스택 프레임을 갖습니다. 호출된 프로그램이 종료되어도 다시 호출한 프로그램으로 돌아가지 않습니다. 이런 점에서 테일콜은 일반적인 함수 호출과 구분됩니다.

이번에는 다른 예제를 살펴보겠습니다.

---

14 https://github.com/torvalds/linux/blob/v5.8/include/linux/bpf.h#L834

예제 7.47 XDP 테일 콜: xdp_tailcall.py

```python
import ctypes as ct
from bcc import BPF
code = """
BPF_TABLE("prog", int, int, jmp_table, 8);
BPF_PERF_OUTPUT(events);
struct data_t {
  u64 timestamp;
  char msg[128];
};
int xdp_pass( struct xdp_md *ctx)
{
  jmp_table.call(ctx, 0 );
  struct data_t d = {
    .timestamp = bpf_ktime_get_ns(),
    .msg = "Passed!\\0",
  };
  events.perf_submit(ctx, &d, sizeof (d));
  return XDP_PASS;
}
int xdp_drop( struct xdp_md *ctx)
{
  struct data_t d = {
    .timestamp = bpf_ktime_get_ns(),
    .msg = "Dropped!\\0",
  };
  events.perf_submit(ctx, &d, sizeof (d));
  return XDP_DROP;
}
"""
class Event(ct.Structure):
  _fields_ = [
    ("timestamp", ct.c_uint64),
    ("msg", ct.c_char * 128),
  ]
def print_event(cpu, data, size):
  event = ct.cast(data, ct.POINTER(Event)).contents
  print(event.timestamp, event.msg)
```

```
bpf = BPF(text=code)
events = bpf["events"]
events.open_perf_buffer(print_event)
xdp_pass = bpf.load_func("xdp_pass", BPF.XDP)
xdp_drop = bpf.load_func("xdp_drop", BPF.XDP)
bpf.attach_xdp("lo", xdp_pass, 0)
```

C 언어 영역에 아래 2개의 프로그램을 뒀습니다.

- xdp_pass

- xdp_drop

각 프로그램은 XDP에 바인딩될 것이며, 각각 패킷을 그냥 넘기거나 드롭시키는 역할을 합니다.
bpf.attach_xdp("lo", xdp_pass, 0)을 통해 xdp_pass 프로그램을 lo 네트워크 인터페이스에 바인
딩했습니다. xdp_pass 내에서는 jmp_table.call(ctx, 0)을 통해 다른 BPF 프로그램을 호출합니다.
동작을 확인하기 위해 먼저 lo 인터페이스로 HTTP 요청을 생성해 놓겠습니다.

예제 7.48 더미 요청 생성

```
$ while true; do curl localhost:1234; sleep 1; done
curl: (7) Failed to connect to localhost port 1234: Connection refused
...
```

1234 포트로 따로 뭔가 하고 있지 않는 이상 위와 같이 "Connection refused" 메시지가 반복
해서 나타날 것입니다. 그대로 두고 다른 터미널을 열어 다음과 같이 인터렉티브 셸을 엽니다.
bpf.perf_buffer_poll()을 통해 perf 이벤트를 확인하면 정상적으로 패킷이 xdp_pass 프로그램을
거치고 있음을 확인할 수 있습니다.

예제 7.49 인터랙티브 셸로 xdp_tailcall.py 실행

```
$ python -i ./xdp_tailcall.py
>>> bpf.perf_buffer_poll()
1169730279834905 b'Packet passed!!!'
1169730279855199 b'Packet passed!!!'
1169731293013166 b'Packet passed!!!'
1169731293032518 b'Packet passed!!!'
...
```

위에서는 아직 jmp_table이 어떠한 프로그램도 담고 있지 않습니다. 여기에 xdp_drop을 다음과 같이 담아주겠습니다. 이후 bpf.perf_buffer_poll()을 실행하면 패킷이 드롭되는 것을 확인할 수 있습니다. 앞서 더미 요청을 주던 터미널에서도 "Connection refused" 메시지를 받을 수 없을 것입니다.

예제 7.50 jmp_table에 xdp_drop 등록

```
>>> jmp_table = bpf["jmp_table"]
>>> jmp_table[0] = xdp_drop.fd
>>> bpf.perf_buffer_poll()
1169768864164996 b'Packet Dropped!!!'
1169769867613025 b'Packet Dropped!!!'
1169771883618781 b'Packet Dropped!!!'
...
```

다시 jmp_table에 담겨 있던 xdp_drop을 제거하고 반복하면 패킷이 다시 정상적으로 전달되고 "Connection refused" 메시지도 다시 나타나는 것을 확인할 수 있습니다.

예제 7.51 jmp_table에서 xdp_drop 제거

```
>>> del jmp_table[0]
>>> bpf.perf_buffer_poll()
1169800459598268 b'Packet passed!!!'
1169800459635272 b'Packet passed!!!'
...
```

이처럼 테일 콜을 활용하면 좀 더 유연한 BPF 프로그램을 작성할 수 있습니다!

bpftool과 BTF

BPF 프로그램은 커널 영역에서 동작합니다. 현재 시스템에서 동작하는 BPF 프로그램은 어떻게 확인해야 할까요?

이번 장에서는 BPF 프로그램에 대한 전반적인 정보를 확인하고 제어할 수 있는 도구인 bpftool 을 소개하겠습니다. 앞서 몇 차례 언급한 BTF 포맷의 데이터도 bpftool을 통해 접근할 수 있습니다. 함께 보면서 BTF에 대해 이해해 보겠습니다.

8.1 BPF tool

bpftool은 시스템 상의 BPF 관련 전반적인 정보를 확인할 수 있는 도구입니다. 프로그램에서 사용하는 맵을 살펴볼 수 있고 시스템에서 사용 가능한 BPF 관련 설정도 확인할 수 있습니다.

먼저 현재 시스템의 BPF 관련 설정 확인은 다음과 같이 할 수 있습니다.

```
$ bpftool feature
Scanning system configuration...
bpf() syscall for unprivileged users is enabled
JIT compiler is enabled
JIT compiler hardening is disabled
```

```
JIT compiler kallsyms exports are disabled
Global memory limit for JIT compiler for unprivileged users is 398458880 bytes
CONFIG_BPF is set to y
CONFIG_BPF_SYSCALL is set to y
CONFIG_HAVE_EBPF_JIT is set to y
CONFIG_BPF_JIT is set to y
...
Scanning eBPF program types...
eBPF program_type socket_filter is available
eBPF program_type kprobe is available
eBPF program_type sched_cls is available
...
Scanning eBPF map types...
eBPF map_type hash is available
eBPF map_type array is available
eBPF map_type prog_array is available
...
Scanning eBPF helper functions...
eBPF helpers supported for program type socket_filter:
        - bpf_map_lookup_elem
        - bpf_map_update_elem
...
```

JIT 컴파일 여부나 커널 내 BPF 관련 설정 현황을 볼 수 있습니다. 지원되는 맵과 헬퍼 함수도 표시됩니다.

bpftool prog 명령을 통해 현재 시스템에서 실행 중인 BPF 프로그램을 확인할 수 있습니다. 다음 예제를 보겠습니다. 먼저 가장 왼쪽의 3은 이 프로그램의 ID입니다. sys_enter 트레이스포인트에 바인딩된 프로그램이 확인됩니다.

```
$ bpftool prog
3: tracepoint  name sys_enter  tag b3b38339b16f56d9  gpl
        loaded_at 2020-08-05T09:29:17+0900  uid 0
        xlated 232B  jited 144B  memlock 4096B  map_ids 4
```

다음과 같이 JSON 포맷으로도 출력 가능합니다. jq를 사용해 JSON 포맷으로 출력했습니다.

```
$ bpftool prog show --json id 3 | jq
{
  "id": 3,
  "type": "tracepoint",
  "name": "sys_enter",
  "tag": "b3b38339b16f56d9",
  "gpl_compatible": true,
  "loaded_at": 1596587357,
  "uid": 0,
  "bytes_xlated": 232,
  "jited": true,
  "bytes_jited": 144,
  "bytes_memlock": 4096,
  "map_ids": [
    4
  ]
}
```

JSON 포맷에 jq를 함께 쓰면 다음과 같이 관심 필드만 효율적으로 파싱해서 볼 수 있습니다.

```
$ bpftool prog show --json id 3 | jq -c '[.id, .type, .loaded_at]'
[3,"tracepoint",1596587357]
```

bpf tool prog dump를 사용하면 프로그램의 BPF 바이트코드를 확인할 수 있습니다.

```
$ bpftool prog dump  xlated id 3
  0: (b7) r1 = 0
  1: (7b) *(u64 *)(r10 -16) = r1
  2: (7b) *(u64 *)(r10 -24) = r1
  3: (bf) r6 = r10
  4: (07) r6 += -24
  5: (bf) r1 = r6
  6: (b7) r2 = 16
  7: (85) call bpf_get_current_comm#68768
  8: (18) r1 = map[id:4]
 10: (bf) r2 = r6
 11: (85) call __htab_map_lookup_elem#73984
 12: (15) if r0 == 0x0 goto pc+1
```

```
13: (07) r0 += 64
14: (b7) r1 = 1
15: (15) if r0 == 0x0 goto pc+2
16: (79) r1 = *(u64 *)(r0 +0)
17: (07) r1 += 1
18: (7b) *(u64 *)(r10 -8) = r1
19: (18) r1 = map[id:4]
21: (bf) r2 = r10
22: (07) r2 += -24
23: (bf) r3 = r10
24: (07) r3 += -8
25: (b7) r4 = 0
26: (85) call htab_map_update_elem#77024
27: (b7) r0 = 0
28: (95) exit
```

JIT 컴파일된 내용은 xlated 대신 jited를 입력합니다. x86_64 어셈블리를 확인할 수 있습니다.

```
$ bpftool prog dump  jited id 3
  0:   push   %rbp
  1:   mov    %rsp,%rbp
  4:   sub    $0x18,%rsp
  b:   push   %rbx
  c:   push   %r13
  e:   push   %r14
...
```

visual 옵션을 사용하면 PNG 파일로 덤프합니다.

```
$ bpftool prog dump xlated id 3 visual &> output.out
$ dot -Tpng output.out -o visual.png
```

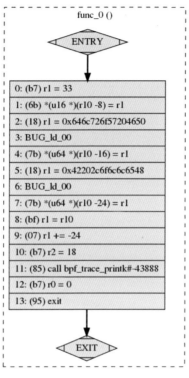

func_0 ()

ENTRY

```
0: (b7) r1 = 33
1: (6b) *(u16 *)(r10 -8) = r1
2: (18) r1 = 0x646c726f57204650
3: BUG_ld_00
4: (7b) *(u64 *)(r10 -16) = r1
5: (18) r1 = 0x42202c6f6c6c6548
6: BUG_ld_00
7: (7b) *(u64 *)(r10 -24) = r1
8: (bf) r1 = r10
9: (07) r1 += -24
10: (b7) r2 = 18
11: (85) call bpf_trace_printk#-43888
12: (b7) r0 = 0
13: (95) exit
```

EXIT

그림 8.1 비주얼 덤프

커널 5.1 이상의 시스템에서는 BPF stat이 활성화되어 있으면 프로그램이 동작한 시간이나 몇 번 호출되었는지 등의 정보를 표시할 수 있습니다. 시스템 성능에 영향을 줄 수 있어 기본적으로 비활성화되어 있는데, 다음과 같이 활성화할 수 있습니다.

```
$ sysctl -w kernel.bpf_stats_enabled=1
```

앞서 본 것과 달리 실행 횟수와 동작 시간을 표시합니다.

```
$ bpftool prog
...
229: kprobe  name trace_return  tag abfedad7793b19a4  gpl run_time_ns 1264193 run_cnt
542
        loaded_at 2020-10-22T13:19:58+0000  uid 0
        xlated 696B  jited 489B  memlock 4096B  map_ids 145,144
        btf_id 66
...
```

BTF를 활용해 BPF 프로그램에서 사용하는 맵을 확인할 수도 있습니다. 다음 예를 보겠습니다.

```
$ bpftool map show
160: hash  flags 0x0
        key 16B  value 8B  max_entries 4096  memlock 364544B
161: perf_event_array  name printf  flags 0x0
        key 4B  value 4B  max_entries 40  memlock 4096B
```

해시 맵이 존재하는 것을 알 수 있습니다. 맵도 덤프할 수 있습니다.

```
$ bpftool map dump id 160 | head
key: 44 43 56 00 00 00 00 00  00 00 00 00 00 00 00 00  value: c8 00 00 00 00 00 00 00
key: 73 65 64 00 00 00 00 00  00 00 00 00 00 00 00 00  value: 73 d4 01 00 00 00 00 00
key: 62 70 66 74 6f 6f 6c 00  00 00 00 00 00 00 00 00  value: 40 04 00 00 00 00 00 00
key: 72 6f 74 61 74 65 5f 6c  6f 67 2e 73 68 00 00 00  value: bc 00 00 00 00 00 00 00
key: 64 66 00 00 00 00 00 00  00 00 00 00 00 00 00 00  value: 66 00 00 00 00 00 00 00
key: 64 6f 63 6b 65 72 2d 69  6e 69 74 00 00 00 00 00  value: 84 00 00 00 00 00 00 00
```

맵 구조에 맞게 각 키와 값을 확인할 수 있습니다. 해당 해시 맵의 특정 키 값을 가져오거나 업데이트할 수도 있습니다.

```
$ bpftool map lookup id 160 key 0x72 0x6f 0x74 0x61 0x7
4 0x65 0x5f 0x6c 0x6f 0x67 0x2e 0x73 0x68 0x00 0x00 0x00
key: 72 6f 74 61 74 65 5f 6c 6f 67 2e 73 68 00 00 00  value: bc 00 00 00 00 00 00 00
```

업데이트는 map update 명령을 사용합니다.

```
$ bpftool map update id 160 key 0x72 0x6f 0x74 0x61 0x74 0x65 0x5f 0x6c 0x6f 0x67 0x2e
0x73 0x68 0x00 0x00 0x00 value 0xff 0x00 0x00 0x00 0x00 0x00 0x00 0x00
```

내부에서 정의된 구조체의 경우 BTF 포맷으로 확인 가능합니다. 예를 들어, 다음과 같은 구조체가 있다고 합시다.[1]

---

[1] https://www.kernel.org/doc/html/latest/bpf/btf.html

예제 8.1 구조체 예시

```
enum A { A1, A2, A3, A4, A5 };
typedef enum A ___A;
struct tmp_t {
    char a1:4;
    int  a2:4;
    int  :4;
    __u32 a3:4;
    int b;
    ___A b1:4;
    enum A b2:4;
};
struct bpf_map_def SEC("maps") tmpmap = {
    .type = BPF_MAP_TYPE_ARRAY,
    .key_size = sizeof(__u32),
    .value_size = sizeof(struct tmp_t),
    .max_entries = 1,
};
BPF_ANNOTATE_KV_PAIR(tmpmap, int, struct tmp_t);
```

이 코드를 bpftool에서 확인하면 다음과 같이 출력할 수 있습니다.

```
[{
    "key": 0,
    "value": {
        "a1": 0x2,
        "a2": 0x4,
        "a3": 0x6,
        "b": 7,
        "b1": 0x8,
        "b2": 0xa
    }
}
]
```

위 내용은 구조체를 담는 맵을 기술한 것입니다.

8.2 BTF

앞서 언급한 BTF에 대해 좀 더 알아보겠습니다. BTF는 솔라리스 시스템의 CTF에서 영향을 받은 포맷으로, 프로그램이나 데이터를 기술하는 데 사용될 수 있습니다. BPF와 관련된 자료를 찾다 보면 자주 언급되는데, 여기서는 실습을 통해 BTF가 어떤 것인지 알아봅니다. 다음 프로그램을 예시로 따라가 보겠습니다.

예제 8.2 구조체 예시

```
struct A {
    char b;
    int  a;
};
int test(struct A *t)
{
    return t->a;
}
```

먼저 이 프로그램을 컴파일합니다. ELF 바이너리가 만들어졌고 debuginfo가 포함된 것을 알 수 있습니다.

```
$ gcc -g -c btf.c
$ file btf.o
btf.o: ELF 64-bit LSB relocatable, x86-64, version 1 (SYSV), with debug_info, not
stripped
```

readelf를 활용하면 바이너리 내 특정 섹션을 출력할 수 있습니다. 디버깅 관련 섹션의 사이즈를 확인해 보세요.

```
$ readelf -SW btf.o | grep \.debug
 [Nr] Name                    Type      Addr Off Size
 [ 4] .debug_info             PROGBITS  0000 051 94
 [ 5] .rela.debug_info        RELA      0000 408 d8
 [ 6] .debug_abbrev           PROGBITS  0000 0e5 84
 [ 7] .debug_aranges          PROGBITS  0000 169 30
 [ 8] .rela.debug_aranges     RELA      0000 4e0 30
```

```
[ 9] .debug_line        PROGBITS 0000 199  40
[10] .rela.debug_line   RELA     0000 510  18
[11] .debug_str         PROGBITS 0000 1d9  69
```

이번에는 pahole을 사용해 디버깅 정보를 살펴보겠습니다.

```
$ pahole btf.o
struct A {
    char                    b;      /* 0  1 */
    /* XXX 3 bytes hole, try to pack */
    int                     a;      /* 4  4 */
    /* size: 8, cachelines: 1, members: 2 */
    /* sum members: 5, holes: 1, sum holes: 3 */
    /* last cacheline: 8 bytes */
};
```

pahole로 다음과 같이 DWARF로 된 debuginfo를 BTF로 변환할 수 있습니다.

```
$ pahole -JV btf.o
File btf.o:
[1] STRUCT A kind_flag=0 size=8 vlen=2
    b type_id=2 bits_offset=0
    a type_id=3 bits_offset=32
[2] INT char size=1 bit_offset=0 nr_bits=8 encoding=(none)
[3] INT int size=4 bit_offset=0 nr_bits=32 encoding=SIGNED
[4] PTR (anon) type_id=1
```

이제 이 바이너리를 대상으로 readelf로 BTF 섹션을 살펴볼 수 있습니다. 앞에서 본 debuginfo와 비교해서 훨씬 적은 사이즈를 사용하고 있음을 알 수 있습니다.

```
$ readelf -SW btf.o | grep \.BTF
 [Nr] Name    Type      Addr Off Size
 [19] .BTF    PROGBITS 0000 619  7f
```

LLVM의 경우 자체적으로 BTF를 지원합니다. pahole 없이 디버깅 정보가 바로 BTF로 저장됩니다. clang으로 컴파일해서 다시 보면 BTF 섹션을 확인할 수 있습니다.

```
$ clang -target bpf -g -c btf.c
$ file btf.o
btf.o: ELF 64-bit LSB relocatable, eBPF, version 1 (SYSV), with debug_info, not stripped
$ readelf -SW btf.o | grep \.BTF
 [Nr] Name              Type      Addr Off Size
 [ 8] .BTF              PROGBITS 0000 23d  dd
 [ 9] .BTF.ext          PROGBITS 0000 31a  68
 [10] .rel.BTF.ext  REL          0000 670  40
```

BTF를 디코딩해서 원본 코드를 생성할 수도 있습니다. pahole이 다시 사용됩니다.

```
$ pahole -F btf btf.o
struct A {
    char                    b;          /*      0     1 */
    /* XXX 3 bytes hole, try to pack */
    int                     a;          /*      4     4 */
    /* size: 8, cachelines: 1, members: 2 */
    /* sum members: 5, holes: 1, sum holes: 3 */
    /* last cacheline: 8 bytes */
};
```

커널이 CONFIG_DEBUG_INFO_BTF=y 옵션으로 빌드된 경우 커널의 디버그 정보가 BTF 형태로 생성됩니다. BPF 프로그램에서는 따로 커널 헤더 없이 이를 활용할 수 있습니다. bpftool로 커널 BTF로부터 헤더 정보를 생성해서 이를 확인할 수 있습니다.

```
$  bpftool btf dump file /sys/kernel/btf/vmlinux format c > vmlinux.h
$ cat vmlinu.xh
head -n 10 vmlinux.h
#ifndef __VMLINUX_H__
#define __VMLINUX_H__

#ifndef BPF_NO_PRESERVE_ACCESS_INDEX
#pragma clang attribute push (__attribute__((preserve_access_index)), apply_to = record)
#endif
```

```
typedef signed char __s8;

typedef unsigned char __u8;
...
```

아직은 BPF에서 사용자 영역에 대해서는 BTF를 사용하지 않습니다. 향후 커널 외 BTF를 지원하게 되면 더 다양하게 이를 이용할 수 있을 것입니다.

09장

시스템과 애플리케이션

이번 장부터 다양한 대상을 두고 성능 분석을 실습해 보겠습니다. 우선 시스템 리소스를 중심으로 살펴보고 이후 개발 언어별로 트레이싱하는 방법을 소개하겠습니다. 트레이싱 도구에서는 많은 정보를 보여주지만 이를 토대로 의미를 도출하려면 분석 대상인 시스템이나 애플리케이션에 대한 사전 지식이 필요합니다. 먼저 이번 장에서 참고할 만한 배경 지식을 함께 소개하겠습니다.

이번 장에서는 BCC와 bpftrace에서 제공하는 도구를 활용할 예정입니다. 대체로 BCC에서 bpftrace보다 다양한 도구를 제공합니다. 일부 도구는 그 쓰임새와 이름까지 동일한데, 이 경우 BCC의 도구를 우선적으로 사용하겠습니다. 궁금한 분들은 직접 이름이 같은 bpftrace의 도구와 비교해 보는 것도 좋습니다. bpftrace의 간결함을 더욱 잘 이해할 수 있을 것입니다.

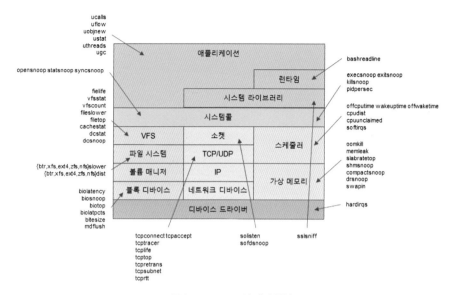

그림 9.1 BCC tools와 해당 영역

BCC/bpftrace의 도구들은 있는 그대로 사용해도 괜찮지만 필요에 따라 분석 대상에 맞게 수정해서 사용하는 것을 권장합니다. 일부 도구에 대해서는 내부 구조도 함께 살펴보겠습니다.

9.1 시스템

어떤 서비스나 프로그램을 트레이싱할 때 가장 기본이 되는 내용은 시스템 리소스에 대한 내용일 것입니다. 이번 절에서는 다음 5가지 시스템 스택에 대해 리눅스 시스템상의 구조와 그에 대응하는 BPF 도구를 알아보겠습니다.

- CPU
- 메모리
- 파일 시스템
- 블록 I/O
- 네트워크

9.1.1 CPU

먼저 CPU 관련 리소스를 보겠습니다. 스레드는 커널에 의해 스케줄되어 CPU를 사용합니다. 다음 그림은 리눅스 상에서 스레드의 상태와 그에 따른 CPU 스케줄러의 동작을 도식화한 것입니다.

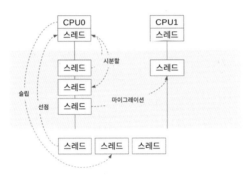

그림 9.2 CPU 스케줄러 동작

이 그림에서 스레드는 기본적으로 3가지 상태를 갖습니다.

- Running
- Runnable
- Sleep

Running 상태는 CPU에서 해당 스레드가 처리되는 상태를 뜻합니다. Runnable은 실행되기를 아직 대기하는 상태이며, Sleep은 블록된 상태입니다. Runnable 상태인 스레드는 CPU마다 존재하는 대기열에서 우선순위 순으로 대기합니다. CPU 상의 스레드는 다양한 이유로 다시 CPU를 떠날 수 있습니다. 특정 CPU의 대기열에서 대기 중인 스레드도 다른 대기열로 이동하기도 합니다.

CPU에서 처리되는 스레드가 바뀌는 것을 컨텍스트 스위칭이라고 합니다. 스레드가 의도적으로 CPU를 떠나는 경우와 그렇지 않은 경우에 따라 다음 두 종류로 나뉩니다.

- Voluntary Context Switch
- Involuntary Context Switch

예를 들어, I/O를 기다리거나 하는 경우에는 Voluntary Context Switch가 되며, 스레드가 사용할 수 있는 CPU 타임 슬라이스가 만료되어 떠나는 경우에는 Involuntary Context Switch가 됩니다.

일반적으로 시스템에는 여러 개의 CPU 캐시가 존재합니다. 다음 그림을 봅시다.

그림 9.3 CPU 캐시의 구조

3개 레벨의 캐시가 보이는데, 보통 레벨1, 레벨2 캐시는 CPU 코어마다 존재하고, 레벨3 캐시는 공유됩니다. 메모리 페이지를 관리하는 MMU 모듈도 내부적으로 캐시를 가지고 있습니다. 한 CPU에서 동작 중인 스레드는 가능한 한 같은 CPU를 계속 쓰게 해서(CPU Affinity) 캐시를 효율적으로 쓸 수 있게 합니다. NUMA(Non Uniform Memory Access) 시스템에서는 메모리는 접근 속도에 따라 여러 노드로 구분되는데, 마찬가지로 하나의 스레드에서 가능한 한 동일한 노드를 사용해 효율적으로 메모리를 참조하게 합니다.

인터럽트는 CPU에서 처리하는 특별한 이벤트입니다. 다음과 같이 2가지로 구분됩니다.

- 하드 인터럽트(Hard Interrupt)
- 소프트 인터럽트(Soft Interrupt)

하드 인터럽트는 디스크나 키보드와 같은 외부 장치로부터 요청되며 비동기적으로 처리됩니다. 소프트 인터럽트는 실행 중인 프로세스로부터 발생하고 동기적으로 처리됩니다. 소프트 인터럽트는 다시 다음 3가지 범주로 나눌 수 있습니다.

- 트랩(Trap)
- 익셉션(Exception)
- 폴트(Fault)

여기까지 시스템에서 CPU와 관련된 주요 관심 영역을 살펴봤습니다. 이제 BPF로 이 영역을 어떻게 살펴볼 수 있을지 알아보겠습니다.

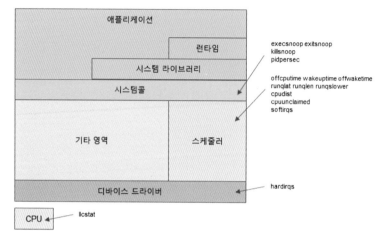

그림 9.4 CPU 관련 BCC tools

위 그림은 앞에서 본 BCC 프로젝트의 tools 중 CPU 영역과 관련된 도구입니다.

표 9.1 CPU 관련 BCC/bpftrace tools

대상	BCC tools	bpftrace tools
스케줄러	execsnoop	
	exitsnoop	
	runqlat	execsnoop
	runqlen	runqlat
	runqslower	runqlen
	offcputime	loads
	wakeuptime	naptime
	offwakeuptime	killsnoop
	pidpersec	pidpersec
	killsnoop	
CPU	cpudist	
	profile	cpuwalk
	cpuunclaimed	

대상	BCC tools		bpftrace tools
인터럽트	softirqs		N/A
	hardirqs		
PMC	llcstat		N/A
시스템 콜	syscount		
	argdist		syscount
	funccount		setuids
	trace		

각 도구에 대해 살펴보겠습니다. bpftrace tools의 경우 대부분 BCC tools와 내용이 겹칩니다. 이 책에서는 BCC tools 위주로 보겠습니다. 앞서 BCC tools를 설명할 때 소개했던 다음 도구들은 여기서는 생략합니다.

- profile
- syscount
- argdist
- funccount
- trace

execsnoop/exitsnoop

execsnoop은 프로세스의 생성 시점을, exitsnoop은 프로세스 소멸 시점에 로그를 남깁니다. BCC tools의 이름들을 보면 비슷한 패턴이 자주 보입니다. 이 가운데 이름이 'snoop'으로 끝나는 도구들은 특정 이벤트가 발생할 때마다 바로바로 해당하는 이벤트와 관련된 정보를 출력합니다.

execsnoop은 execve 시스템 콜의 kprobe와 kretprobe에 바인딩됩니다. execsnoop을 실행하고 다른 터미널을 띄워 ps를 실행해 봅시다.

```
$ ./execsnoop.py -q -u keyolk
PCOMM            PID    PPID   RET ARGS
fish             522639 2132     0 "/usr/bin/fish"
git              525661 522639   0 "/usr/bin/git" "--git-dir=/home/keyolk/.config.repo/"
"--work-tree=/home/keyolk" "config" "status.showUntrackedFiles" "no"
```

```
...
ps              526238 522639   0 "/usr/bin/ps"
id              526240 522639   0 "/usr/bin/id" "-un" "keyolk"
hostname        526242 522639   0 "/usr/bin/hostname" "-s"
sed             526244 522639   0 "/usr/bin/sed" "s¦^/home/keyolk\(.*\)$¦~\1¦"
git             526246 522639   0 "/usr/bin/git" "rev-parse" "--git-dir"
git             526249 522639   0 "/usr/bin/git" "symbolic-ref" "--short" "HEAD"
git             526251 522639   0 "/usr/bin/git" "describe" "--tags" "--exact-match"
    "HEAD"
git             526252 522639   0 "/usr/bin/git" "rev-parse" "--git-dir"
git             526253 522639   0 "/usr/bin/git" "diff" "--cached" "--no-ext-diff"
    "--quiet" "--exit-code"
git             526254 522639   0 "/usr/bin/git" "rev-parse" "--git-dir"
git             526255 522639   0 "/usr/bin/git" "diff" "--no-ext-diff" "--quiet"
    "--exit-code"
git             526256 522639   0 "/usr/bin/git" "rev-parse" "--abbrev-ref" "@{u}"
awk             526258 522639   0 "/usr/bin/awk" "/^[0-9]+\t/ { print status = $1 } END
    { exit !status }"
date            526261 522639   0 "/usr/bin/date" "+%H:%M"
```

생각보다 많은 프로세스가 실행되었습니다. -q 옵션은 프로세스의 인자 각각을 " "로 묶는 효과
를 줍니다. 인자로 공백 문자가 들어가는 경우 다소 혼란스러울 수 있는데, 이를 완화합니다. -u
옵션으로 특정 사용자 프로세스만 보여주게 했습니다.

exitsnoop은 sched/sched_process_exit 트레이스포인트에 바인딩됩니다. 프로세스가 종료될 때마
다 관련 정보를 출력합니다. 이번에도 새로운 터미널에서 ps 커맨드를 실행해보면 다음과 같이
터미널 및 셸 환경과 관련된 프로세스들이 소멸되는 흔적을 따라갈 수 있습니다.

```
$ ./exitsnoop.py
PCOMM           PID    PPID   TID    AGE(s)  EXIT_CODE
tmux: client    532080 532079 532080 0.00    0
grep            532081 532079 532081 0.00    code 1
sh              532079 532078 532079 0.00    code 1
tmux: client    532082 532078 532082 0.00    0
sh              532078 2132   532078 0.01    0
...
ps              532087 518888 532087 0.01    0
...
```

다음은 runq와 관련된 도구입니다.

runqlat/runqlen/runqslower

runqlat은 스케줄러의 태스크들이 작업 큐에서 얼마나 오래 대기했는지에 대한 분포를 보여줍니다. 이처럼 이름이 'lat'으로 끝나는 도구들은 특정 실행 시간 동안 별다른 출력 없이 데이터를 모으고 Ctrl + C로 종료시키면 관련 통계를 히스토그램으로 나타냅니다.

다음 예제를 보면 대기시간의 양극화가 나타난 것을 볼 수 있습니다. 대부분 15usec 이하만 대기했지만 800개가 넘는 태스크가 꽤 많은 시간 큐에서 대기한 것을 알 수 있습니다.

```
$ ./runqlat.py
Tracing run queue latency... Hit Ctrl-C to end.
^C
    usecs               : count    distribution
        0 -> 1          : 233      |***********                             |
        2 -> 3          : 742      |*********************************       |
        4 -> 7          : 203      |**********                              |
        8 -> 15         : 173      |********                                |
       16 -> 31         : 24       |*                                       |
       32 -> 63         : 0        |                                        |
       64 -> 127        : 30       |*                                       |
      128 -> 255        : 6        |                                        |
      256 -> 511        : 3        |                                        |
      512 -> 1023       : 5        |                                        |
     1024 -> 2047       : 27       |*                                       |
     2048 -> 4095       : 30       |*                                       |
     4096 -> 8191       : 20       |                                        |
     8192 -> 16383      : 29       |*                                       |
    16384 -> 32767      : 809      |****************************************|
    32768 -> 65535      : 64       |***                                     |
```

다음은 runqlen입니다. 앞에서 본 runqlat이 태스크 입장에서 대기시간을 나타냈다면 runqlen은 큐 입장에서 큐에 대기 중인 태스크가 얼마나 많은지를 나타냅니다. 다음을 보면 대부분의 시간 동안은 큐가 비어 있지만 가끔 태스크가 5개 정도까지 쌓인 적이 있음을 알 수 있습니다.

```
$ ./runqlen.py
Sampling run queue length... Hit Ctrl-C to end.
^C
    runqlen       : count     distribution
       0          : 1068      |****************************************|
       1          : 642       |************************                |
       2          : 369       |*************                           |
       3          : 183       |******                                  |
       4          : 104       |***                                     |
       5          : 42        |*                                       |
       6          : 13        |                                        |
       7          : 2         |                                        |
       8          : 1         |                                        |
```

-C 옵션을 사용하면 개별 CPU 큐의 상태를 볼 수 있습니다. 다음은 여기에 -T 옵션으로 1초 단위로 출력하게 했고, -O 옵션을 통해 대기 중인 태스크 개수 대신 큐의 포화도를 나타내게 했습니다.

```
$ ./runqlen.py -COT 1
Sampling run queue length... Hit Ctrl-C to end.
19:55:03
runqocc, CPU 0    32.32%
runqocc, CPU 1    26.26%
runqocc, CPU 2    38.38%
runqocc, CPU 3    100.00%
runqocc, CPU 4    26.26%
runqocc, CPU 5    32.32%
runqocc, CPU 6    39.39%
runqocc, CPU 7    46.46%
19:55:04
runqocc, CPU 0    35.00%
runqocc, CPU 1    32.32%
runqocc, CPU 2    37.00%
runqocc, CPU 3    100.00%
runqocc, CPU 4    43.43%
runqocc, CPU 5    31.31%
runqocc, CPU 6    28.00%
runqocc, CPU 7    31.31%
```

앞에서 본 두 개의 도구는 스케줄러와 태스크 입장에서 작업 대기 상태에 대한 분포를 확인할 수 있지만, 구체적으로 어떤 프로세스나 작업이 문제가 되는지 파악하기는 힘듭니다. runqslower는 일정 시간 이상 큐에서 대기한 프로세스를 확인할 수 있습니다. 앞선 두 개의 도구와 다르게 실행 중에 실시간으로 값이 출력됩니다.

```
$ ./runqslower.py
Tracing run queue latency higher than 10000 us.
TIME      COMM          TID         LAT(us)
04:16:32 cc1           12924         12739
04:16:32 sh            13640         12118
04:16:32 make          13639         12730
04:16:32 bash          13655         12047
04:16:32 bash          13657         12744
04:16:32 bash          13656         12880
04:16:32 sh            13660         10846
04:16:32 gcc           13663         12681
04:16:32 make          13668         10814
04:16:32 make          13670         12988
04:16:32 gcc           13677         11770
```

offcputime/wakeuptime/offwaketime

offcputime은 스레드가 블록된 시점부터 다시 깨어난 시점까지 걸린 시간과 그 사이 블록됐던 함수 스택을 보여줍니다. 다음은 5초 동안 dockerd 프로세스에서 발생한 offcpu 이벤트를 출력한 것입니다.

```
$ ./offcputime.py -d -p $(pidof dockerd) 5
Tracing off-CPU time (us) of PID 15934 by user + kernel stack for 5 secs.
    b'finish_task_switch'
    b'schedule'
    b'do_nanosleep'
    b'hrtimer_nanosleep'
    b'__x64_sys_nanosleep'
    b'do_syscall_64'
    b'entry_SYSCALL_64_after_hwframe'
```

```
--
b'runtime.usleep'
b'local.runtime.sysmon'
b'[unknown]'
b'[unknown]'
-                    dockerd (15943)
    107
```

dockerd 프로세스가 107us만큼 블록됐던 것을 보여줍니다. -d 옵션을 사용해 커널 영역의 스택
과 사용자 영역의 스택을 "--"로 분리해서 출력했습니다. 사용자 영역에서 명시적으로 sleep한
것을 알 수 있습니다.

wakeuptime은 특정 스레드가 블록된 시점부터 다시 깨어난 시점까지 걸린 시간을 측정합니다.
offcputime과 다른 점은 스레드를 깨운 "waker" 기준으로 스택을 출력한다는 점입니다. 다음과 같
은 정보가 포함됩니다.

    해당 스레드가 속한 프로세스명

    해당 스레드를 누가 깨웠는지

    관련 함수 스택

다음은 sshd가 4515762us동안 블록된 것을 보여줍니다. 블록된 스레드는 swapper에 의해 깨어
났습니다. 출력된 커널 스택을 살펴보면 해당 스레드는 TCP 패킷을 기다렸음을 알 수 있습니다.

```
$ ./wakeuptime.py 5
Tracing blocked time (us) by kernel stack... Hit Ctrl-C to end.
^C
...
    target:         sshd
    ffffffffaee000d4 secondary_startup_64
    ffffffffb069d4c1 x86_64_start_kernel
    ffffffffb069d44a x86_64_start_reservations
    ffffffffb069e1e3 start_kernel
    ffffffffb069dc77 arch_call_rest_init
    ffffffffaf8d5cde rest_init
    ffffffffaeed6880 cpu_startup_entry
```

```
ffffffffaeed667b do_idle
ffffffffaf8e3083 default_idle_call
ffffffffaee3dd25 arch_cpu_idle
ffffffffaf8e2ede native_safe_halt
ffffffffafa00a0f ret_from_intr
ffffffffafa01e3a do_IRQ
ffffffffaeea1abe irq_exit
ffffffffafc000e1 __softirqentry_text_start
ffffffffaf729f1a net_rx_action
ffffffffc0148acf virtnet_poll
ffffffffc01485c1 receive_buf
ffffffffaf72a8ef napi_gro_receive
ffffffffaf728e95 netif_receive_skb_internal
ffffffffaf728e08 __netif_receive_skb
ffffffffaf728db8 __netif_receive_skb_one_core
ffffffffaf7bc44c ip_rcv
ffffffffaf7bba35 ip_rcv_finish
ffffffffaf7bc385 ip_local_deliver
ffffffffaf7bc298 ip_local_deliver_finish
ffffffffaf7bc0d0 ip_protocol_deliver_rcu
ffffffffaf7e9b01 tcp_v4_rcv
ffffffffaf7e7f10 tcp_v4_do_rcv
ffffffffaf7daf39 tcp_rcv_established
ffffffffaf7da9e9 tcp_data_queue
ffffffffaf7d95f8 tcp_data_ready
ffffffffaf707720 sock_def_readable
ffffffffaeeeb30e __wake_up_sync_key
ffffffffaeeeb08c __wake_up_common_lock
ffffffffaeeeaf4e __wake_up_common
ffffffffaf0ebfe2 pollwake
waker:          swapper/0
    7595858
```

...

이번에는 조금 다른 실험을 해보겠습니다.

```
$ ./wakeuptime.py -p $$
```

위 명령은 현재 bash 프로세스에 대해 트레이싱을 시작합니다. 다른 터미널을 열어 다음과 같이 명령을 실행해봅니다.

```
$ ls
$ sleep 1
```

앞에서 띄워 놓은 터미널에서 다음과 같이 출력될 것입니다. ls 명령이 실행된 후 sleep이 1초간 블록된 것을 볼 수 있습니다.

```
$ ./wakeuptime.py -p $$
Tracing blocked time (us) by kernel stack... Hit Ctrl-C to end.
^C
    target:             bash
    ffffffff81075eb8 child_wait_callback
    ffffffff810b5462 __wake_up_common
    ffffffff810b58d5 __wake_up_sync_key
    ffffffff81078046 __wake_up_parent
    ffffffff810831b3 do_notify_parent
    ffffffff81077eaf do_exit
    ffffffff81077f93 do_group_exit
    ffffffff81078014 sys_exit_group
    ffffffff81789076 entry_SYSCALL_64_fastpath
    waker:              ls
        2015
    target:             bash
    ffffffff81075eb8 child_wait_callback
    ffffffff810b5462 __wake_up_common
    ffffffff810b58d5 __wake_up_sync_key
    ffffffff81078046 __wake_up_parent
    ffffffff810831b3 do_notify_parent
    ffffffff81077eaf do_exit
    ffffffff81077f93 do_group_exit
    ffffffff81078014 sys_exit_group
    ffffffff81789076 entry_SYSCALL_64_fastpath
    waker:              sleep
        1001347
    ...
```

다음은 offwaketime입니다. 이것은 앞에서 본 wakeuptime과 offwaketime을 합쳐 놓은 도구입니다.
다음을 보면 중간에 함수 호출 스택이 두 개로 나뉜 것을 볼 수 있습니다.

```
$ ./offwaketime.py 5
Tracing blocked time (us) by kernel off-CPU and waker stack for 5 secs.
[...]
    waker:            swapper/0
    ffffffff8137897c blk_mq_complete_request
    ffffffff81378930 __blk_mq_complete_request
    ffffffff81378793 blk_mq_end_request
    ffffffff813778b9 blk_mq_free_request
    ffffffff8137782d __blk_mq_free_request
    ffffffff8137bc57 blk_mq_put_tag
    ffffffff8137b2c7 bt_clear_tag
    ffffffff810b54d9 __wake_up
    ffffffff810b5462 __wake_up_common
    ffffffff810b5b12 autoremove_wake_function
    -                 -
    ffffffff81785085 schedule
    ffffffff81787e16 schedule_timeout
    ffffffff81784634 __sched_text_start
    ffffffff8137b839 bt_get
    ffffffff8137bbf7 blk_mq_get_tag
    ffffffff8137761b __blk_mq_alloc_request
    ffffffff81379442 blk_mq_map_request
    ffffffff8137a445 blk_sq_make_request
    ffffffff8136ebc3 generic_make_request
    ffffffff8136ed07 submit_bio
    ffffffff81225adf submit_bh_wbc
    ffffffff81225b42 submit_bh
    ffffffff812721e0 __ext4_get_inode_loc
    ffffffff812751dd ext4_iget
    ffffffff81275c90 ext4_iget_normal
    ffffffff8127f45b ext4_lookup
    ffffffff811f94ed lookup_real
    ffffffff811fad43 __lookup_hash
    ffffffff811fc3fb walk_component
```

```
ffffffff811fd050 link_path_walk
target:          cksum
    56529
```

pidpersec

pidpersec은 1초마다 새로 생성된 프로세스의 개수를 출력하는 간단한 프로그램입니다. 커널의 sched_fork의 kprobe에 바인딩되어 있습니다.

```
$ ./pidpersec.py
Tracing... Ctrl-C to end.
18:33:06: PIDs/sec: 4
18:33:07: PIDs/sec: 5
18:33:08: PIDs/sec: 4
18:33:09: PIDs/sec: 4
18:33:10: PIDs/sec: 21
18:33:11: PIDs/sec: 5
18:33:12: PIDs/sec: 4
18:33:13: PIDs/sec: 4
```

killsnoop

killsnoop은 시그널을 트레이싱합니다. 시스템 전반에서 실시간으로 시그널이 어떻게 동작하는지 확인할 수 있어 유용합니다.

```
$ ./killsnoop.py
TIME      PID    COMM            SIG  TPID   RESULT
12:10:51  13967  bash            9    13885  0
12:11:34  13967  bash            9    1024   -3
12:11:41  815    systemd-udevd   15   14076  0
```

cpudist

cpudist는 일정 시간 동안 태스크들이 CPU에 머물렀던 시간을 수집하고 이에 대한 분포를 출력합니다. 다음을 보면 대부분의 태스크가 16usec에서 31usec 동안 머무른 것을 알 수 있습니다.

```
$ ./cpudist.py
Tracing on-CPU time... Hit Ctrl-C to end.
^C
     usecs              : count    distribution
       0 -> 1           : 0        |                                        |
       2 -> 3           : 1        |                                        |
       4 -> 7           : 1        |                                        |
       8 -> 15          : 13       |**                                      |
      16 -> 31          : 187      |****************************************|
      32 -> 63          : 89       |******************                      |
      64 -> 127         : 26       |*****                                   |
     128 -> 255         : 0        |                                        |
     256 -> 511         : 1        |                                        |
```

cpuunclaimed

cpuunclaimed는 주기적으로 CPU의 작업대기줄의 길이를 샘플링합니다.

```
$ ./cpuunclaimed.py
Sampling run queues... Output every 1 seconds. Hit Ctrl-C to end.
%CPU  83.00%, unclaimed idle 0.12%
%CPU  87.25%, unclaimed idle 0.38%
%CPU  85.00%, unclaimed idle 0.25%
%CPU  85.00%, unclaimed idle 0.25%
%CPU  80.88%, unclaimed idle 0.00%
%CPU  82.25%, unclaimed idle 0.00%
%CPU  83.50%, unclaimed idle 0.12%
%CPU  81.50%, unclaimed idle 0.00%
%CPU  81.38%, unclaimed idle 0.00%
```

softirqs/hardirqs

softirqs와 hardirqs는 각기 특정 시간 동안 발생한 인터럽트 이벤트를 트레이싱합니다.

```
$ ./softirqs.py
Tracing soft irq event time... Hit Ctrl-C to end.
^C
```

SOFTIRQ	TOTAL_usecs
rcu_process_callbacks	974
run_rebalance_domains	1809
run_timer_softirq	2615
net_tx_action	14605
tasklet_action	38692
net_rx_action	88188

다음은 hardirqs의 실행 예입니다.

```
$ ./hardirqs.py
Tracing hard irq event time... Hit Ctrl-C to end.
^C
HARDIRQ                 TOTAL_usecs
callfuncsingle0                   2
callfuncsingle5                   5
callfuncsingle6                   5
callfuncsingle7                  21
blkif                            66
timer7                           84
resched5                         94
resched0                         97
resched3                        102
resched7                        111
resched6                        255
timer3                          362
resched4                        367
timer5                          474
timer1                          529
timer6                          679
timer2                          746
timer4                          943
resched1                       1048
timer0                         1558
resched2                       1750
eth0                          11441
```

-d 옵션을 사용하면 인터럽트 종류별로 분포를 얻을 수 있습니다.

```
$ ./softirqs.py -d
Tracing soft irq event time... Hit Ctrl-C to end.
^C
softirq = net_tx_action
     usecs               : count     distribution
        0 -> 1           : 0         |                                        |
        2 -> 3           : 0         |                                        |
        4 -> 7           : 0         |                                        |
        8 -> 15          : 0         |                                        |
       16 -> 31          : 0         |                                        |
       32 -> 63          : 0         |                                        |
       64 -> 127         : 0         |                                        |
      128 -> 255         : 0         |                                        |
      256 -> 511         : 440       |                                        |
      512 -> 1023        : 27613     |****************************************|
     1024 -> 2047        : 5728      |********                                |
     2048 -> 4095        : 439       |                                        |
     4096 -> 8191        : 53        |                                        |
     8192 -> 16383       : 2         |                                        |
```

llcstat

llcstat은 시스템 전반에서 발생한 CPU의 Last Level Cache 관련 이벤트 통계를 출력합니다.
다음 예는 20초 동안 5000회 단위로 이벤트를 샘플링해서 결과를 출력합니다.

```
$ ./llcstat.py 20 -c 5000
Running for 20 seconds or hit Ctrl-C to end.
PID     NAME          CPU    REFERENCE      MISS    HIT%
0       swapper/15    15     3515000      640000    81.79%
238     migration/38  38     5000              0   100.00%
4512    ntpd          11     5000              0   100.00%
150867  ipmitool      3      25000          5000    80.00%
150895  lscpu         17     280000        25000    91.07%
151807  ipmitool      15     15000          5000    66.67%
150757  awk           2      15000          5000    66.67%
```

```
151213    chef-client        5       1770000    240000  86.44%
151822    scribe-dispatch   12         15000         0 100.00%
123386    mysqld             5          5000         0 100.00%
...
Total References: 518920000 Total Misses: 90265000 Hit Rate: 82.61%
```

9.1.2 메모리

이번 절에서는 메모리 관련 내용을 간략히 정리하고 이와 관련된 BCC tools를 소개합니다.

리눅스 시스템에서 프로세스 각각은 자신만의 가상 메모리 공간을 갖습니다. 이 가상 메모리는 필요할 때마다 물리 메모리로 변환됩니다. 커널은 다양한 컴포넌트를 통해 메모리를 제어하는데, 먼저 메모리 할당 과정을 살펴보겠습니다.

다음 그림을 보겠습니다. 일반적으로 메모리를 할당할 때는 libc 같은 라이브러리에서 제공하는 malloc()과 같은 함수를 사용합니다. 해당 함수를 통해 프로세스는 메모리를 자신의 가상 메모리 내 힙에 배정합니다.

커널은 프로세스의 가상 메모리를 물리 메모리로 변환합니다. 커널 내에서는 메모리가 페이지 단위로 관리됩니다. 보통 4KB를 단위로 사용합니다. 커널은 페이지들을 프리 리스트(free list)에 등록해놓고 요청이 오면 이들을 내어줍니다. 사용자 영역의 프로세스가 아닌 커널 내 프로세스로부터도 메모리 요청이 올 수 있습니다. 이 경우 슬랩 할당자를 통해 요청되며, 마찬가지로 프리 리스트의 페이지가 전달됩니다.

그림 9.5 메모리 할당 구조

사용자 영역의 프로세스는 libc 외에 다양한 메모리 할당 라이브러리를 쓸 수 있습니다. 대표적으로 tcmalloc [1]이나 jemalloc [2] 같은 것이 있습니다. 자바와 같은 경우 JVM 런타임 내에서 별도의 메모리 할당자와 가비지 컬렉션을 둡니다.

다음 그림은 커널에서 제공한 페이지가 어떻게 할당되고 반환되는지를 그림으로 나타낸 것입니다. 각 과정은 다음과 같습니다.

- 사용자 영역에서 mmap 등을 통해 메모리를 확보합니다.
- 확보한 메모리는 필요 시 brk() 등을 통해 확장될 수 있습니다.
- 메모리는 실제 사용 시점에서 MMU를 통해 물리 메모리를 확보합니다.
- MMU에 연결된 물리 메모리가 없는 것을 페이지 폴트라고 합니다.

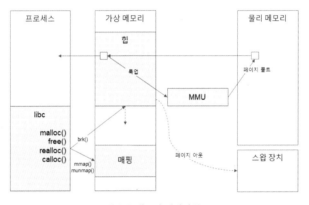

그림 9.6 메모리 페이지 구조

리눅스는 당장 사용되지 않은 메모리는 최대한 캐시로 사용합니다. 이러한 캐시로 페이지 캐시, dentry 캐시, inode 캐시가 있습니다. 리눅스는 가상 파일 시스템을 중심으로 구성되며, 이 캐시들은 이 파일 시스템을 최대한 효율적으로 사용하기 위해 준비된 것입니다. 이렇게 간접적으로 사용되는 메모리 페이지는 필요할 때 즉각 해제되어 요청자에게 재할당됩니다. 이런 식으로 페이지가 회수되는 것을 페이지 아웃이라고 합니다.

1 https://github.com/google/tcmalloc
2 http://jemalloc.net/

페이지 아웃은 두 가지 방식으로 이뤄집니다. 포그라운드 방식과 백그라운드 방식이 있습니다. 이 가운데 백그라운드 방식은 커널 내 존재하는 kswapd를 통해 이뤄집니다. kswapd는 시스템 내 여유 공간이 일정 기준 이하로 줄어들면 활성화되어 메모리를 정리하고 다시 기준치 이상이 되면 비활성화됩니다. kswapd는 실제 프로세스에서의 메모리 할당 요청과는 별개로 비동기적으로 동작합니다. 이로 인해 만약 kswapd가 적절한 타이밍에 여유 메모리를 확보하지 못할 수도 있는데, 이 경우 포그라운드 모드로 페이지 아웃이 진행됩니다. 포그라운드 모드는 메모리 요청 중에 동기적으로 이뤄지며, 잠시 요청이 블록된 뒤 메모리를 확보한 후 이를 요청자에게 전달합니다. 포그라운드 모드로 동작하는 메모리 요청을 직접 회수(direct reclaim)라고도 합니다.

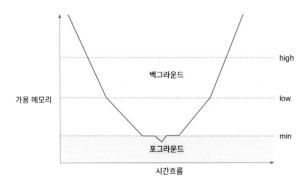

그림 9.7 페이지 아웃 데몬의 동작

물리 메모리가 부족할 경우 때에 따라 스왑 메모리를 사용할 수도 있습니다. 보통 디스크에 스왑 메모리가 할당되는데, 이로 인해 애플리케이션의 성능에 영향을 크게 줄 수 있습니다. 보통 서비스 시스템에서는 스왑 메모리를 쓰지 않고 가능한 한 메모리를 여유 있게 쓰며 필요 시 장비를 더 늘리는 방향으로 운영되는 편입니다.

메모리가 부족한 경우 시스템에서는 최후의 수단으로 OOM(Out of Memory) 킬러가 동작합니다. OOM 킬러는 메모리를 확보하기 위해 시스템 내 프로세스 중 일부를 강제로 종료시킵니다.

메모리를 반복적으로 할당하고 해제하다 보면 파편화가 발생합니다. 커널에서는 kcompactd 프로세스가 이러한 파편화 문제를 해결하기 위해 주기적으로 페이지를 정리해서 가능한 한 큰 연속된 공간을 확보해 둡니다.

다음은 CPU에서처럼 BCC 프로젝트 내 도구 중 메모리 영역과 관련된 도구들을 나타낸 것입니다.

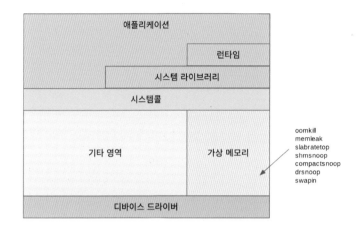

그림 9.8 메모리 관련 BCC tools

표 9.2 메모리 관련 BCC/bpftrace tools

대상	BCC tools	bpftrace tools
OOM	oomkill	oomkill
스케줄러	memleak	N/A
시스템 콜	compactsnoop slabratetop shmsnoop	N/A
가상 메모리	drsnoop	N/A
스왑	swapin	swapin

oomkill

oomkill은 시스템의 OOM 이벤트를 추적합니다. 다음 예는 ntpd의 메모리 요청으로 인해 perl 프로세스가 OOMKill 당하는 내용을 담고 있습니다.

```
$ ./oomkill.py
Tracing oom_kill_process()... Ctrl-C to end.
```

```
21:03:39 Triggered by PID 3297 ("ntpd"), OOM kill of PID 22516 ("perl"), 3850642 pages,
loadavg: 0.99 0.39 0.30 3/282 22724
21:03:48 Triggered by PID 22517 ("perl"), OOM kill of PID 22517 ("perl"), 3850642 pages,
loadavg: 0.99 0.41 0.30 2/282 22932
```

memleak

memleak은 특정 시간 동안 발생한 메모리 관련 요청을 추적합니다. 주기적으로 두드러지는 메모리 할딩 요청을 표시하고 관련 스택 트레이스도 함께 보여줍니다. -p 옵션을 사용하면 사용자 영역의 프로세스에서 이뤄지는 요청만 추적하며, 그 외의 경우에는 커널 영역의 요청을 추적합니다.

```
$ ./memleak.py -p $(pidof allocs) -a
Attaching to pid 5193, Ctrl+C to quit.
[11:16:33] Top 2 stacks with outstanding allocations:
        addr = 948cd0 size = 16
        addr = 948d10 size = 16
        addr = 948d30 size = 16
        addr = 948cf0 size = 16
        64 bytes in 4 allocations from stack
                main+0x6d [allocs]
                __libc_start_main+0xf0 [libc-2.21.so]
```

slabratetop

slabratetop은 커널에서 이뤄진 메모리 관련 요청을 나타냅니다.

```
$ ./slabratetop.py
<screen clears>
07:01:35 loadavg: 0.38 0.21 0.12 1/342 13297
CACHE                    ALLOCS      BYTES
kmalloc-4096               3554   14557184
kmalloc-256                2382     609536
cred_jar                   2568     493056
anon_vma_chain             2007     128448
anon_vma                    972      77760
...
```

slabratetop의 경우 필자가 사용하는 v0.16.0의 BCC는 v5.4 이상의 커널에서 다음과 같은 에러가 발생할 수 있습니다.

```
...
In file included from /virtual/main.c:6:
include/linux/slub_def.h:112:28: error: field has incomplete type 'struct
memcg_cache_params'
        struct memcg_cache_params memcg_params;
                                  ^
include/linux/slub_def.h:112:9: note: forward declaration of 'struct memcg_cache_params'
        struct memcg_cache_params memcg_params;
               ^
1 error generated.
...
```

이는 커널 내 memcg_cache_params로 인한 것으로 v0.17.0 이상의 BCC에서는 정상 작동합니다. 이렇게 커널 내 특정 구조체에 의존하는 도구는 호환성을 담보하기가 쉽지 않으니 주의해야 합니다.

shmsnoop

shmsnoop은 공유 메모리(shared memory) 관련 이벤트를 트레이싱합니다.

```
$ ./shmsnoop.py
PID    COMM            SYS            RET ARGs
19813  server          SHMGET         10000 key: 0x78020001, size: 20, shmflg: 0x3b6
(IPC_CREAT¦0666)
19813  server          SHMAT          7f1cf8b1f000 shmid: 0x10000, shmaddr: 0x0, shmflg:
0x0
19816  client          SHMGET         10000 key: 0x78020001, size: 20, shmflg: 0x1b6
(0666)
...
```

compactsnoop

compactsnoop은 메모리 컴팩션 이벤트를 트레이싱합니다.

```
$ ./compactsnoop.py
COMM        PID     NODE ZONE         ORDER MODE      LAT(ms)       STATUS
zsh         23685   0    ZONE_DMA     -1    SYNC        0.025     complete
zsh         23685   0    ZONE_DMA32   -1    SYNC        3.925     complete
zsh         23685   0    ZONE_NORMAL  -1    SYNC      113.975     complete
...
```

drsnoop

drsnoop은 메모리 페이지에 대한 직접 회수 이벤트를 추적합니다.

```
$ ./drsnoop.py
COMM        PID     LAT(ms) PAGES
summond     17678     0.19    143
summond     17669     0.55    313
summond     17669     0.15    145
...
```

swapin

swapin은 스와핑(swapping)에 영향을 받고 있는 프로세스를 알려줍니다. swapin의 경우 BCC v0.17.0부터 사용 가능합니다.

```
$ ./swapin.py
Counting swap ins. Ctrl-C to end.
08:00:10
COMM         PID     COUNT
gnome-shell  2239    12410
...
```

9.1.3 파일 시스템

이번에는 파일 시스템에 대해 정리하겠습니다. 리눅스는 VFS라는 가상 파일 시스템을 기준으로 구축되었습니다. 다음은 이를 중심으로 I/O 스택을 그림으로 나타낸 것입니다.

I/O 스택

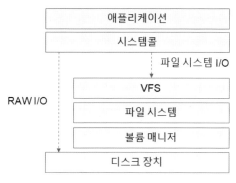

그림 9.9 I/O 스택 구조

사용자 영역의 애플리케이션들은 시스템 라이브러리를 통해 파일 시스템에 접근합니다. 시스템
라이브러리에서는 open(), read(), write(), close() 등으로 표준화된 시스템 콜을 활용합니다. 리
눅스에서는 사용 중인 파일 시스템은 모두 VFS에 마운트되어 사용됩니다. VFS상에 마운트된
파일 시스템들은 필요에 따라 LVM 같은 볼륨 매니저와 함께 관리되기도 합니다. 실제 디스크와
커뮤니케이션은 각 디바이스 드라이버를 통해 이뤄집니다.

파일 시스템 캐시

I/O 성능 향상을 위해 리눅스 상에서는 다양한 캐시가 운용됩니다. 다음은 리눅스 파일 시스템
에서 사용되는 캐시를 그림으로 나타낸 것입니다.

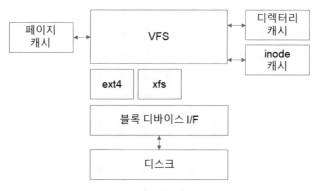

그림 9.10 파일 시스템 캐시 구조

캐시의 종류는 다음의 3가지가 있습니다.

- 페이지 캐시: 파일의 내용을 담는다.

- inode 캐시: 파일의 메타데이터를 담는다.

- dentry 캐시: 디렉터리 정보를 담는다.

페이지 캐시는 가상 메모리 페이지를 담고 있습니다. 여기에는 파일의 내용과 I/O 버퍼들이 수용됩니다. VFS에 속한 각 파일은 index로 관리됩니다. 이 각각의 index는 inode, index node에 메타데이터를 담습니다. 파일에 대한 수정 정보나 접근 권한 등이 여기에 기술됩니다. dentry(Directory Entry) 캐시는 디렉터리 이름을 담기 위한 캐시입니다. dentry 캐시에 있는 디렉터리 이름은 다시 inode 캐시의 노드와 연결됩니다.

리눅스 시스템은 최대한 이들 캐시를 활용하려고 노력합니다. 이 동작은 다음 2가지 동작으로 이뤄집니다.

- Read-Ahead

- Write-Back

Read-Ahead

Read-Ahead는 미리 읽는다는 의미를 갖고 있습니다. 예를 들어, 어떤 프로그램에서 디스크 상의 특정 파일의 첫 줄을 읽어 들이면 이 프로그램은 높은 확률로 두 번째 줄도 읽을 것입니다. 이렇게 메모리 참조의 지역성을 염두에 두고 데이터를 미리 읽어 들이는 것을 Read-Ahead라고 합니다. 파일을 페이지 캐시로 읽어 들일 때 Read-Ahead를 통해 특정 윈도우 사이즈만큼을 더 읽어 들입니다. 이를 통해 실제 디스크로의 접근을 줄입니다.

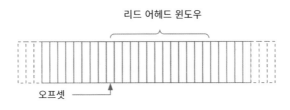

그림 9.11 Read-Ahead 동작

시스템에 메모리가 충분치 않으면 애플리케이션은 이들 페이지 캐시에 있던 메모리를 사용합니다. 시스템에서 페이지 캐시의 메모리를 애플리케이션에 주고 이후 애플리케이션에서 다시이 파일을 읽어 들이려고 하면 페이지 캐시 내 메모리가 이미 없는 상태라서 페이지 폴트가 발생합니다. 이런 현상이 반복되며 잦은 페이지 폴트가 발생하는 것을 스레싱(Thrashing)이라고합니다.

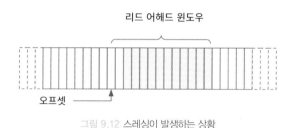

그림 9.12 스레싱이 발생하는 상황

Write-Back

리눅스에서 디스크는 상대적으로 아주 느린 저장장치로, 가급적이면 디스크로의 접근은 줄이는방향으로 설계되어 있습니다. 디스크의 내용이 한 번 페이지 캐시로 저장되면 이후 I/O 작업은이 캐시에서 이뤄집니다. 이렇게 캐시에 저장된 데이터가 디스크의 내용과 달라지면 해당 캐시는 dirty 상태가 됩니다. 리눅스는 dirty 리스트를 관리하면서 주기적으로 이를 디스크로 동기화합니다. 이때 이 동기화하는 작업을 Write-Back이라고 합니다.

다음은 BCC tools 중 파일 시스템과 관련된 도구를 그림으로 나타낸 것입니다.

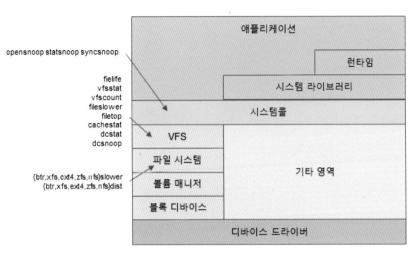

그림 9.13 파일 시스템 관련 BCC tools

각 도구가 다루는 대상과 용도는 다음과 같습니다.

표 9.3 파일 시스템 관련 BCC/bpftrace tools

대상	BCC tools	bpftrace tools
파일	filelife	N/A
	fileslower	
	filetopN/A	
디렉터리	dirtop	N/A
VFS	vfsstat	vfsstat
	vfscount	vfscount
	cachestat	dcsnoop
	dcstat	writeback
	dcsnoop	
시스템 콜	opensnoop	opensnoop
	statsnoop	statsnoop
	syncsnoop	syncsnoop

대상	BCC tools	bpftrace tools
개별 파일 시스템	xfsslower	xfsdist
	xfsdist	
	ext4slower	
	ext4dist	
	zfsslower	
	zfsdist	
	btrfsslower	
	btrfsdist	
	nfsslower	
	nfsdist	

opensnoop/statsnoop/syncsnoop

각각 VFS와 관련된 함수 호출을 추적합니다. opensnoop과 statsnoop은 각기 관련 프로세스와 VFS 상의 경로를 함께 제공합니다.

opensnoop의 경우 구체적으로는 다음 3가지 시스템 콜을 추적합니다.

- open()
- openat()
- openat2()

```
$ ./opensnoop.py -Tp 1956
TIME(s)         PID    COMM         FD  ERR PATH
0.000000000     1956   supervise    9    0 supervise/status.new
0.000289999     1956   supervise    9    0 supervise/status.new
1.023068000     1956   supervise    9    0 supervise/status.new
1.023381997     1956   supervise    9    0 supervise/status.new
2.046030000     1956   supervise    9    0 supervise/status.new
2.046363000     1956   supervise    9    0 supervise/status.new
3.068203997     1956   supervise    9    0 supervise/status.new
3.068544999     1956   supervise    9    0 supervise/status.new
```

statsnoop은 다음 시스템 콜을 추적합니다.

- stat()

- newstat()

- statfs()

아쉽게도 아직 lstat()이나 statx() 같은 시스템 콜은 취급하지 않습니다.

```
$ ./statsnoop.py
PID    COMM            FD ERR PATH
31126  bash             0  0 .
31126  bash            -1  2 /usr/local/sbin/iconfig
31126  bash            -1  2 /usr/local/bin/iconfig
31126  bash            -1  2 /usr/sbin/iconfig
31126  bash            -1  2 /usr/bin/iconfig
31126  bash            -1  2 /sbin/iconfig
31126  bash            -1  2 /bin/iconfig
31126  bash            -1  2 /usr/games/iconfig
31126  bash            -1  2 /usr/local/games/iconfig
31126  bash            -1  2 /apps/python/bin/iconfig
31126  bash            -1  2 /mnt/src/llvm/build/bin/iconfig
8902   command-not-fou -1  2 /usr/bin/Modules/Setup
8902   command-not-fou -1  2 /usr/bin/lib/python3.4/os.py
8902   command-not-fou -1  2 /usr/bin/lib/python3.4/os.pyc
8902   command-not-fou  0  0 /usr/lib/python3.4/os.py
8902   command-not-fou -1  2 /usr/bin/pybuilddir.txt
8902   command-not-fou -1  2 /usr/bin/lib/python3.4/lib-dynload
8902   command-not-fou  0  0 /usr/lib/python3.4/lib-dynload
8902   command-not-fou  0  0 /apps/python/lib/python2.7/site-packages
8902   command-not-fou  0  0 /apps/python/lib/python2.7/site-packages
8902   command-not-fou  0  0 /apps/python/lib/python2.7/site-packages
8902   command-not-fou  0  0 /usr/lib/python3.4/
8902   command-not-fou  0  0 /usr/lib/python3.4/
```

syncsnoop은 sync() 시스템을 추적합니다.

```
$ ./syncsnoop.py
TIME(s)              CALL
16458148.611952      sync()
16458151.533709      sync()
^C
```

filelife

filelife는 특정 시간 동안 생성되고 사라진 파일(short lived file)들을 보여줍니다. 임시 파일을 만드는 프로세스의 동작을 확인할 때 유용합니다.

```
$ ./filelife.py
TIME      PID    COMM            AGE(s)    FILE
05:57:59 8556   gcc             0.04      ccCB5EDe.s
05:57:59 8560   rm              0.02      .entry_64.o.d
05:57:59 8563   gcc             0.02      cc5UFHXf.s
05:57:59 8567   rm              0.01      .thunk_64.o.d
05:57:59 8578   rm              0.02      .syscall_64.o.d
05:58:00 8589   rm              0.03      .common.o.d
05:58:00 8596   rm              0.01      .8592.tmp
05:58:00 8601   rm              0.01      .8597.tmp
05:58:00 8606   rm              0.01      .8602.tmp
05:58:00 8639   rm              0.02      .vma.o.d
05:58:00 8650   rm              0.02      .vdso32-setup.o.d
05:58:00 8656   rm              0.00      .vdso.lds.d
05:58:00 8659   gcc             0.01      ccveeJAz.s
05:58:00 8663   rm              0.01      .vdso-note.o.d
05:58:00 8674   rm              0.02      .vclock_gettime.o.d
05:58:01 8684   rm              0.01      .vgetcpu.o.d
05:58:01 8690   collect2        0.00      ccvKMxdm.ld
```

vfsstat

vfsstat은 VFS 상의 이벤트 요청 통계를 시간별로 나타냅니다.

```
$./vfsstat.py
TIME        READ/s  WRITE/s CREATE/s  OPEN/s  FSYNC/s
18:35:32:     231      12       4       98       0
18:35:33:     274      13       4      106       0
18:35:34:     586      86       4      251       0
18:35:35:     241      15       4       99       0
18:35:36:     232      10       4       98       0
18:35:37:     244      10       4      107       0
18:35:38:     235      13       4       97       0
18:35:39:    6749    2633       4     1446       0
18:35:40:     277      31       4      115       0
18:35:41:     238      16       6      102       0
18:35:42:     284      50       8      114       0
^C
```

vfscount

vfscount는 특정 시간 동안 발생한 커널의 VFS 관련 함수 호출 횟수를 기록합니다.

```
$ ./vfscount.py
Tracing... Ctrl-C to end.
^C
ADDR              FUNC                        COUNT
ffffffff811f3c01  vfs_create                      1
ffffffff8120be71  vfs_getxattr                    2
ffffffff811f5f61  vfs_unlink                      2
ffffffff81236ca1  vfs_lock_file                   6
ffffffff81218fb1  vfs_fsync_range                 6
ffffffff811ecaf1  vfs_fstat                     319
ffffffff811e6f01  vfs_open                      475
ffffffff811ecb51  vfs_fstatat                   488
ffffffff811ecac1  vfs_getattr                   704
ffffffff811ec9f1  vfs_getattr_nosec             704
ffffffff811e80a1  vfs_write                    1764
ffffffff811e7f71  vfs_read                     2283
```

fileslower

fileslower는 일정 기준을 초과하는 파일 read/write 이벤트만 모아서 관련 프로세스와 파일 이름
등의 데이터를 보여줍니다.

```
$ ./fileslower.py
Tracing sync read/writes slower than 10 ms
TIME(s)  COMM         PID   D BYTES   LAT(ms) FILENAME
0.000    randread.pl  4762  R 8192     12.70 data1
8.850    randread.pl  4762  R 8192     11.26 data1
12.852   randread.pl  4762  R 8192     10.43 data1
```

filetop

filetop은 특정 시간 동안 파일의 read/write 이벤트를 수집하고 파일별로 이를 나타냅니다.

```
$ ./filetop.py -C
Tracing... Output every 1 secs. Hit Ctrl-C to end
08:00:23 loadavg: 0.91 0.33 0.23 3/286 26635
PID    COMM      READS  WRITES R_Kb   W_Kb    T FILE
26628  ld        161    186    643    152     R built-in.o
26634  cc1       1      0      200    0       R autoconf.h
26618  cc1       1      0      200    0       R autoconf.h
26634  cc1       12     0      192    0       R tracepoint.h
26584  cc1       2      0      143    0       R mm.h
26634  cc1       2      0      143    0       R mm.h
26631  make      34     0      136    0       R auto.conf
26634  cc1       1      0      98     0       R fs.h
26584  cc1       1      0      98     0       R fs.h
26634  cc1       1      0      91     0       R sched.h
26634  cc1       1      0      78     0       R printk.c
26634  cc1       3      0      73     0       R mmzone.h
26628  ld        18     0      72     0       R hibernate.o
26628  ld        16     0      64     0       R suspend.o
26628  ld        16     0      64     0       R snapshot.o
26628  ld        16     0      64     0       R qos.o
26628  ld        13     0      52     0       R main.o
26628  ld        12     0      52     0       R swap.o
```

cachestat

cachestat은 특정 시간 동안 파일 시스템의 페이지 캐시 관련 지표를 수집하고 통계를 제공합니다.

```
$ ./cachestat.py
   HITS   MISSES  DIRTIES HITRATIO   BUFFERS_MB  CACHED_MB
   1132        0        4  100.00%          277       4367
    161        0       36  100.00%          27/       4372
     16        0       28  100.00%          277       4372
  17154    13750       15   55.51%          277       4422
     19        0        1  100.00%          277       4422
     83        0       83  100.00%          277       4421
     16        0        1  100.00%          277       4423
^C          0      -19      360    0.00%          277         4423
Detaching...
```

dcstat

dcstat은 dentry 캐시와 관련된 통계를 시간별로 제공합니다.

```
$ ./dcstat.py
TIME          REFS/s    SLOW/s    MISS/s      HIT%
08:11:47:       2059       141        97     95.29
08:11:48:      79974       151       106     99.87
08:11:49:     192874       146       102     99.95
08:11:50:       2051       144       100     95.12
08:11:51:      73373     17239     17194     76.57
08:11:52:      54685     25431     25387     53.58
08:11:53:      18127      8182      8137     55.12
08:11:54:      22517     10345     10301     54.25
08:11:55:       7524      2881      2836     62.31
08:11:56:       2067       141        97     95.31
08:11:57:       2115       145       101     95.22
```

dcsnoop

dcsnoop은 dentry 캐시를 추적합니다. dcstat과 달리 관련 프로세스와 경로를 함께 보여줍니다.

```
$ ./dcsnoop.py
TIME(s)      PID     COMM          T FILE
0.002837    1643    snmpd         M net/dev
0.002852    1643    snmpd         M 1643
0.002856    1643    snmpd         M net
0.002863    1643    snmpd         M dev
0.002952    1643    snmpd         M net/if_inet6
0.002964    1643    snmpd         M if_inet6
0.003180    1643    snmpd         M net/ipv4/neigh/eth0/retrans_time_ms
0.003192    1643    snmpd         M ipv4/neigh/eth0/retrans_time_ms
0.003197    1643    snmpd         M neigh/eth0/retrans_time_ms
0.003203    1643    snmpd         M eth0/retrans_time_ms
0.003206    1643    snmpd         M retrans_time_ms
0.003245    1643    snmpd         M ipv6/neigh/eth0/retrans_time_ms
0.003249    1643    snmpd         M neigh/eth0/retrans_time_ms
0.003252    1643    snmpd         M eth0/retrans_time_ms
0.003255    1643    snmpd         M retrans_time_ms
0.003287    1643    snmpd         M conf/eth0/forwarding
0.003292    1643    snmpd         M eth0/forwarding
0.003295    1643    snmpd         M forwarding
0.003326    1643    snmpd         M base_reachable_time_ms
```

{btr,xfs,ext4,zfs,nfs}slower/{btr,xfs,ext4,zfs,nfs}dist

BCC tools에서 다음 5개 파일 시스템은 각기 2가지 전용 도구를 제공합니다.

- xfs
- ext4
- zfs
- nfs
- btrfs

이 가운데 여기서는 ext4 도구만 살펴보겠습니다.

ext4slower는 기준치를 넘는 처리 시간이 걸린 요청들을 관련 프로세스와 파일과 함께 제공합니다. 구체적으로는 다음 4가지 요청을 추적합니다.

- READ
- WRITE
- OPEN
- FSYNC

각각에 대해 T 열에 나타냅니다. Read와 Write 요청에 대해서는 해당 파일 내 오프셋 위치가 OFF_KB 열에 기록됩니다. 다음 예에서는 R(READ) 이벤트를 확인할 수 있습니다.

```
$ ./ext4slower.py
Tracing ext4 operations slower than 10 ms
TIME      COMM           PID     T BYTES  OFF_KB    LAT(ms) FILENAME
06:35:01 cron           16464   R 1249   0          16.05 common-auth
06:35:01 cron           16463   R 1249   0          16.04 common-auth
06:35:01 cron           16465   R 1249   0          16.03 common-auth
06:35:01 cron           16465   R 4096   0          10.62 login.defs
06:35:01 cron           16464   R 4096   0          10.61 login.defs
06:35:01 cron           16463   R 4096   0          10.63 login.defs
06:35:01 cron           16465   R 2972   0          18.52 pam_env.conf
06:35:01 cron           16464   R 2972   0          18.51 pam_env.conf
06:35:01 cron           16463   R 2972   0          18.49 pam_env.conf
06:35:01 dumpsystemstat 16473   R 128    0          12.58 date
06:35:01 debian-sa1     16474   R 283    0          12.66 sysstat
06:35:01 debian-sa1     16474   R 128    0          10.39 sa1
06:35:01 dumpsystemstat 16491   R 128    0          13.22 ifconfig
06:35:01 DumpThreads    16534   R 128    0          12.78 cut
06:35:01 cron           16545   R 128    0          14.76 sendmail
06:35:01 sendmail       16545   R 274    0          10.88 dynamicmaps.cf
06:35:02 postdrop       16546   R 118    0          32.94 Universal
06:35:02 pickup         9574    R 118    0          21.02 localtime
```

앞에서 본 다른 도구처럼 dist도 요청 이벤트별 응답지연(latency) 분포를 보여줍니다.

```
$ ./ext4dist.py
Tracing ext4 operation latency... Hit Ctrl-C to end.
^C
operation = 'read'
     usecs            : count    distribution
        0 -> 1        : 1210     |****************************************|
        2 -> 3        : 126      |****                                    |
        4 -> 7        : 376      |***********                             |
        8 -> 15       : 86       |**                                      |
       16 -> 31       : 9        |                                        |
       32 -> 63       : 47       |*                                       |
       64 -> 127      : 6        |                                        |
      128 -> 255      : 24       |                                        |
      256 -> 511      : 137      |****                                    |
      512 -> 1023     : 66       |**                                      |
     1024 -> 2047     : 13       |                                        |
     2048 -> 4095     : 7        |                                        |
     4096 -> 8191     : 13       |                                        |
     8192 -> 16383    : 3        |                                        |
operation = 'write'
     usecs            : count    distribution
        0 -> 1        : 0        |                                        |
        2 -> 3        : 0        |                                        |
        4 -> 7        : 0        |                                        |
        8 -> 15       : 75       |****************************************|
       16 -> 31       : 5        |**                                      |
operation = 'open'
     usecs            : count    distribution
        0 -> 1        : 1278     |****************************************|
        2 -> 3        : 40       |*                                       |
        4 -> 7        : 4        |                                        |
        8 -> 15       : 1        |                                        |
       16 -> 31       : 1        |                                        |
```

9.1.4 블록 I/O

시스템 입장에서 디스크는 아주 느린 자원입니다. 앞서 파일 시스템 절에서 봤듯이 여러 트릭을 활용해 최대한 물리 디스크를 사용하지 않으려고 합니다. 이번 절에서는 전반적인 블록 I/O의 구조를 정리하겠습니다.

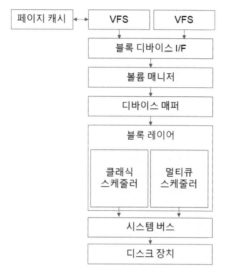

그림 9.14 블록 I/O 스택 구조

위 그림은 리눅스의 블록 I/O 스택을 그림으로 나타낸 것입니다. 여러 I/O 장치를 묶는 용도로 볼륨 매니저가 사용될 수도 있고, 디바이스 매퍼를 통해 가상 장치가 사용될 수도 있습니다. 블록 I/O 요청은 스케줄러를 통해 관리됩니다. 스케줄링된 요청은 시스템 버스를 통해 실제 장치로 전달됩니다.

리눅스에서는 여러 I/O 요청을 구분하는 용도로 다음과 같은 글자를 사용합니다. 오른쪽에 각각의 의미를 함께 기술했으며, 이 글자들은 조합되기도 합니다. 예를 들어, RM은 메타데이터를 읽는 것을, WM은 메타데이터를 쓰는 것을 의미합니다.

- R: Read

- W: Write

- M: Metadata

- S: Synchronous

- A: Read-ahead

- F: Flush or force unit access

- D: Discard

- E: Erase

- N: None

I/O 스케줄러

블록 I/O 요청은 스케줄러를 통해 관리됩니다. 5.0 버전 이전의 리눅스에서는 클래식 스케줄러가 사용됐고 이후 버전에서는 멀티 큐 스케줄러가 도입됐습니다.

클래식 스케줄러의 동작에는 다음 3가지가 있습니다.

- Noop

- Deadline

- CFQ(Completely Fair Queueing)

Noop은 스케줄링을 안 하는 것입니다. 이 경우 I/O 작업은 FIFO로 이뤄집니다. Deadline은 말 그대로 I/O 작업에 대한 만료 시간을 강제합니다. 일반적으로는 CFQ가 사용됩니다. CFQ는 I/O 작업 각각에 대해서 타임 슬라이스를 부여합니다. 해당 I/O 작업은 주어진 타임 슬라이스만큼만 사용 가능합니다. CPU 스케줄링에서도 이와 유사하게 CFS(Completely Fair Scheduling)가 있습니다.

클래식 스케줄러는 한 개의 큐로 동작해서 중간에 지연되는 작업이 있으면 전체 블록 I/O가 느려지는 문제가 있었습니다. 이로 인해 CPU별로 따로 I/O를 스케줄링할 수 있는 멀티 큐 스케줄러가 도입됐습니다.

멀티 큐 스케줄러의 동작에는 다음 4가지가 있습니다.

- None

- BFQ(Budget Fair Queueing)

- mq-deadline

- Kyber

리눅스 버전 5.0 이후 클래식 큐는 커널에서 사라졌습니다. 모든 I/O 스케줄링은 멀티 큐 기반으로 동작합니다. BFQ는 CFQ와 비슷하지만 타임 슬라이스 대신 대역폭(bandwidth)을 기준으로 동작합니다. mq-deadline은 클래식 스케줄러의 Deadline을 멀티 큐 기반으로 바꾼 것입니다.

다음은 블록 I/O 요청이 스케줄링되고 서비스되는 과정을 그림으로 나타낸 것입니다.

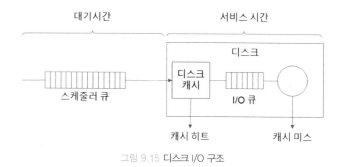

그림 9.15 디스크 I/O 구조

사용 중인 시스템에서 I/O 스케줄러는 다음 경로에서 확인 가능합니다.

```
$ ls /sys/block
loop0  loop1  loop2  loop3  loop4  loop5  loop6  loop7  sda
$ cat /sys/block/sda/queue/scheduler
noop deadline [cfq]
```

다음은 BCC tools 중 블록 I/O와 관련된 도구를 그림으로 나타낸 것입니다.

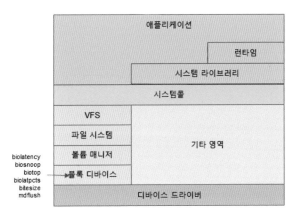

그림 9.16 디스크 I/O 관련 BCC tools

각 도구가 다루는 대상과 용도는 다음과 같습니다.

표 9.4 블록 I/O 관련 BCC/bpftrace tools

대상	BCC tools	bpftrace tools
블록 디바이스	biolatency biosnoop biotop biolatpcts bitesize mdflush	biolatency biosnoop biostack bitesize mdflush

biolatency

biolatency는 특정 시간 동안 I/O 처리 시간을 수집하고 이에 대한 통계를 추출합니다. 기본적으로는 요청의 종류나 장치 종류를 구분하지 않습니다. -D 옵션을 통해 장치별로 통계를 낼 수 있으며, -F 옵션을 사용하면 요청 종류와 플래그에 따라 나누어 표시됩니다. 요청의 종류에는 다음의 8개가 있습니다.

- Read
- Write
- Flush

- Discard

- SecureErase

- ZoneReset

- WriteSame

- WriteZeros

위 항목에 다음과 같은 플래그가 조합될 수 있습니다.

- Sync

- Metadata

- ForcedUnitAccess

- Priority

- NoMerge

- Idle

- ReadAhead

- Background

- NoWait

```
$ ./biolatency.py
Tracing block device I/O... Hit Ctrl-C to end.
^C
     usecs             : count    distribution
       0 -> 1          : 0        |                                        |
       2 -> 3          : 0        |                                        |
       4 -> 7          : 0        |                                        |
       8 -> 15         : 0        |                                        |
      16 -> 31         : 0        |                                        |
      32 -> 63         : 0        |                                        |
      64 -> 127        : 1        |                                        |
     128 -> 255        : 12       |********                                |
     256 -> 511        : 15       |**********                              |
```

```
    512 -> 1023    : 43    |*******************************     |
   1024 -> 2047    : 52    |************************************|
   2048 -> 4095    : 47    |********************************    |
   4096 -> 8191    : 52    |************************************|
   8192 -> 16383   : 36    |*************************           |
  16384 -> 32767   : 15    |*********                           |
  32768 -> 65535   : 2     |*                                   |
  65536 -> 131071  : 2     |*                                   |
```

biosnoop

biolatency에서 시스템의 전반적인 통계를 나타냈다면 biosnoop에서는 이를 프로세스 단위로 표시합니다.

```
$ ./biosnoop.py
TIME(s)     COMM         PID    DISK   T SECTOR     BYTES   LAT(ms)
0.000004    supervise    1950   xvda1  W 13092560   4096     0.74
0.000178    supervise    1950   xvda1  W 13092432   4096     0.61
0.001469    supervise    1956   xvda1  W 13092440   4096     1.24
0.001588    supervise    1956   xvda1  W 13115128   4096     1.09
1.022346    supervise    1950   xvda1  W 13115272   4096     0.98
1.022568    supervise    1950   xvda1  W 13188496   4096     0.93
1.023534    supervise    1956   xvda1  W 13188520   4096     0.79
1.023585    supervise    1956   xvda1  W 13189512   4096     0.60
2.003920    xfsaild/md0  456    xvdc   W 62901512   8192     0.23
2.003931    xfsaild/md0  456    xvdb   W 62901513   512      0.25
2.004034    xfsaild/md0  456    xvdb   W 62901520   8192     0.35
2.004042    xfsaild/md0  456    xvdb   W 63542016   4096     0.36
2.004204    kworker/0:3  26040  xvdb   W 41950344   65536    0.34
2.044352    supervise    1950   xvda1  W 13192672   4096     0.65
2.044574    supervise    1950   xvda1  W 13189072   4096     0.58
```

biotop

biotop은 biosnoop의 top 버전입니다. 실시간으로 화면을 갱신하면서 I/O 관련 지표를 보여줍니다.

```
$ ./biotop.py
Tracing... Output every 1 secs. Hit Ctrl-C to end
08:04:11 loadavg: 1.48 0.87 0.45 1/287 14547
PID     COMM            D MAJ MIN DISK        I/O   Kbytes   AVGms
14501   cksum           R 202 1   xvda1       361   28832    3.39
6961    dd              R 202 1   xvda1       1628  13024    0.59
13855   dd              R 202 1   xvda1       1627  13016    0.59
326     jbd2/xvda1-8    W 202 1   xvda1       3     168      3.00
1880    supervise       W 202 1   xvda1       2     8        6.71
1873    supervise       W 202 1   xvda1       2     8        2.51
1871    supervise       W 202 1   xvda1       2     8        1.57
1876    supervise       W 202 1   xvda1       2     8        1.22
1892    supervise       W 202 1   xvda1       2     8        0.62
1878    supervise       W 202 1   xvda1       2     8        0.78
1886    supervise       W 202 1   xvda1       2     8        1.30
1894    supervise       W 202 1   xvda1       2     8        3.46
1869    supervise       W 202 1   xvda1       2     8        0.73
1888    supervise       W 202 1   xvda1       2     8        1.48
```

biolatpcts

biolatpcts는 I/O 요청 지연 지표를 백분위수 형태로 나타냅니다. 다음 예를 보면 상위 1%의 read 요청은 95us만에 이뤄졌고, 가장 늦은 그룹의 100% 분위 요청은 10ms가 걸렸음을 알 수 있습니다.

```
$ ./biolatpcts.py /dev/nvme0n1
nvme0n1   p1     p5     p10    p16    p25    p50    p75    p84    p90    p95    p99    p100
read      95us   175us  305us  515us  895us  985us  995us  1.5ms  2.5ms  3.5ms  4.5ms  10ms
write     5us    5us    5us    15us   25us   135us  765us  855us  885us  895us  965us  1.5ms
discard   5us    5us    5us    5us    135us  145us  165us  205us  385us  875us  1.5ms  2.5ms
flush     5us    5us    5us    5us    5us    5us    5us    5us    5us    1.5ms  4.5ms  5.5ms
```

bitesize

bitesize는 특정 시간 동안 I/O 요청 횟수와 사이즈를 기록하고, 이를 요청한 프로세스별로 나눠서 출력합니다.

```
$ ./bitesize.py
Tracing... Hit Ctrl-C to end.
^C
Process Name = 'kworker/u128:1'
     Kbytes              : count    distribution
        0 -> 1           : 1        |********************                  |
        2 -> 3           : 0        |                                      |
        4 -> 7           : 2        |**************************************|
Process Name = 'bitesize.py'
     Kbytes              : count    distribution
        0 -> 1           : 0        |                                      |
        2 -> 3           : 0        |                                      |
        4 -> 7           : 0        |                                      |
        8 -> 15          : 0        |                                      |
       16 -> 31          : 0        |                                      |
       32 -> 63          : 0        |                                      |
       64 -> 127         : 0        |                                      |
      128 -> 255         : 1        |**************************************|
Process Name = 'dd'
     Kbytes              : count    distribution
        0 -> 1           : 3        |                                      |
        2 -> 3           : 0        |                                      |
        4 -> 7           : 6        |                                      |
        8 -> 15          : 0        |                                      |
       16 -> 31          : 1        |                                      |
       32 -> 63          : 1        |                                      |
       64 -> 127         : 0        |                                      |
      128 -> 255         : 0        |                                      |
      256 -> 511         : 1        |                                      |
      512 -> 1023        : 0        |                                      |
     1024 -> 2047        : 488      |**************************************|
```

mdflush

mdflush는 MD(Multi Disk) 드라이버에서 발생하는 flush 이벤트를 기록합니다.

다음은 mdflush의 실행 예입니다.

```
$ ./mdflush.py
Tracing md flush requests... Hit Ctrl-C to end.
TIME     PID    COMM            DEVICE
03:13:49 16770  sync            md0
03:14:08 16864  sync            md0
03:14:49 496    kworker/1:0H    md0
...
```

9.1.5 네트워크

이번 절에서는 네트워크 스택을 정리하겠습니다. 다음은 리눅스 네트워크 스택을 나타낸 그림입니다.

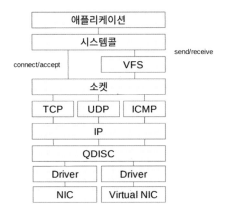

그림 9.17 네트워크 스택의 구조

주요 컴포넌트는 다음과 같습니다.

- 소켓

- TCP / UDP / ICMP/ IP

- QDISC(Queueing Discipline)

- 디바이스 드라이버

- NIC(Network Interface Card)

네트워크 관련 성능 옵션을 먼저 살펴보겠습니다.

커널 바이패스

NIC를 통해 들어온 네트워크 패킷은 커널 내를 돌아다니면서 다양한 구조체와 메타데이터가 생성됩니다. 이 과정에서 성능상의 불이익이 있을 수 있습니다. 앞서 언급된 DPDK(Data Plane Development Kit)과 같은 기술은 애플리케이션 레벨에서 프로토콜을 바로 구현하고 직접 NIC와 소통할 수 있게 도와줍니다. 이 경우 커널 영역을 바이패스했기 때문에 커널 레벨에서 수집되는 메트릭 등이 무효화될 수 있습니다.

XDP(Express Data Path)는 커널을 완전히 바이패스하는 대신 NIC에서 접근 가능한 BPF 훅을 제공합니다. 이를 통해 패킷 처리를 하드웨어로 오프로드하면서도 커널에서 가시성을 확보할 수 있습니다. Cilium 같은 프로젝트는 XDP를 통해 컨테이너 네트워크를 구현합니다.

RX/TX 스케일링

NIC에서는 일반적으로 하나의 CPU에 인터럽트를 보냅니다. 이로 인해 CPU가 네트워크 패킷을 처리하는 데 모든 힘을 다 써버릴 수도 있습니다. 이러한 현상을 완화하기 위해 가능한 한 NIC의 인터럽트를 여러 CPU에서 처리하도록 다음과 같은 다양한 방법이 사용됩니다.

- RSS(Receive Side Scaling)
- RPS(Receive Packet Scaling)
- RFS(Receive Flow Steering)
- aRFS(Accelerated Receive Flow Steering)
- XPS(Accelerated RFS, and Transmit Packet Steering)

RSS, RPS, RFS, aRFS는 RX 패킷, XPS는 TX 패킷에 대한 스케일링을 제공합니다. 자세한 내용은 커널의 관련 문서[3]를 참고하세요.

커넥션과 소켓

네트워크 커넥션은 다음과 같이 5개의 요소로 구분됩니다. 동일한 조합의 커넥션은 장비에서 하나만 존재할 수 있습니다.

---

3 https://www.kernel.org/doc/Documentation/networking/scaling.txt

- 프로토콜
- 출발지 IP
- 출발지 포트
- 도착지 IP
- 도착지 포트

소켓의 프로토콜은 socket() 시스템 콜에서 결정되며, 출발지의 IP와 포트는 bind(), 도착시의 IP 와 포트는 connect()에서 정해집니다. 여기서 TCP 커넥션이 연결되는 과정을 먼저 보겠습니다.

TCP 커넥션

TCP는 가장 흔히 쓰이는 송신 프로토콜 중 하나입니다. 수많은 애플리케이션과 시스템이 TCP 를 기반으로 합니다. 다음은 TCP 커넥션이 맺어지는 과정과 각 과정에서 소켓의 상태를 나타낸 그림입니다. TCP 커넥션은 3단계에 걸쳐 맺어지며, 이를 3 way 핸드셰이크라고 합니다.

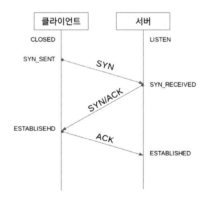

그림 9.18 TCP 커넥션 연결 과정

다음은 TCP 커넥션이 끊어지는 과정을 그림으로 나타냈습니다. 4단계 과정을 밟아 4 way 핸드 셰이크라고 불립니다.

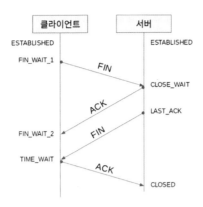

그림 9.19 TCP 커넥션 종료 과정

먼저 커넥션을 끊은 쪽에 `TIME_WAIT` 소켓이 생깁니다. `TIME_WAIT` 소켓은 기본적으로 60초 동안 시스템에 남습니다. 소켓을 만들고 바인드할 때 기본적으로는 동일한 출발지의 IP와 포트에 대해서는 하나의 소켓만 바인드할 수 있습니다. 이로 인해 `TIME_WAIT` 소켓이 너무 많아지면 사용 가능한 출발지 포트가 고갈되어 문제가 생길 수 있습니다. 이러한 동작은 아래 소켓 옵션에 따라 조정할 수 있습니다.

```
SO_REUSEADDR
```

```
SO_REUSEPORT
```

```
SO_LINGER
```

혹은 다음의 커널 전역 설정을 이용할 수 있습니다.

```
tcp_tw_resue
```

```
tcp_max_tw_buckets
```

TCP 백로그

리눅스에서는 TCP의 SYN 패킷을 받으면 3 way 핸드셰이크가 끝날 때까지 해당 패킷을 트래킹합니다. 하지만 SYN 패킷만 과도하게 보내는 등 DDoS 공격을 완화하기 위해 SYN 패킷에 대해서는 별도의 큐로 관리합니다. 즉, SYN 백로그, Listen 백로그로 2개의 큐를 사용합니다.

초기 패킷은 들어오면 먼저 SYN 백로그에서 대기하고 이후 커넥션이 연결되면 Listen 백로그로 들어갑니다. Listen 백로그에 있는 패킷부터 실제 애플리케이션에서 사용할 수 있습니다.

SYN flooding 공격 등이 이뤄지면 SYN 백로그에 있던 패킷은 드롭될 수 있습니다. Listen 백로그 역시 애플리케이션에서 빨리 커넥션을 가져가지 않으면 드롭됩니다.

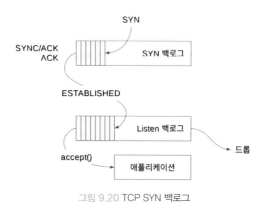

그림 9.20 TCP SYN 백로그

TCP 재전송

TCP에서 송신에 대한 응답이 오지 않은 경우 재전송이 이뤄집니다. 재전송은 다음 두 가지 조건에 따라 이뤄질 수 있습니다.

- 타이머 기반 재전송
- 빠른 재전송(Fast Retransmission)

시스템은 패킷을 보낼 때마다 타이머를 초기화합니다. 타이머 기반 재전송은 TCP 전송 관련 타이머가 만료될 때마다 발생합니다. 만료되는 경우를 몇 가지 살펴보면 다음과 같습니다.

- 송신자가 패킷을 송신. 어떤 이유에서인지 중간에 유실. 수신자 측에서는 아무 패킷도 못 받은 상황. 타이머가 만료.
- 송신자가 보낸 패킷에 대해 수신자가 ACK를 보냈지만 유실되고 타이머가 만료.
- 정상적으로 송수신자가 패킷을 보냈지만 네트워크 지연으로 인해 타이머가 만료.

위에서 시간 만료 기준은 RTO(Retransmission Timeout)로 정의됩니다. 지나치게 길면 패킷이 손실될 때 대기하는 시간이 길어지고, 짧으면 재전송이 자주 일어나는 문제가 생길 수 있습니다. RTO는 네트워크 상황에 따라 동적으로 변하는데, RTT(Round Trip Time)를 기준으로 합니다. RTT는 패킷이 송수신자를 왕복하는 데 걸리는 시간을 뜻하며, 다음 그림처럼 나타낼 수 있습니다.

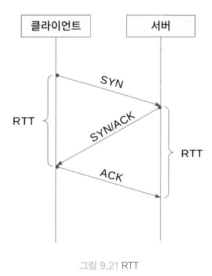

그림 9.21 RTT

타이머 기반 재전송에 비해 빠른 재전송은 동작이 단순합니다. 송신자가 3개의 중복된 ACK를 받으면 즉시 재전송합니다. 타이머 방식 대비 빠른 재전송이 이뤄진다는 장점이 있습니다. 하지만 ACK를 3개 받을 때까지 패킷 손실을 확인할 수가 없다는 한계가 있습니다.

리눅스에서는 재전송과 관련해 그외 다음과 같은 옵션이 존재합니다.

- ER(Early Retransmission)
- TLP(Tail Loss Probe)
- RACK(Recent Ack)

TCP 송신/수신 버퍼

TCP의 데이터의 전송량은 송신/수신 버퍼의 사이즈로 조정할 수 있습니다. 패킷은 한 번에 MTU(Maximum Transmission Unit) 크기만큼 보낼 수 있으며, 크기가 그 이상인 데이터는 세그먼트 단위로 나뉘어 보내집니다. 다음 그림에서 MSS(Maximum Segment Size)는 MTU 에서 TCP 헤더를 제거한 값입니다.

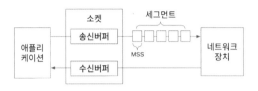

그림 9.22 TCP 송신/수신 버퍼

여러 개의 작은 패킷을 전송할 때 커널 내 네트워크 스택의 부하를 줄이기 위해 세그먼테이션을 NIC에게 오프로드할 수 있습니다. 이를 활용하면 애플리케이션이나 커널에서 MTU보다 큰 사이즈의 패킷을 사용할 수 있습니다. 이 패킷은 NIC에서 다시 MTU 크기로 분할합니다. 다음과 같은 기술이 사용됩니다.

- TSO(TCP Segmentation Offload)
- GSO(Generic Segmentation Offload)
- GRO(Generic Receive Offload)

이는 다음과 같이 확인할 수 있습니다.

```
$ ethtool -k eth0 | grep offlod
tcp-segmentation-offload: on
generic-segmentation-offload: on
generic-receive-offload: on
...
```

리눅스에서 세그먼테이션 오프로드에 대한 자세한 내용은 커널 내 문서[4]를 확인합니다.

TCP 흐름 제어

TCP에서 흐름 제어(Flow Control)는 송신자가 수신자의 수신 버퍼가 넘치지 않게 전송량을 조정하는 것을 뜻합니다.

---

4   https://www.kernel.org/doc/Documentation/networking/segmentation-offloads.txt

TCP 혼잡 제어

TCP에서 혼잡 제어는 네트워크의 상황에 따라 데이터 전송을 제어하는 것을 뜻합니다. 네트워크에 지연이 발생했을 때 그대로 두면 패킷의 재전송량이 늘어나면서 문제가 더 악화될 수 있습니다. 이를 혼잡 붕괴(congestion collapse)라고도 합니다. 이런 문제를 회피하기 위해 네트워크의 혼잡 상태가 감지되면 송신 측의 데이터 전송량, 윈도우 크기를 강제로 줄이는데, 이를 혼잡 제어(congestion control)라고 하며, 다음과 같은 알고리즘이 사용됩니다.

  Cubic

  Reno

  Tahoe

  DCTCP(DataCenterTCP)

  BBR(Bottleneck Bandwidth and Round-trip propagation time)

내용은 각기 다르지만, 모두 네트워크의 혼잡이 발생하면 윈도우의 크기를 줄이거나 증가시키지 않으면서 혼잡을 회피한다는 공통점이 있습니다. 흐름 제어와 달리 송신 측에서 제어를 결정합니다.

QDISC

리눅스에서 QDISC는 Queuing Discipline의 약자입니다. QDISC에서 다루는 항목은 다음 같은 내용을 포함합니다.

  Traffic Classification: 패킷 분류

  Scheduling: 패킷 순서 조절

  Manipulation: 패킷 조작

  Filtering: 패킷 드롭

  Shaping: 데이터 레이트 조정

사용자 영역에서는 위 기능들을 tc 도구를 통해 처리할 수 있습니다. TC 인터페이스는 BPF 프로그램을 특정 인터페이스에 바인딩하는 데도 사용됩니다. 앞서 BCC의 예제에서는 pyroute2 패키지를 통해 TC로 BPF 프로그램을 바인딩했습니다.

시스템 매뉴얼에서 TC와 관련된 여러 가이드를 확인할 수 있습니다.

```
$ man -k tc-
tc-actions (8)          - independently defined actions in tc
tc-basic (8)            - basic traffic control filter
tc-bfifo (8)            - Packet limited First In, First Out queue
tc-bpf (8)              - BPF programmable classifier and actions for ingress/egress
queueing disciplines
tc-cbq (8)              - Class Based Queueing
tc-cbq-details (8)      - Class Based Queueing
tc-cbs (8)              - Credit Based Shaper (CBS) Qdisc
tc-cgroup (8)           - control group based traffic control filter
tc-choke (8)            - choose and keep scheduler
tc-codel (8)            - Controlled-Delay Active Queue Management algorithm
tc-connmark (8)         - netfilter connmark retriever action
tc-csum (8)             - checksum update action
tc-drr (8)              - deficit round robin scheduler
tc-ematch (8)           - extended matches for use with "basic" or "flow" filters
tc-flow (8)             - flow based traffic control filter
tc-flower (8)           - flow based traffic control filter
tc-fq (8)               - Fair Queue traffic policing
tc-fq_codel (8)         - Fair Queuing (FQ) with Controlled Delay (CoDel)
...
```

그 밖에 다음과 같은 성능 옵션이 있습니다.

- Nagle: TCP_NODELAY

- Pacing: SO_MAX_PACING_RATE

- EDT(Early Departure Time): SO_TXTIME

- BQL(Byte Queue Limits)

- TSQ(TCP Small Queues)

네트워크 지연

네트워크는 다양한 구간에서 지연이 발생할 수 있습니다. 다음은 대표적인 지연 구간입니다.

- DNS

- Ping(ICMP)

- TCP 커넥션

- TTFB(Time To First Byte)

- RTT(Round Trip Time)

다음은 네트워크 스택을 타깃으로 하는 BCC tools입니다.

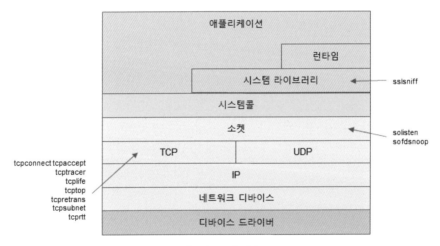

그림 9.23 네트워크 스택 관련 BCC tools

각 도구의 대상 및 용도는 다음과 같습니다.

표 9.5 네트워크 관련 BCC/bpftrace tools

대상	BCC tools	bpftrace tools
소켓	solisten sofdsnoop	N/A
TCP	tcpconnect tcpaccept tcplife tcptop tcpretrans tcptracer tcpsubnet tcpstates tcprtt	tcpaccept tcpconnect tcpdrop tcplive tcpretrans tcpsynbl
DNS	gethostlatency	gethostlatency
TLS	sslsniff	N/A

tcpconnect/tcpaccept

tcpconnect는 connect() 시스템 콜을, tcpaccept는 accept() 시스템 콜을 추적합니다. connect()는 능동적(active connection)으로, accept()는 수동적(passive connection)으로 TCP 커넥션을 연결합니다. 다음은 tcpconnect의 실행 예입니다.

```
$ ./tcpconnect.py
PID    COMM        IP SADDR           DADDR              DPORT
1479   telnet      4  127.0.0.1       127.0.0.1          23
1469   curl        4  10.201.219.236  54.245.105.25      80
1469   curl        4  10.201.219.236  54.67.101.145      80
1991   telnet      6  ::1             ::1                23
2015   ssh         6  fe80::2000:bff:fe82:3ac fe80::2000:bff:fe82:3ac 22
```

다음은 tcpaccept의 실행 예입니다.

```
$ ./tcpaccept.py
PID    COMM        IP RADDR           RPORT  LADDR           LPORT
```

```
907    sshd        4  192.168.56.1      32324  192.168.56.102   22
907    sshd        4  127.0.0.1         39866  127.0.0.1        22
5389   perl        6  1234:ab12:2040:5020:2299:0:5:0 52352
1234:ab12:2040:5020:2299:0:5:0 7001
```

tcptracer

tcptracer는 TCP 연결을 추적합니다. tcpconnect와 tcpaccept를 합쳐 놓은 모양새입니다. T 열로 상태를 표시하며, 표현되는 상태는 각각 다음과 같습니다.

C: Connect

X: Close

A: Accept

다음을 보면 python에서 8090 포트로 연결 대기(listen)하고 있습니다. curl에서 커넥션을 먼저 생성했고 이후 python에서 커넥션을 먼저 끊은 것을 확인할 수 있습니다. 이 경우 먼저 close를 한 python에서 커넥션을 능동적으로 끊었다고(active close) 합니다. curl 입장에서는 커넥션이 수동적으로 끊긴(passive close) 것입니다.

```
$ ./tcptracer.py
Tracing TCP established connections. Ctrl-C to end.
T  PID   COMM        IP SADDR        DADDR          SPORT  DPORT
C  7857  curl        4  127.0.0.1    127.0.0.1      54280  8090
A  7344  python      4  127.0.0.1    127.0.0.1      8090   54280
X  7344  python      4  127.0.0.1    127.0.0.1      8090   54280
X  7857  curl        4  127.0.0.1    127.0.0.1      54280  8090
```

이후 ss 같은 도구로 소켓의 상태를 확인해 보면 로컬 포트인 8090으로 time-wait 상태인 소켓을 확인할 수 있을 것입니다.

```
$ ss -tan | grep 8090
State      Recv-Q  Send-Q    Local Address:Port      Peer Address:Port    Process
LISTEN     0       5             0.0.0.0:8090            0.0.0.0:*
TIME-WAIT  0       0         127.0.0.1:8090          127.0.0.1:54280
```

tcpstates

앞에서 본 tcptracer에서 더 나아가 socket의 상태 전이와 각 상태에서 머문 시간을 함께 표시합니다.

```
$ tcpstates.py
SKADDR            C-PID C-COMM     LADDR          LPORT RADDR          RPORT OLDSTATE
-> NEWSTATE    MS
ffff9fd7e8192000 22384 curl        100.66.100.185 0     52.33.159.26   80    CLOSE
-> SYN_SENT    0.000
ffff9fd7e8192000 0     swapper/5   100.66.100.185 63446 52.33.159.26   80    SYN_SENT
-> ESTABLISHED 1.373
ffff9fd7e8192000 22384 curl        100.66.100.185 63446 52.33.159.26   80    ESTABLISHED
-> FIN_WAIT1   176.042
ffff9fd7e8192000 0     swapper/5   100.66.100.185 63446 52.33.159.26   80    FIN_WAIT1
-> FIN_WAIT2   0.536
ffff9fd7e8192000 0     swapper/5   100.66.100.185 63446 52.33.159.26   80    FIN_WAIT2
-> CLOSE       0.006
```

tcplife

다른 비슷한 이름의 BCC tools처럼 tcplife도 특정 시간 동안 발생한 TCP 커넥션을 추적합니다. 특정 시간 내에 커넥션이 열리고 닫힌 경우만 로그됩니다. 앞에서 본 도구와 달리 송수신된 데이터의 크기와 소요 시간을 함께 표현합니다.

```
$ ./tcplife.py
PID    COMM      LADDR         LPORT RADDR         RPORT TX_KB RX_KB MS
22597  recordProg 127.0.0.1    46644 127.0.0.1     28527 0     0 0.23
3277   redis-serv 127.0.0.1    28527 127.0.0.1     46644 0     0 0.28
22598  curl       100.66.3.172 61620 52.205.89.26  80    0     1 91.79
22604  curl       100.66.3.172 44400 52.204.43.121 80    0     1 121.38
22624  recordProg 127.0.0.1    46648 127.0.0.1     28527 0     0 0.22
3277   redis-serv 127.0.0.1    28527 127.0.0.1     46648 0     0 0.27
22647  recordProg 127.0.0.1    46650 127.0.0.1     28527 0     0 0.21
3277   redis-serv 127.0.0.1    28527 127.0.0.1     46650 0     0 0.26
```

tcptop

tcptop은 커넥션 현황을 top 형태로 보여줍니다. 커넥션이 지속되지 않으면 바로 사라지므로 짧은 커넥션을 살펴보기에는 적당하지 않습니다.

```
$ ./tcptop.py
Tracing... Output every 1 secs. Hit Ctrl-C to end
<screen clears>
19:46:24 loadavg: 1.86 2.67 2.91 3/362 16681
PID    COMM    LADDR              RADDR                     RX_KB  TX_KB
16648  16648   100.66.3.172:22    100.127.69.165:6684          1      0
16647  sshd    100.66.3.172:22    100.127.69.165:6684          0   2149
14374  sshd    100.66.3.172:22    100.127.69.165:25219         0      0
14458  sshd    100.66.3.172:22    100.127.69.165:7165          0      0
PID    COMM    LADDR6                            RADDR6
RX_KB  TX_KB
16681  sshd    fe80::8a3:9dff:fed5:6b19:22       fe80::8a3:9dff:fed5:6b19:16606
1      1
16679  ssh     fe80::8a3:9dff:fed5:6b19:16606    fe80::8a3:9dff:fed5:6b19:22
1      1
16680  sshd    fe80::8a3:9dff:fed5:6b19:22       fe80::8a3:9dff:fed5:6b19:16606
0      0
```

tcpretrans

tcpretrans는 TCP 재전송 이벤트를 추적합니다. PID를 같이 나타내지만 대부분의 TCP 재전송은 커널에서 처리하므로 대부분 0의 값만 보여줍니다.

```
$ ./tcpretrans.py
TIME      PID   IP LADDR:LPORT          T> RADDR:RPORT         STATE
01:55:05  0     4  10.153.223.157:22    R> 69.53.245.40:34619  ESTABLISHED
01:55:05  0     4  10.153.223.157:22    R> 69.53.245.40:34619  ESTABLISHED
01:55:17  0     4  10.153.223.157:22    R> 69.53.245.40:22957  ESTABLISHED
```

-1 옵션을 사용하면 TLP(Tail Loss Probe) 요청을 함께 볼 수 있습니다. 다음 예제에서 'L>'이 포함된 줄입니다.

```
$ ./tcpretrans.py -l
TIME      PID    IP LADDR:LPORT           T> RADDR:RPORT          STATE
01:55:45 0      4  10.153.223.157:22     R> 69.53.245.40:51601   ESTABLISHED
01:55:46 0      4  10.153.223.157:22     R> 69.53.245.40:51601   ESTABLISHED
01:55:46 0      4  10.153.223.157:22     R> 69.53.245.40:51601   ESTABLISHED
01:55:53 0      4  10.153.223.157:22     L> 69.53.245.40:46444   ESTABLISHED
01:56:06 0      4  10.153.223.157:22     R> 69.53.245.40:46444   ESTABLISHED
01:56:06 0      4  10.153.223.157:22     R> 69.53.245.40:46444   ESTABLISHED
01:56:08 0      4  10.153.223.157:22     R> 69.53.245.40:46444   ESTABLISHED
01:56:08 0      4  10.153.223.157:22     R> 69.53.245.40:46444   ESTABLISHED
01:56:08 1938   4  10.153.223.157:22     R> 69.53.245.40:46444   ESTABLISHED
01:56:08 0      4  10.153.223.157:22     R> 69.53.245.40:46444   ESTABLISHED
01:56:08 0      4  10.153.223.157:22     R> 69.53.245.40:46444   ESTABLISHED
```

-c 옵션을 사용하면 커넥션별로 재전송 횟수를 볼 수 있습니다.

```
$ ./tcpretrans.py -c
Tracing retransmits ... Hit Ctrl-C to end
^C
LADDR:LPORT                RADDR:RPORT              RETRANSMITS
192.168.10.50:60366  <-> 172.217.21.194:443        700
192.168.10.50:666    <-> 172.213.11.195:443        345
192.168.10.50:366    <-> 172.212.22.194:443        211
```

tcpsubnet

tcpsubnet은 서브넷별로 네트워크 처리량(throughput)을 측정합니다. IPv4에서만 동작합니다.

```
$ ./tcpsubnet.py
Tracing... Output every 1 secs. Hit Ctrl-C to end
[01/11/21 20:25:30]
127.0.0.1/32          50149
10.0.0.0/8            4141
[01/11/21 20:25:31]
127.0.0.1/32          441006
10.0.0.0/8            7928
[01/11/21 20:25:32]
```

```
127.0.0.1/32            42755
10.0.0.0/8               7904
[01/11/21 20:25:33]
10.0.0.0/8               7704
127.0.0.1/32             5330
[01/11/21 20:25:34]
127.0.0.1/32            42131
10.0.0.0/8               3735
```

tcprtt

tcprtt는 RTT(Round Trip Time)를 측정합니다. 특정 시간 동안 네트워크 내 지연 상황을 측정하는 데 이용할 수 있습니다.

```
$ ./tcprtt.py -i 1 -d 10 -m
Tracing TCP RTT... Hit Ctrl-C to end.
    msecs               : count      distribution
       0 -> 1           : 4          |                                        |
       2 -> 3           : 0          |                                        |
       4 -> 7           : 1055       |****************************************|
       8 -> 15          : 26         |                                        |
      16 -> 31          : 0          |                                        |
      32 -> 63          : 0          |                                        |
      64 -> 127         : 18         |                                        |
     128 -> 255         : 14         |                                        |
     256 -> 511         : 14         |                                        |
     512 -> 1023        : 12         |                                        |
```

solisten

solisten은 TCP 연결을 기다리는 listen 상태의 소켓을 추적합니다(유닉스 소켓이나 UDP 소켓은 확인할 수 없습니다). NETNS 열은 네트워크 네임스페이스(network namespace)를 뜻합니다. 컨테이너와 같은 환경에서 만들어진 소켓은 다른 프로세스와 다른 네트워크 네임스페이스를 갖습니다. BACKLOG 열을 통해 동시에 몇 개의 커넥션을 해당 소켓에서 받아들일 수 있는지 알 수 있습니다.

```
$ ./solisten.py --show-netns
PID   COMM          NETNS        PROTO  BACKLOG  ADDR                   PORT
3643  nc            4026531957   TCPv4  1        0.0.0.0                4242
3659  nc            4026531957   TCPv6  1        2001:f0d0:1002:51::4   4242
4221  redis-server  4026532165   TCPv6  128      ::                     6379
4221  redis-server  4026532165   TCPv4  128      0.0.0.0                6379
6067  nginx         4026531957   TCPv4  128      0.0.0.0                  80
6067  nginx         4026531957   TCPv6  128      ::                       80
6069  nginx         4026531957   TCPv4  128      0.0.0.0                  80
6069  nginx         4026531957   TCPv6  128      ::                       80
6069  nginx         4026531957   TCPv4  128      0.0.0.0                  80
6069  nginx         4026531957   TCPv6  128      ::
```

sofdsnoop

sofdsnoop은 sendmsg/recvmsg를 통해 유닉스 소켓으로 전달된 FD(File Descriptor)를 추적합니다. Nginx, HAProxy, Envoy 등 많은 도구가 핫 리로드(hot reload)를 지원합니다. 이때 기존에 인스턴스에서 사용 중인 listen 소켓을 새로운 인스턴스에서 사용하게 해야 합니다. 이에 열린 소켓의 파일 디스크립션(file description)을 유닉스 소켓을 통해 다른 프로세스로 전달하는 방법(socket takeover)이 사용됩니다. sofdsnoop을 활용하면 이와 관련된 동작을 관찰할 수 있습니다.

다음을 보면 SEND 줄에만 넘겨진 파일의 이름을 확인할 수 있습니다.

```
$ ./sofdsnoop.py
ACTION TID    COMM            SOCKET               FD    NAME
SEND   2576   Web Content     24:socket:[39763]    51    /dev/shm/org.mozilla.
ipc.2576.23874
RECV   2576   Web Content     49:socket:[809997]   51
SEND   2576   Web Content     24:socket:[39763]    58    N/A
RECV   2464   Gecko_IOThread  75:socket:[39753]    55
```

FD는 파일 디스크립터로, 프로세스 내에서 정의되는 것이므로 수신 측에서 보이는 FD는 달라집니다. FD 이름은 달라도 동일한 파일 디스크립션을 갖습니다.

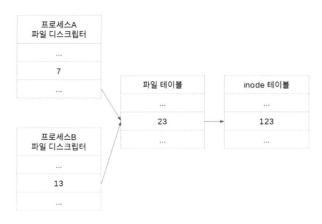

그림 9.24 파일 디스크립터와 파일 디스크립션

sslsniff

sslsniff는 SSL 연결을 추적합니다. 다음 3가지 라이브러리를 지원합니다.

- OpenSSL

- GnuTLS

- NSS

보통 tcpdump 같은 도구를 활용해 HTTPS와의 통신을 확인할 때 암호화된 데이터를 보기가 다소 번거롭습니다. sslsniff를 활용하면 TLS 과정에서 암호화되기 전의 데이터를 확인할 수 있어 편리합니다.

```
$ ./sslsniff.py
FUNC          TIME(s)          COMM          PID    LEN
WRITE/SEND    0.000000000      curl          12915  75
----- DATA -----
GET / HTTP/1.1
Host: example.com
User-Agent: curl/7.50.1
Accept: */*

----- END DATA -----
```

sslsniff는 앞에서 언급한 라이브러리의 uprobe에 바인딩됩니다. 대상 호스트가 HTTP/1.1로 통신하는 경우 정상적으로 동작하지만 HTTP/2 이상의 프로토콜로 통신하는 경우 다음과 같이 데이터가 정상적으로 나타나지 않습니다.

```
FUNC         TIME(s)            COMM          PID    LEN
WRITE/SEND   0.000000000        curl          7130   24
----- DATA -----
PRI * HTTP/2.0
SM
----- END DATA -----
WRITE/SEND   0.000828002        curl          7130   27
----- DATA -----
----- END DATA -----
```

curl을 사용하는 경우 --http1.1 옵션을 사용하면 HTTP/1.1로 통신하도록 강제할 수 있습니다.

혹시 다음과 같은 에러가 나는 경우 관련 라이브러리가 없어서 해당 uprobe를 가져오지 못했기 때문입니다. 다음은 nspr4 라이브러리가 없어서 나타나는 에러입니다.

```
Traceback (most recent call last):
  File "./sslsniff.py", line 155, in <module>
    b.attach_uprobe(name="nspr4", sym="PR_Write", fn_name="probe_SSL_write",
  File "/usr/lib/python3/dist-packages/bcc/__init__.py", line 1023, in attach_uprobe
    (path, addr) = BPF._check_path_symbol(name, sym, addr, pid, sym_off)
  File "/usr/lib/python3/dist-packages/bcc/__init__.py", line 756, in _check_path_symbol
    raise Exception("could not determine address of symbol %s" % symname)
Exception: could not determine address of symbol b'PR_Write'
```

이 문제는 해당 라이브러리를 설치하면 해결됩니다.

```
$ dnf install libnspr4
```

혹은 다음과 같은 옵션들을 사용하면 해당 라이브러리에 대해서는 uprobe를 등록하지 않아 정상적으로 실행할 수 있습니다.

```
$ ./sslsniff.py --help | grep no
 -o, --no-openssl      do not show OpenSSL calls.
 -g, --no-gnutls       do not show GnuTLS calls.
 -n, --no-nss          do not show NSS calls.
```

9.2 애플리케이션

이번 절에서는 사용자 영역에서 작성된 프로그램에 대해 살펴봅니다. 먼저 애플리케이션을 분석하는 관점에서 중요한 몇 가지 기준을 살펴보겠습니다.

스레드 모델

분석하고자 하는 대상의 스레드 모델은 중요한 정보입니다. 일반적인 서버 프로그램이라면 프리포크된 프로세스나 스레드풀을, 혹은 이벤트 베이스의 워커 스레드를 사용할 수 있을 것입니다. 각각의 성격에 따라 병목 지점이 될 수 있는 부분을 염두에 둬야 합니다.

I/O 모델

애플리케이션에서 사용하는 I/O 작업의 유형도 고려해봅니다. 블록 I/O를 사용하는 경우, 이를 호출한 스레드가 I/O 작업이 끝날 때까지 블록됩니다. 이와 같은 요청이 빈번하게 이뤄진다면 I/O마다 스레드가 생성되면서 작업 비용이 증가하게 됩니다. 또한 많은 스레드로 인해서 잦은 컨텍스트 스위칭 문제가 발생할 수 있습니다.

On/Off CPU

스레드가 CPU에서 동작 중이면 On CPU 이외의 경우는 Off CPU입니다. 다양한 경로로 Off CPU 상태에 빠질 수 있습니다. 먼저 애플리케이션에서 사용하는 락(lock)을 고려해보면 좋습니다. 보통 아래 범주에 속합니다.

- 스핀락(Spin Lock)
- 뮤텍스(Mutex)
- RW락(RW Lock)
- 세마포어(Semaphore)

스핀락의 경우 On CPU 상태를 유지하지만 그외의 경우 블록되며 Off CPU 상태가 됩니다. 공유 리소스에 따라 비효율적인 락을 사용하고 있을 수도 있고 잘못된 프로그래밍으로 인해 데드락(deadlock)에 빠질 수도 있습니다.

락이 아니더라도 프로그램에서 의도적으로 일정 시간 슬립을 하고 있을 수도 있습니다. 이 지점 역시 상황에 따라 병목 구간이 될 수도 있습니다. 이렇게 락이나 슬립으로 인해 관찰 대상이 Off CPU 상황에 놓일 수 있는데 모두 좋은 관찰 기준이 됩니다.

정리하면 애플리케이션의 입장에서는 다음과 같은 관찰 기준을 둘 수 있습니다.

    함수 호출
    스레드 생성과 소멸
    락
    슬립
    시그널

다음은 이와 관련된 BPF 도구입니다.

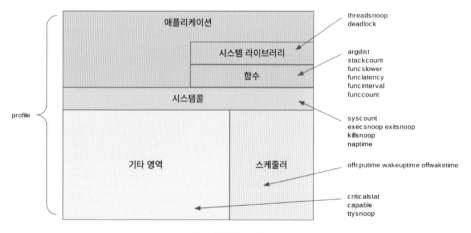

그림 9.25 관련 BCC tools

표 9.6 애플리케이션 관련 BCC tools

BCC tools	대상	용도
execsnoop	프로세스	프로세스 생성 추적
exitsnoop	프로세스	프로세스 소멸 추적
threadsnoop	스레드	스레드 생성 추적
syscount	시스템 콜	시스템 콜 사용 분포 출력
killsnoop	시그널	시그널 추적
ttysnoop	터미널	TTY/PTS 추적
naptime	CPU	슬립 추적
profile	CPU	CPU 프로파일
argdist	함수	함수 인자 사용 분포 출력
stackcount	함수	스택 트레이스
funcslower	함수	일정 기준 이상 느린 함수 확인
funclatency	함수	함수 처리 시간 분포
funcinterval	함수	함수 호출 빈도 확인
funccount	함수	함수 호출 횟수 확인
deadlock	뮤텍스	데드락 탐지
criticalstat	크리티컬 섹션	크리티컬 섹션 추적
capable	Capabilities	Capability 사용 추적

프로그래밍 언어

또한 애플리케이션이 작성된 프로그래밍 언어의 종류도 고려해야 합니다. BPF 입장에서 애플리케이션을 바라보는 것은 커널 입장에서 사용자 영역을 가늠하는 것과 같아서 C 같은 컴파일 언어는 상대적으로 커널에서 쉽게 관찰할 수 있지만 인터프리터를 통하거나 별도 런타임이나 가상 머신을 통해 실행되는 언어는 상대적으로 분석하기에 충분한 정보를 얻기 어려울 수 있습니다. 상황에 따라 다른 접근법이 필요할 수 있습니다.

먼저 빌드 방식에 따라 나눠보면 다음과 같습니다.

- 컴파일
- 인터프리터
- JIT

메모리 관리 방식에 따라 다음과 같이 구분하기도 합니다.

- 개발자가 직접 관리
- 가비지 컬렉터 등 런타임에서 관리

또한 언어별로 볼 때 우리가 살펴볼 이벤트는 다음 3가지입니다. 언어별로 각 이벤트를 어떻게 활용할 수 있는지 알아보겠습니다.

- uprobe
- uretprobe
- USDT

그 외 BCC tools 중 몇 가지는 프로그래밍 언어별로 존재하는 공통적인 트레이싱 포인트를 추적할 수 있는 도구를 제공합니다. 각각 다음과 같습니다.

표 9.7 애플리케이션 관련 BCC tools

BCC tools	설명	지원 대상
ucalls	함수 호출 빈도 추적	자바, 파이썬, 루비, 펄, PHP, 시스템 콜
uflow	함수의 시작 및 종료점을 추적	자바, 파이썬, 루비, 펄, PHP
ugc	가비지 컬렉션 추적	자바, 파이썬, 노드, 루비
uobjnew	힙 메모리 할당 추적	자바, 루비, 펄
uthreads	스레드 생성/소멸 추적	자바, Pthread
ustat	여러 이벤트에 대한 통계	자바, 노드, 루비

언어별 지원 여부는 다음과 같습니다.

표 9.8 언어별 BCC tools 지원 현황

BCC tools	자바	파이썬	노드	루비	펄	PHP
ucalls	O	O	X	O	O	O
uflow	O	O	X	O	O	O
ugc	O	O	O	O	X	X
uobjnew	O	X	X	O	O	X
uthreads	O	X	X	X	X	X
ustat	O	X	O	O	X	O

위 도구는 언어별 런타임에서 제공하는 USDT에 의존적입니다. C/C++, 고랭, 러스트처럼 별도의 가상 머신이나 인터프리터에 의존하지 않는 언어는 지원하지 않습니다. 또한 언어별 런타임에서 USDT를 제공하지 않으면 정상적으로 동작하지 않습니다. 언어별로 어떻게 USDT를 제공할지 뒤에서 다시 살펴보겠습니다.

먼저 각각에 대해 대략적인 사용 예를 보겠습니다.

ucalls

ucalls는 특정 시간 동안 호출된 함수와 호출 횟수를 알려줍니다. 이어지는 다른 도구를 포함해서 다음과 같이 지원되는 언어를 옵션으로 넣어서 사용합니다.

```
$ ./ucalls.py -l java ${PID}
```

none으로 지정하고 -S 옵션을 사용하면 시스템 콜만 확인할 수 있습니다.

```
$ ucalls -l none -S $(pidof dockerd)
Attached kernel tracepoints for syscall tracing.
Tracing calls in process 7913 (language: none)... Ctrl-C to quit.
^C
METHOD                                      # CALLS
sched_yield                                       2
nanosleep                                         2
futex                                            16
Detaching kernel probes, please wait...
```

-T 옵션을 사용하면 특정 시간 동안 호출 횟수가 높은 순으로 상위 몇 개의 함수만 뽑고, -L 옵션
을 쓰면 함수별 누적 소요 시간을 표시합니다.

```
$ ./ucalls.py -l none -SLT 10 $(pidof bash)
Attached kernel tracepoints for syscall tracing.
Tracing calls in process 245335 (language: none)... Ctrl-C to quit.
^C
METHOD                                      # CALLS TIME (us)
select                                           39   73.08
pipe                                              6  100.49
rt_sigaction                                    228  103.48
ioctl                                           148  153.28
read                                             45  155.65
write                                            56  238.83
clone                                             6 1024.42
stat                                             40 65140.26
wait4                                            10 1956349.61
pselect6                                         47 7251613.91
Detaching kernel probes, please wait...
```

uflow

uflow는 함수의 진입점과 끝점을 보여줍니다. 이를 통해 프로그램의 대략적인 실행 흐름을 알 수
있습니다. 다음 출력 결과를 보면 '->'는 해당 함수로의 진입을, '<-'는 해당 함수에서 나왔음을
알 수 있습니다.

```
$ ./uflow.py -l ruby 27245
Tracing method calls in ruby process 27245... Ctrl-C to quit.
CPU PID    TID    TIME(us) METHOD
3   27245  27245  4.536    <- IO.gets
3   27245  27245  4.536    <- IRB::StdioInputMethod.gets
3   27245  27245  4.536    -> IRB::Context.verbose?
3   27245  27245  4.536      -> NilClass.nil?
3   27245  27245  4.536      <- NilClass.nil?
3   27245  27245  4.536    -> IO.tty?
3   27245  27245  4.536    <- IO.tty?
3   27245  27245  4.536      -> Kernel.kind_of?
```

```
3   27245  27245  4.536         <- Kernel.kind_of?
3   27245  27245  4.536         <- IRB::Context.verbose?
3   27245  27245  4.536         <- IRB::Irb.signal_status
3   27245  27245  4.536       -> String.chars
3   27245  27245  4.536       <- String.chars
^C
```

-C 옵션을 사용하면 특정 클래스나 메서드로 필터링할 수 있습니다.

```
$ ./uflow.py -C java/lang/Thread $(pidof java)
Tracing method calls in java process 27722... Ctrl-C to quit.
CPU PID    TID    TIME(us) METHOD
3   27722  27731  3.144    -> java/lang/Thread.<init>
3   27722  27731  3.144      -> java/lang/Thread.init
3   27722  27731  3.144        -> java/lang/Thread.init
3   27722  27731  3.144          -> java/lang/Thread.currentThread
3   27722  27731  3.144          <- java/lang/Thread.currentThread
3   27722  27731  3.144          -> java/lang/Thread.getThreadGroup
3   27722  27731  3.144          <- java/lang/Thread.getThreadGroup
3   27722  27731  3.144          -> java/lang/ThreadGroup.checkAccess
...
```

ugc

ugc는 GC(Garbage Collection) 이벤트를 추적합니다. GC를 처리하는 데 걸린 시간도 함께 기록됩니다.

```
$ ugc.py $(pidof node)
Tracing garbage collections in node process 30012... Ctrl-C to quit.
START   TIME (us) DESCRIPTION
1.500   1181.00  GC scavenge
1.505   1704.00  GC scavenge
1.509   1534.00  GC scavenge
...
1.659   11249.00 GC scavenge
1.678   16084.00 GC scavenge
1.747   15250.00 GC scavenge
```

```
1.937    191.00   GC incremental mark
2.001    63120.00 GC mark-sweep-compact
3.185    153.00   GC incremental mark
3.207    20847.00 GC mark-sweep-compact
```

-M 옵션으로 일정 시간 이상 걸린 GC 이벤트만 필터링할 수 있습니다.

```
$ ugc.py -M 1 $(pidof java)
Tracing garbage collections in java process 29907... Ctrl-C to quit.
START    TIME (us) DESCRIPTION
0.160    3715.00   MarkSweepCompact Code Cache used=287528->3209472
max=173408256->251658240
0.160    3975.00   MarkSweepCompact Metaspace used=287528->3092104
max=173408256->18446744073709551615
0.160    4058.00   MarkSweepCompact Compressed Class Space used=287528->266840
max=173408256->1073741824
0.160    4110.00   MarkSweepCompact Eden Space used=287528->0 max=173408256->69337088
0.160    4159.00   MarkSweepCompact Survivor Space used=287528->0 max=173408256->8650752
0.160    4207.00   MarkSweepCompact Tenured Gen used=287528->287528
max=173408256->173408256
0.160    4289.00      used=0->0 max=0->0
```

또 -F 옵션으로 GC Description에 존재하는 문자열을 기준으로도 필터링할 수 있습니다.

```
$ ugc.py -F Tenured $(pidof java)
Tracing garbage collections in java process 29907... Ctrl-C to quit.
START    TIME (us) DESCRIPTION
0.360    4309.00   MarkSweepCompact Tenured Gen used=287528->287528
max=173408256->173408256
2.459    4232.00   MarkSweepCompact Tenured Gen used=287528->287528
max=173408256->173408256
4.648    4139.00   MarkSweepCompact Tenured Gen used=287528->287528 max=173408256-
>173408256
```

uobjnew

uobjnew는 동적 할당 이벤트에 바인딩됩니다. 이를 통해 어떤 지점에서 얼마나 메모리 할당 요청이 이뤄졌는지 확인할 수 있습니다.

```
$ ./uobjnew.py -l ruby 27245
Tracing allocations in process 27245 (language: ruby)... Ctrl-C to quit.
TYPE                         # ALLOCS      # BYTES
NameError                           1            0
RubyToken::TkSPACE                  1            0
RubyToken::TkSTRING                 1            0
String                              7            0
RubyToken::TkNL                     2            0
RubyToken::TkIDENTIFIER             2            0
array                              55          129
string                            344         1348
^C
```

C/C++ 같은 언어에서 malloc 요청도 확인 가능합니다.

```
$ ./uobjnew.py -S 10 -l c 27245
Tracing allocations in process 27245 (language: c)... Ctrl-C to quit.
TYPE                         # ALLOCS      # BYTES
block size 64                      22         1408
block size 992                      2         1984
block size 32                      68         2176
block size 48                      48         2304
block size 944                      4         3776
block size 1104                     4         4416
block size 160                     32         5120
block size 535                     15         8025
block size 128                    112        14336
block size 80                     569        45520
```

uthreads

uthreads는 스레드 생성 이벤트를 추적합니다. 자바 스레드와 pthread를 지원합니다.

```
$ ./uthreads.py -l java 27420
Tracing thread events in process 27420 (language: java)... Ctrl-C to quit.
TIME      ID              TYPE      DESCRIPTION
18.596    R=9/N=0         start     SIGINT handler
18.596    R=4/N=0         stop      Signal Dispatcher
^C
```

ustat

ustat은 종합적인 도구입니다. 함수 호출 GC, 동적 할당, 스레드 생성 등 여러 이벤트를 top과 같은 형태로 보여줍니다.

```
$ ./ustat.py
Tracing... Output every 10 secs. Hit Ctrl-C to end
12:17:17 loadavg: 0.33 0.08 0.02 5/211 26284
PID    CMDLINE         METHOD/s    GC/s    OBJNEW/s    CLOAD/s    EXC/s    THR/s
3018   node/node       0           3       0           0          0        0
^C
Detaching...
```

여기까지 살펴본 도구는 모두 실행기에 내장된 USDT를 사용했습니다. 사용자가 직접 USDT를 정의하려면 C/C++ 같은 언어에서는 시스템탭(Systemtap)의 SDT 인터페이스를 활용해 넣어 줄 수 있었지만 그 외의 경우 언어별 패키지를 통해 등록해야 합니다.

표 9.9 언어별 사용자 정의 USDT 지원 현황

언어	언어 바인딩	서드파티 라이브러리
고랭	salp	libstap-sdt
러스트	rust-libprobe	N/A
자바	libstapsdt-jni	libstap-sdt
파이썬	stapsdt	libstap-sdt
노드	dtrace-provider	libusdt
루비	ruby-usdt	libusdt
펄	perl-Devel-DTrace-Provider	libusdt

의존 라이브러리가 libstap-sdt인 경우 일반적인 리눅스 배포판에서 모두 사용할 수 있지만 libusdt인 경우 현재는 오라클 리눅스만 지원합니다. [5]

9.2.1 C/C++

C/C++는 대표적인 컴파일 언어입니다. 이후 이어지는 고랭을 포함해서 별도의 가상 머신 없이 호스트에서 실행됩니다. 이런 언어는 비교적 쉽게 트레이싱할 수 있습니다.

리눅스에서는 바이너리의 실행 포맷으로 ELF가 사용되는데, ELF 파일에는 함수 심벌 등의 정보가 내장되어 있어 트레이싱에 활용할 수 있습니다. 만약 트레이싱 과정에 함수 심벌 정보가 제대로 출력되지 않는다면 objdump나 nm 같은 도구를 사용해 해당 바이너리에 특정 심벌이 정상적으로 자리 잡고 있는지 직접 확인할 수 있습니다.

앞에서 본 것처럼 함수의 호출 스택을 따라가려면 바이너리가 프레임포인터를 포함하고 있어야 합니다. 직접 빌드한 바이너리가 아니라면 바로 쉽게 구분하기는 힘듭니다. objdump를 통해 바이너리를 디스어셈블해서 확인해 봐야 합니다. 프레임포인터를 포함해서 빌드한 경우와 아닌 경우에 차이가 있어 그 부분을 확인할 필요가 있습니다. 간단한 예제로 비교해보겠습니다.

예제 9.1 frame_pointer.c

```c
int function() {
    return 0;
}
```

아무것도 하지 않는 함수를 하나 정의했습니다. 위 코드를 다음과 같이 2번 컴파일해 봅시다. 옵션명에서 알 수 있듯이 하나는 프레임포인터를 포함하고, 하나는 포함하지 않게 했습니다.

```
$ gcc -c -o with -fno-omit-frame-pointer frame_pointer.c
$ gcc -c -o without -fomit-frame-pointer frame_pointer.c
```

이를 objdump로 디스어셈블해서 비교해보겠습니다.

```
$ objdump -d without | grep function -A 10
0000000000000000 <function>:
```

---

5 https://github.com/chrisa/libusdt#status

```
   0:   b8 00 00 00 00          mov    $0x0,%eax
   5:   c3                      retq
$ objdump -d with | grep function -A 10
0000000000000000 <function>:
   0:   55                      push   %rbp
   1:   48 89 e5                mov    %rsp,%rbp
   4:   b8 00 00 00 00          mov    $0x0,%eax
   9:   5d                      pop    %rbp
   a:   c3                      retq
```

프레임포인터가 포함된 바이너리는 rbp를 rsp로 저장하는 것을 볼 수 있습니다. 직접 바이너리를 빌드하지 않는 경우 위와 같이 해당 바이너리가 프레임포인터를 포함하고 있는지 확인해볼 수 있습니다.

C++의 경우 C와 비슷하지만 함수의 심벌명이 다소 다르게 들어갑니다. 예제로 확인해 보겠습니다.

예제 9.2 symbol.cpp

```
class Class {
 public:
   int function() {
     return 0;
   }
};
int defaultFunction() {
 Class *c = new Class();
 c->function();
 return 0;
}
extern "C" int externedFunction() {
 return 0;
}
```

위 코드의 경우 다음과 같이 바이너리에 심벌이 들어갑니다.

```
$ gcc -c symbol.cpp
$ nm symbol.o
```

```
0000000000000000 T _Z15defaultFunctionv
0000000000000000 W _ZN5Class8functionEv
                 U _Znwm
0000000000000029 T externedFunction
```

extern "C" 처리한 함수는 이름 그대로 심벌이 노출되지만 그 외의 함수는 다르게 들어간 것을 알 수 있습니다. 가능하면 '*' 등을 사용해서 패턴 매칭(예: *ClassName*FunctionName*)하는 것이 편합니다.

C/C++에 대한 uprobe 및 USDT 사용에 관해서는 앞에서 설명했으므로 여기서는 생략하겠습니다.

9.2.2 고랭

고랭은 C/C++와 유사하나 함수 호출 방식이 다르고, 고루틴과 스택 관리 방식에 차이가 있습니다. 이러한 이유로 uretprobe를 사용하는 경우 위험할 수 있습니다. 어떤 컴파일러로 빌드됐느냐에 따라서도 차이가 생깁니다.

고랭의 경우 기본적으로 프레임포인터가 활성화되어 있어서 스택 트레이스에 대해 따로 신경 쓰지 않아도 됩니다. 함수 수행은 uprobe를 통해 추적할 수 있습니다.

uprobe/uretprobe

다음 예제로 uprobe/uretprobe를 확인해보겠습니다.

예제 9.3 고랭 uprobe/uretprobe 예제

```
package main

import (
        "fmt"
        "time"
)

func my_end(value int) int {
        if value > 0 {
                fmt.Println(value)
```

```
                    return my_end(value-1)
        }
        fmt.Println("End")
        return value
}

func my_start(value int) int {
        fmt.Println("Start")
        return my_end(value)
}

func main() {
        my_start(3)
        time.Sleep(1*time.Second)
}
```

빌드 후 bpftrace를 통해 uprobe 리스트를 확인해봅니다.

```
$ go build -gcflags '-N -l'
$ bpftrace -l 'uprobe:./uprobe:*my*'
uprobe:./uprobe:main.my_end
uprobe:./uprobe:main.my_start
```

빌드 과정에서 컴파일러가 함수를 인라인 처리하거나 최적화하면서 제거하지 못하게 옵션을 지정했습니다. 해당 옵션에 대한 설명은 다음 명령어로 확인해보세요.

```
$ go tool compile 2>&1 | grep -i 'disable'
   -B    disable bounds checking
   -C    disable printing of columns in error messages
   -N    disable optimizations
   -l    disable inlining
```

이제 다음과 같이 bpftrace로 프루브와 첫 번째 인자, 스택 트레이스를 확인해봅니다.

예제 9.4 uprobe 동작 확인

```
$ bpftrace -e 'uprobe:./uprobe:*my_* { printf("%s %d %s", probe, arg0, ustack) }'
 Attaching 2 probes...
```

```
uprobe:./uprobe:main.my_start 66032
        main.my_start+0
        runtime.main+518
        0xc00001e060
        0x89481eebc0313474
uprobe:./uprobe:main.my_end 57368
        main.my_end+0
        main.main+42
        runtime.main+518
        0xc00001e060
        0x89481eebc0313474
uprobe:./uprobe:main.my_end 57368
        main.my_end+0
        main.my_start+157
        main.main+42
        runtime.main+518
        0xc00001e060
        0x89481eebc0313474

...
```

언뜻 괜찮아 보이지만 arg0의 출력 결과가 이상한 것을 알 수 있습니다. 이는 고랭의 기본 함수 호출 컨벤션이 일반적이지 않기 때문입니다[6]. 고랭은 기본 GC 컴파일러와 gccgo의 2가지를 사용할 수 있습니다. 위의 경우 GC 컴파일러가 사용되었는데, 이 경우 함수의 인자는 스택을 통해 전달됩니다. bpftrace에서 이를 정상적으로 출력하려면 reg()를 통해 계산되어야 합니다. 다음과 같이 바꿔서 다시 bpftrace를 실행해 보겠습니다.

예제 9.5 sp 레지스터로 함수 인자 확인

```
$ bpftrace -e 'uprobe:./uprobe:*my_* { printf("%s %d %s", probe, *(reg("sp") + 8),
ustack) }'
Attaching 2 probes...
uprobe:./uprobe:main.my_start 3
        main.my_start+0
        runtime.main+518
        0xc00001e060
```

---

6 https://golang.org/doc/asm

```
        0x89481eebc0313474
uprobe:./uprobe:main.my_end 3
        main.my_end+0
        main.main+42
        runtime.main+518
        0xc00001e060
        0x89481eebc0313474
uprobe:./uprobe:main.my_end 2
        main.my_end+0
        main.my_start+157
        main.main+42
        runtime.main+518
        0xc00001e060
        0x89481eebc0313474
 ...
```

위와 같은 방식은 매우 불편합니다. 이와 같이 함수 인자가 스택에 기반하는 경우, 빌트인 변수 sarg를 arg 대신 사용할 수 있습니다. [7]

예제 9.6 sarg로 함수 인자 확인

```
$ bpftrace -e 'uprobe:./uprobe:*my_* { printf("%s %d %s", probe, sarg0, ustack) }'
```

uprobe와 달리 uretprobe는 아직까지는 사용하기에 위험합니다. 고랭 런타임에서 스택을 임의로 수정할 수 있어 커널에서 이를 인지하기가 어렵습니다. 이 이슈는 아직 BCC에서 해결되지 않은 상태입니다 [8].

또 다른 문제는 고루틴입니다. 하나의 고루틴이 다른 스레드로 옮겨갈 수 있어서 스레드 ID를 기반으로 하는 연산을 힘들게 합니다. 예를 들어, 함수별 레이턴시를 측정하고자 할 때 bpftrace 로 @start[tid] = nsecs 같은 형태를 사용하는 부분이 정상으로 동작하지 못합니다. 이런 부분은 USDT를 사용하는 것으로 보완할 수 있습니다.

---

[7] https://github.com/iovisor/bpftrace/pull/828
[8] https://github.com/iovisor/bcc/issues/1320

사용자 정의 USDT

사용자 정의 USDT의 경우 현재 고랭에서는 salp [9]를 통해 제공할 수 있습니다. salp에서는 고랭 바이너리에 USDT를 넣지 않고 libstapsdt [10]를 통해 동적으로 USDT를 제공합니다.

먼저 libstapsdt를 설치하겠습니다.

```
$ git clone https://github.com/sthima/libstapsdt
$ cd libstapsdt
$ make
$ make install
$ ldconfig
```

이제 예제를 통해 간단히 사용법을 살펴보겠습니다.

예제 9.7 USDT 예제

```
package main
import (
        "fmt"
        "time"
        "github.com/mmcshane/salp"
)

var (
        probes = salp.NewProvider("myprobe")
        p1 = salp.MustAddProbe(probes, "start", salp.Int64)
        p2 = salp.MustAddProbe(probes, "ing", salp.Int64)
        p3 = salp.MustAddProbe(probes, "end", salp.Int64)
)

func my_end(value int) int {
        if value > 0 {
                p2.Fire(value)
                fmt.Println(value)
                return my_end(value-1)
```

---

9 https://github.com/mmcshane/salp
10 https://github.com/sthima/libstapsdt

```
        }
        p3.Fire(value)
        fmt.Println("End")
        return value
}

func my_start(value int) int {
        for true {
                p1.Fire(value)
                fmt.Println("Start")
                my_end(value)
                time.Sleep(1 * time.Second)
        }
        return 0
}

func main() {
        defer salp.UnloadAndDispose(probes)
        salp.MustLoadProvider(probes)
        my_start(3)
}
```

salp는 USDT를 libstapsdt를 통해 동적으로 생성합니다. 즉, 고랭 바이너리 자체에는 USDT가 존재하지 않습니다. 다음 명령은 아무런 결과가 나타나지 않을 것입니다.

```
$ bpftrace -l 'usdt:./usdt:*'
```

bpftrace로 결과를 보기 위해서는 대상 프로세스를 생성한 후 pid를 통해 접근해야 합니다.

```
$ bpftrace -p $(pgrep usdt) -e 'usdt:./usdt:* { printf("%s %s", probe, ustack) }'
Attaching 72 probes...
...
usdt:./usdt:myprobe:end
        0x7f8a2236a2aa
        runtime.asmcgocall+112
        github.com/mmcshane/salp._Cfunc_salp_probeFire+65
        github.com/mmcshane/salp.(*_Ctype_struct_SDTProbe).fireImpl.func3+239
```

```
github.com/mmcshane/salp.(*_Ctype_struct_SDTProbe).fireImpl+2062
github.com/mmcshane/salp.(*_Ctype_struct_SDTProbe).Fire+120
main.my_end+565
main.my_end+379
main.my_end+379
main.my_end+379
main.my_start+321
main.main+110
runtime.main+518
0xc000080000
0x89481eebc0313474
```

...

9.2.3 러스트

VM에 의존하지 않는 마지막 컴파일 언어로 러스트(Rust)를 살펴보겠습니다.

uprobe/uretprobe

이전과 동일한 요령으로 uprobe를 확인해보겠습니다. 다음 예제를 활용합니다.

예제 9.8 러스트 uprobe/uretprobe 예제

```rust
use std::{thread, time};

fn my_world(value: u64) -> u64 {
        println!("world!");
        return value;
}

fn my_hello(value: u64) -> u64 {
        probe!(myprobe, begin);
        print!("Hello, ");
        my_world(1000);
        probe!(myprobe, end);
        return value;
}
```

```
fn main() {
    let duration = time::Duration::from_millis(10000);
    my_hello(100);
    thread::sleep(duration);
}
```

빌드 후에 bpftrace로 확인해 보겠습니다.

```
$ bpftrace -e 'uprobe:./target/debug/rust:*my_world* {printf("%s: %d%s\n", probe, arg0,
  ustack)}'
Attaching 1 probe...
uprobe:./target/debug/rust:_ZN4rust8my_world17h56465fd51127b4f9E: 1000
        rust::my_world::h56465fd51127b4f9+0
```

스택 트레이스도 안 되고 심벌도 뭔가 맹글링(mangling)된 것을 알 수 있습니다. 먼저 심벌은
#[no_mangle] 매크로를 활용하면 심벌이 맹글링 처리되지 않게 할 수 있습니다.

예제 9.9 no_mangle 매크로 사용
```
use std::{thread, time};

#[no_mangle]
fn my_world(value: u64) -> u64 {
  println!("world!");
  return value;
}

#[no_mangle]
fn my_hello(value: u64) -> u64 {
  probe!(myprobe, begin);
  print!("Hello, ");
  my_world(1000);
  probe!(myprobe, end);
  return value;
}

fn main() {
  let duration = time::Duration::from_millis(10000);
```

```
  my_hello(100);
  thread::sleep(duration);
}
```

그리고 이번에는 빌드할 때 다음과 같이 옵션을 추가합니다. 다시 빌드해서 확인해 봅니다.

```
$ RUSTFLAGS='-C force-frame-pointers=y' cargo build
$ bpftrace -e 'uprobe:./target/debug/rust:*my_world* {printf("%s: %d%s\n", probe, arg0,
ustack)}'
Attaching 1 probe...
uprobe:./target/debug/rust:my_world: 1000
        my_world+0
        rust::main::h7002a7ddac8c0ca9+42
        core::ops::function::FnOnce::call_once::hbe83c0e37d3541f3+14
        std::sys_common::backtrace::__rust_begin_short_backtrace::hfc218af71f561b53+17
        std::rt::lang_start::_$u7b$$u7b$closure$u7d$$u7d$::hc5bbf6469b515ea0+20
        std::rt::lang_start_internal::h18ef240fb861b4d5+791
```

uretprobe도 동일한 형태로 사용할 수 있습니다.

사용자 정의 USDT

러스트에서 USDT는 다음 rust-libprobe [11]를 통해 사용 가능합니다. 이 라이브러리는 러스트에
서 인라인 어셈블리를 사용할 수 있어야 쓸 수 있습니다. 현재 러스트의 스테이블(stable) 채널
에서는 아직 지원하지 않습니다. 테스트할 때는 나이틀리(nightly) 채널을 사용합니다.

예제 9.10 러스트 USDT 예제

```
#![feature(asm)]
use probe::probe;
use std::{thread, time};

#[no_mangle]
fn my_world(value: u64) -> u64 {
        println!("world!");
        return value;
```

---
11 https://github.com/cuviper/rust-libprobe

```
}

#[no_mangle]
fn my_hello(value: u64) -> u64 {
        probe!(myprobe, begin);
        print!("Hello, ");
        my_world(1000);
        probe!(myprobe, end);
        return value;
}

fn main() {
    let duration = time::Duration::from_millis(10000);
    my_hello(100);
    thread::sleep(duration);
}
```

빌드 후 bpftrace -l로 확인해보면 USDT를 확인할 수 있습니다.

```
$ cargo build
$ bpftrace -lv 'usdt:./target/debug/rust:*'
usdt:./target/debug/rust:mybprobe:begin
usdt:./target/debug/rust:mybprobe:end
```

bpftrace로 동작을 마저 확인해봅니다.

```
$ bpftrace -e 'usdt:./target/debug/rust:* {printf("%s\n", probe)}'
Attaching 2 probes...
usdt:./target/debug/rust:myprobe:begin
usdt:./target/debug/rust:myprobe:end
```

릴리스(release) 빌드를 하는 경우 최적화 과정에서 위와 같은 단순한 함수는 없어질 수도 있습니다. 릴리스 빌드를 해서 확인해보겠습니다.

```
$ RUSTFLAGS='-C force-frame-pointers=y' cargo build --release
$ bpftrace -l 'uprobe:./target/release/rust:my_*'
uprobe:./target/release/rust:my_hello
```

```
$ bpftrace -l 'usdt:./target/release/rust:*'
usdt:./target/release/rust:myprobe:begin
usdt:./target/release/rust:myprobe:end
```

my_world uprobe가 실종된 것을 알 수 있습니다. 실제 다시 bpftrace로 이벤트 발생을 확인해보면 my_world uprobe는 물론 my_hello와 usdt도 모두 이벤트가 발생하지 않는 것을 볼 수 있습니다. 이 경우 최적화 레벨을 줄이면 정상적으로 트레이싱됩니다. 다음과 같이 카고 설정(Cargo.toml)에서 프로파일을 기술합니다.

```
[package]
name = "rust"
version = "0.1.0"
authors = ["root"]
edition = "2018"

[dependencies.probe]
git = "https://github.com/cuviper/rust-libprobe.git"

[profile.release]
opt-level = 0
```

이제부터는 VM이나 인터프리터 기반인 자바, 파이썬, 노드, 루비, 펄, PHP, BASH를 살펴보겠습니다. 이 언어들은 함수 호출을 각각의 실행기에서 별도로 관리해서 uprobe를 통해 접근하기가 어렵습니다. 대신 빌트인된 USDT에 많이 의존합니다. 빌트인된 USDT로 충분하지 않으면 직접 애플리케이션 내에 USDT를 정의해서 넣을 수도 있습니다. 모두 여의치 않은 경우 직접 실행기의 소스를 살펴보면서 필요한 uprobe를 활용할 수도 있습니다.

9.2.4 자바

자바는 추적하기 어려운 타깃 중 하나입니다. JVM을 통해 실행되고 조건에 따라 JIT이 사용될 수도 있습니다. JVM 런타임은 C++ 라이브러리를 활용하고 있어 이 부분은 앞에서 살펴본 것처럼 추적할 수 있습니다. JVM의 경우 USDT가 내장되어 있어 이를 활용하면 JVM 내 동작을 어느 정도 따라갈 수 있습니다.

BCC tools 중 다음 도구들이 자바를 지원합니다.

표 9.10 자바 관련 BCC tools

BCC tools	대상
javacalls	ucalls의 래퍼
javaflow	uflow의 래퍼
javagc	ugc의 래퍼
javaobjnew	uobjnew의 래퍼
javastat	ujavastat의 래퍼
javathreads	uthreads의 래퍼

위 도구는 모두 libjvm.so에 내장된 USDT를 기반으로 동작합니다.

먼저 libjvm의 내용을 먼저 살펴보겠습니다. bpftrace로 USDT 목록을 확인해봅니다. 혹시 USDT가 확인되지 않으면 JDK를 --enable-dtrace 옵션과 함께 다시 빌드해야 합니다.

```
$ bpftrace -l 'usdt:/usr/lib/jvm/java-1.8.0-openjdk-1.8.0.272.b10-1.el8_2.x86_64/jre/
lib/amd64/server/libjvm.so:*'
usdt:/usr/lib/jvm/java-1.8.0-openjdk-1.8.0.272.b10-1.el8_2.x86_64/jre/lib/amd64/server/
libjvm.so:hs_private:safepoint__begin
usdt:/usr/lib/jvm/java-1.8.0-openjdk-1.8.0.272.b10-1.el8_2.x86_64/jre/lib/amd64/server/
libjvm.so:hs_private:safepoint__end
usdt:/usr/lib/jvm/java-1.8.0-openjdk-1.8.0.272.b10-1.el8_2.x86_64/jre/lib/amd64/server/
libjvm.so:hs_private:cms__initmark__begin
usdt:/usr/lib/jvm/java-1.8.0-openjdk-1.8.0.272.b10-1.el8_2.x86_64/jre/lib/amd64/server/
libjvm.so:hs_private:cms__initmark__end
usdt:/usr/lib/jvm/java-1.8.0-openjdk-1.8.0.272.b10-1.el8_2.x86_64/jre/lib/amd64/server/
libjvm.so:hs_private:cms__remark__begin
usdt:/usr/lib/jvm/java-1.8.0-openjdk-1.8.0.272.b10-1.el8_2.x86_64/jre/lib/amd64/server/
libjvm.so:hs_private:cms__remark__end
usdt:/usr/lib/jvm/java-1.8.0-openjdk-1.8.0.272.b10-1.el8_2.x86_64/jre/lib/amd64/server/
libjvm.so:hotspot:class__unloaded
usdt:/usr/lib/jvm/java-1.8.0-openjdk-1.8.0.272.b10-1.el8_2.x86_64/jre/lib/amd64/server/
libjvm.so:hotspot:class__loaded
usdt:/usr/lib/jvm/java-1.8.0-openjdk-1.8.0.272.b10-1.el8_2.x86_64/jre/lib/amd64/server/
libjvm.so:hotspot:method__compile__begin
...
```

심벌도 확인해 보겠습니다.

```
$ file /usr/lib/jvm/java-1.8.0-openjdk-1.8.0.272.b10-1.el8_2.x86_64/jre/lib/amd64/
server/libjvm.so
/usr/lib/jvm/java-1.8.0-openjdk-1.8.0.272.b10-1.el8_2.x86_64/jre/lib/amd64/server/
libjvm.so: ELF 64-bit LSB shared object, x86-64, version 1 (GNU/Linux), dynamically
linked, BuildID[sha1]=a07b95c48693bbbdc17d358189ea4778e7615223, not stripped, too many
notes (256)
```

스트립되어 있는 경우 직접 빌드하거나 debuginfo 패키지를 설치해야 합니다.

앞서 본 BCC tools는 앞에서 확인한 기본 USDT로는 불충분합니다. 다음과 같이 프로그램 구동 시 추가적인 USDT를 활성화해야 합니다. 해당 옵션은 성능상의 이유로 기본적으로는 비활성화되어 있습니다[12].

```
-XX:+ExtendedDtraceProbes
```

이제 예제를 통해 살펴보겠습니다.

예제 9.11 Sample.java

```
$ public class Sample {
        public static int end(int value) {
                if (value > 0) {
                        System.out.println(value);
                        return end(value-1);
                }
                System.out.println("End");
                return value;
        }

        public static int start(int value) {
                while(true) {
                        System.out.println("Start");
                        end(value);
                        try {
```

---
12 https://github.com/iovisor/bcc/issues/327#issuecomment-203636673

```
                            Thread.sleep(1000);
                } catch (InterruptedException e) {
                            System.err.format("%s\n", e);
                }
            }
        }

        public static void main(String []args) {
                start(3);
        }
    }
```

이제 앞 예제에서 메서드 호출을 따라가 보겠습니다. 먼저 자바에서 메서드 호출은 uprobe를 활용할 수 없습니다. 대신 위에서 BCC tools가 사용한 것처럼 USDT를 활용해야 합니다. BCC tools 중 ucalls의 내용을 살펴보면 우리가 활용할 수 있는 USDT 이름을 쉽게 알 수 있습니다. 다음은 ucalls.py의 내용 중 일부[13]를 발췌한 것입니다.

```
if language == "java":
    # TODO for JVM entries, we actually have the real length of the class
    #       and method strings in arg3 and arg5 respectively, so we can insert
    #       the null terminator in its proper position.
    entry_probe = "method__entry"
    return_probe = "method__return"
    read_class = "bpf_usdt_readarg(2, ctx, &clazz);"
    read_method = "bpf_usdt_readarg(4, ctx, &method);"
    extra_message = ("If you do not see any results, make sure you ran java"
                     " with option -XX:+ExtendedDTraceProbes")
```

method__entry와 해당 USDT 인자 중 2, 4번째를 써야 한다는 것을 알 수 있습니다. 커널의 트레이스포인트처럼 좀 더 자세한 인자의 내용을 알 수 있으면 좋겠지만, 안타깝게도 USDT는 구체적인 타입이 명시되어 있지 않아[14] 직접 자바 소스를 보지 않는 이상 확인하기가 힘듭니다.

이제 테스트에 앞서 예제 프로그램을 빌드하고 실행하겠습니다.

---

13 https://github.com/iovisor/bcc/blob/v0.16.0/tools/lib/ucalls.py#L68
14 https://sourceware.org/systemtap/wiki/UserSpaceProbeImplementation

```
$ javac Sample.java
$ java -XX:+PreserveFramePointer -XX:+ExtendedDTraceProbes Samplemake run1
Start
3
2
1
End
Start
3
2
1
End
...
```

이제 bpftrace를 사용해 이를 출력해보겠습니다.

```
$ JAVA_HOME=$(dirname $(dirname $(readlink -f $(which javac))))
$ LIBJVMSO=${JAVA_HOME}/jre/lib/amd64/server/libjvm.so
$ bpftrace -e 'usdt:'${LIBJVMSO}'':method__entry* / pid == '$(pgrep -f 'java
.*Sample.*')' / { printf("%s\n%s:%s%s\n", probe, str(arg1), str(arg3), ustack())}'
java/io/PrintStream:println
        SharedRuntime::dtrace_method_entry(JavaThread*, Method*)+157
        0x7f96c1013635
        0x7f96c1007ffd
        0x7f96c1007a40
        0x7f96c10004e7
        JavaCalls::call_helper(JavaValue*, methodHandle*, JavaCallArguments*,
Thread*)+3157
        jni_invoke_static(JNIEnv_*, JavaValue*, _jobject*, JNICallType, _jmethodID*,
JNI_ArgumentPusher*, Thread*) [clone .isra.102] [clone .constprop.187]+708
        jni_CallStaticVoidMethod+381
        JavaMain+1162
        start_thread+254
...
```

libjvm.so 경로를 USDT로 넣고 method__entry 프루브를 바인딩했습니다. 다른 프로세스가 끼어들지 못하게 pid로 필터를 지정했습니다. ucall.py에서 본 것과 달리 USDT 인자는 1, 3번째를 사용했습니다. 언뜻 결과가 잘 나오는 듯했지만 자세히 보면 스택 트레이스의 심벌이 보이지 않음을 알 수 있습니다.

자바에서는 기본적으로 JIT을 사용해 컴파일됩니다. 함수의 심벌을 가져오려면 perf-map-agent[15]와 jmaps[16] 스크립트의 도움을 받아야 합니다. 이는 /tmp/perf-${PID}.map 경로에 심벌 정보를 덤프하며, perf를 기반으로 하는 시스템에서는 이를 활용해 심벌 정보를 얻을 수 있습니다. 먼저 perf-map-agent부터 설치해 보겠습니다.

```
$ git clone --depth=1 https://github.com/jvm-profiling-tools/perf-map-agent
$ mkdir -p perf-map-agent/build
$ cd perf-map-agent/build
$ cmake ..
$ make
$ git clone --depth=1 https://github.com/brendangregg/FlameGraph
```

jmaps도 설치합니다. 앞에서 본 플레임그래프 리포지터리 안에 함께 존재합니다.

```
$ git clone --depth=1 https://github.com/brendangregg/FlameGraph
$ ls FlameGraph/jmaps
FlameGraph/jmaps
```

예제가 동작하는 상태에서 jmaps를 실행해 보겠습니다. 적절히 JAVA_HOME 및 AGENT_HOME 환경변수 설정이 필요합니다.

```
$ export JAVA_HOME=$(dirname $(dirname $(readlink -f $(which javac))))
$ export AGENT_HOME=$(pwd)/perf-map-agent/build/out
$ FlameGraph/jmaps
Fetching maps for all java processes...
Mapping PID 70424 (user root):
wc(1):    380  1384 14554 /tmp/perf-70424.map
$ cat /tmp/perf-70424.map | head
7f39f9000060 1d flush_icache_stub
7f39f9000160 21b get_cpu_info_stub
7f39f9000420 3f forward exception
```

---

15 https://github.com/jvm-profiling-tools/perf-map-agent
16 https://github.com/brendangregg/FlameGraph/blob/master/jmaps

```
7f39f900045f e8 call_stub
7f39f9000547 1f catch_exception
7f39f9000566 5 atomic_xchg
7f39f900056b 7 atomic_xchg_ptr
7f39f9000572 7 atomic_cmpxchg
7f39f9000579 9 atomic_cmpxchg_long
7f39f9000582 9 atomic_add
```

다시 bpftrace를 실행합니다. 심벌 파일을 자동으로 만들 수 있게 BEGIN을 활용합니다. Sample 클래스의 USDT만 필터링하도록 필터를 추가했습니다.

```
$ bpftrace --unsafe -e 'BEGIN { system("./FlameGraph/jmaps")} usdt:'${LIBJVMSO}':method__
entry* / pid == '$(pgrep -f 'java .*Sample.*')' && str(arg1) == "Sample" / { printf("%s\
n%s:%s%s\n", probe, str(arg1), str(arg3), ustack())}'
Attaching 3 probes...
Fetching maps for all java processes...
Mapping PID 90325 (user root):
wc(1):    381  1387 14647 /tmp/perf-90325.map


usdt:/usr/lib/jvm/java-1.8.0-openjdk-1.8.0.272.b10-1.el8_2.x86_64/jre/lib/amd64/server/
libjvm.so:hotspot:method__entry
Sample:end
        SharedRuntime::dtrace_method_entry(JavaThread*, Method*)+157
        LSample;::end+979
        LSample;::end+3308
        Interpreter+9952
        Interpreter+9952
        call_stub+136
        JavaCalls::call_helper(JavaValue*, methodHandle*, JavaCallArguments*,
Thread*)+3157
        jni_invoke_static(JNIEnv_*, JavaValue*, _jobject*, JNICallType, _jmethodID*,
JNI_ArgumentPusher*, Thread*) [clone .isra.102] [clone .constprop.187]+708
        jni_CallStaticVoidMethod+381
        JavaMain+1162
        start_thread+254

...
```

위와 같이 어느 정도 자바의 메서드를 추적할 수 있지만 -XX:+ExtendedDtraceProbes로 인한 부담이 큽니다. 함수 실행 단위로 추적하기보다는 샘플링을 활용하는 것이 더 권장됩니다.

```
$ bpftrace --unsafe -e 'profile:hz:99 / pid == '$(pgrep -f 'java .*Sample.*')' / { @
[ustack] = count(); } END { system("FlameGraph/jmaps"); }'
^CFetching maps for all java processes...
Mapping PID 39368 (user root):
wc(1):    382  1390 14703 /tmp/perf-39368.map
...
@[
    Method::klass_name() const+20
    LSample;::end+615
    LSample;::end+3268
    Interpreter+9952
    Interpreter+9952
    call_stub+136
    JavaCalls::call_helper(JavaValue*, methodHandle*, JavaCallArguments*, Thread*)+3157
    jni_invoke_static(JNIEnv_*, JavaValue*, _jobject*, JNICallType, _jmethodID*, JNI_
ArgumentPusher*, Thread*) [clone .isra.102] [clone .constprop.187]+708
    jni_CallStaticVoidMethod+381
    JavaMain+1162
    start_thread+254
]: 1
...
```

사용자 정의 USDT

libjvm.so의 USDT는 성능상의 불이익이 많은 것으로 알려져 있습니다. 그 대신 고랭에서 쓴 것처럼 libstapsdt를 써볼 수도 있을 것입니다. libstapsdt-jni [17] 라이브러리가 이와 유사한 데모를 제공합니다. 이름 그대로 JNI를 통해 libstapsdt를 직접 사용하는 예제가 있습니다.

---

17 https://github.com/goldshtn/libstapsdt-jni

9.2.5 파이썬

파이썬 역시 자바처럼 VM을 통해 프로그램이 실행됩니다. 따라서 직접 uprobe 등을 활용하기가 어렵습니다. 그 대신 BCC tools 중 다음 4가지가 파이썬을 지원합니다. 자바에서는 6가지 도구를 지원했는데, 그보다는 좀 더 적습니다. 관련 USDT의 존재 여부에 따라 지원되는 도구가 달라집니다.

표 9.11 파이썬 관련 BCC tools

BCC tools	대상
pythoncalls	ucalls의 래퍼
pythonflow	uflow의 래퍼
pythongc	ugc의 래퍼
pythonstat	ustat의 래퍼

이 역시 모두 파이썬에 빌트인된 USDT에 의존하는 만큼 파이썬 바이너리에서 이를 포함하고 있는지 확인해봐야 합니다. 자바와는 달리 일반적으로 배포판에서 제공하는 파이썬은 USDT를 포함해서 빌드되어 있지 않습니다. 도구를 실험하려면 다음과 같이 직접 파이썬을 빌드해서 사용해야 합니다.

```
$ wget https://www.python.org/ftp/python/3.9.0/Python-3.9.0.tar.xz
$ tar -xvf Python-3.9.0.tar.xz
$ rm -f Python-3.9.0.tar.xz
$ cd Python-3.9.0
$ CFLAGS=-fno-omit-frame-pointer ./configure --with-dtrace
$ make
$ make install
```

빌드된 파이썬 바이너리를 bpftrace로 보면 다음과 같은 USDT가 확인됩니다. 다음 USDT를 통해 함수의 실행이나 가비지 컬렉션의 동작을 트레이싱할 수 있음을 알 수 있습니다.

```
$ bpftrace -l 'usdt:/usr/local/bin/python3:*'
usdt:/usr/local/bin/python3:python:line
usdt:/usr/local/bin/python3:python:function__entry
usdt:/usr/local/bin/python3:python:function__return
```

```
usdt:/usr/local/bin/python3:python:import__find__load__start
usdt:/usr/local/bin/python3:python:import__find__load__done
usdt:/usr/local/bin/python3:python:audit
usdt:/usr/local/bin/python3:python:gc__start
usdt:/usr/local/bin/python3:python:gc__done
```

일반 메서드 추적은 자바와 동일합니다.

다음 예제를 바로 실행하겠습니다.

예제 9.12 sample.py

```python
from time import sleep
class sample:
    def end(self, value):
        if value > 0:
            print(value)
            return self.end(value-1)
        print("End")
        return value
    def start(self, value):
        while True:
            print("Start")
            self.end(value)
            sleep(1)
if __name__ == '__main__':
    sample().start(3)
```

우리가 빌드한 파이썬으로 실행되는지에만 유의합니다.

```
$ /usr/local/bin/python3 ./sample.py
```

바로 bpftrace로 확인해보겠습니다. libjvm.so 대신 python3 바이너리를, usdt의 함수는 function__entry를 사용합니다. jmap이나 perf-map-agent 등은 사용되지 않습니다.

```
$ bpftrace -e 'usdt:/usr/local/bin/python3:function__entry* / pid == '$(pgrep -f '/usr/
local/bin/python3 .*sample.*')' / { printf
("%s\n%s:%s%s\n", probe, str(arg0), str(arg1), ustack()); }'
Attaching 1 probe...
```

terminate called after throwing an instance of 'std::experimental::bad_optional_access'
  what(): bad optional access
Aborted (core dumped)

코어가 발생했습니다. 원인을 파악해 보겠습니다. 코어 파일을 확인해봅니다.

```
$ ulimit -c unlimited
$ ulimit -a ¦ head -n1
core file size          (blocks, -c) unlimited
$ coredumpctl -1
TIME                     PID   UID   GID SIG COREFILE   EXE
Sat 2020-11-14 19:47:22 KST   4441    0     0   6 present   /usr/local/bin/bpftrace
$ coredumpctl debug
...
(gdb) bt
#0  0x00007fef1ec6270f in raise () from /lib64/libc.so.6
#1  0x00007fef1ec4cb25 in abort () from /lib64/libc.so.6
#2  0x00007fef1f61706b in __gnu_cxx::__verbose_terminate_handler() [clone .cold.1] ()
from /lib64/libstdc++.so.6
#3  0x00007fef1f61d50c in __cxxabiv1::__terminate(void (*)()) () from /lib64/libstdc++.
so.6
#4  0x00007fef1f61d567 in std::terminate() () from /lib64/libstdc++.so.6
#5  0x00007fef1f61d7c8 in __cxa_throw () from /lib64/libstdc++.so.6
#6  0x00007fef23482512 in USDT::Probe::add_to_semaphore(short) [clone .cold.264] () from
/lib64/libbcc.so.0
#7  0x00007fef263b5d84 in bcc_usdt_addsem_fully_specified_probe () from /lib64/libbcc.
so.0
#8  0x0000000000475b05 in bpftrace::AttachedProbe::attach_usdt(int)::{lambda(void*,
short)#1}::operator()(void*, short) const ()
#9  0x0000000000475ea5 in bpftrace::AttachedProbe::attach_usdt(int) ()
#10 0x000000000047253c in bpftrace::AttachedProbe::AttachedProbe(bpftrace::Probe&,
std::tuple<unsigned char*, unsigned long>, int) ()
#11 0x00000000004c5166 in std::_MakeUniq<bpftrace::AttachedProbe>::__single_object
std::make_unique<bpftrace::AttachedProbe, bpftrace::Probe&, std::tuple<unsigned char*,
unsigned long>&, int&>(bpftrace::Probe&, std::tuple<unsigned char*, unsigned long>&,
int&) ()
#12 0x00000000004b01e8 in bpftrace::BPFtrace::attach_usdt_probe(bpftrace::Probe&,
std::tuple<unsigned char*, unsigned long>, int, bool) ()
```

```
#13 0x00000000004b0bc1 in bpftrace::BPFtrace::attach_probe(bpftrace::Probe&,
bpftrace::BpfOrc const&) ()
#14 0x00000000004b1455 in bpftrace::BPFtrace::run(std::unique_ptr<bpftrace::BpfOrc,
std::default_delete<bpftrace::BpfOrc> >) ()
#15 0x00000000004fefeb in main ()
```

볼드체로 표시한 부분이 문제가 된 것처럼 보입니다. USDT 프루브 중 몇몇은 사용 시에 세마포
어를 요구하는 경우가 있는데, 바로 여기에 해당되는 사항입니다. 이는 readelf로 확인할 수 있
습니다.

```
$ readelf --notes /usr/local/bin/python3 | grep -C 2 function__entry
  stapsdt                0x00000045        NT_STAPSDT (SystemTap probe descriptors)
    Provider: python
    Name: function__entry
    Location: 0x000000000041e701, Base: 0x00000000006bfe7d, Semaphore: 0x0000000000946880
    Arguments: 8@%r12 8@%r15 -4@%eax
```

bpftrace에서는 --usdt-file-activation 옵션을 통해 해결할 수 있습니다. --usdt-file-activation
은 사용자 영역에서 파일 경로로 해당 프루브에 세마포어를 활성화합니다.

```
$ bpftrace --usdt-file-activation -e 'usdt:/usr/local/bin/python3:function__entry* / pid
== '$(pgrep -f '/usr/local/bin/python3 .*sample.*')' / { printf("%s\n%s:%s%s\n", probe,
str(arg0), str(arg1), ustack()); }'
Attaching 1 probe...
usdt:/usr/local/bin/python3:python:function__entry
/naver/src/python/./sample.py:end
        _PyEval_EvalFrameDefault+2510
        function_code_fastcall+100
        _PyEval_EvalFrameDefault+20482
        function_code_fastcall+100
        _PyEval_EvalFrameDefault+20482
        _PyEval_EvalCode+2141
        PyEval_EvalCode+54
        run_mod+134
        PyRun_FileExFlags+169
        PyRun_SimpleFileExFlags+231
        pymain_run_python.constprop.6+1766
```

```
Py_BytesMain+83
__libc_start_main+243
0x5541f689495641d7
```

이제는 정상적으로 트레이스가 동작합니다. 거슬리는 점은 스택 트레이스가 자바 때와 달리 사용자가 정의한 함수로 나타나지 않는다는 점입니다. 호출 스택을 확인하려면 결국 BCC tools의 uflows 같은 도구를 활용하는 것이 좋습니다.

최근 bpftrace [18] 및 커널에서는 사용자 영역이 아닌 커널 영역에서 세마포어 관리를 해줄 수 있습니다. 이 경우 위 옵션은 사용하지 않아도 됩니다. 사용 가능 여부는 다음과 같이 알 수 있습니다.

```
$ bpftrace --info 2>&1 | grep "uprobe refcount"
  bcc bpf_attach_uprobe refcount: yes
  uprobe refcount (depends on Build:bcc bpf_attach_uprobe refcount): yes
```

사용자 정의 USDT

임의로 개발자의 USDT를 작성하려면 고랭처럼 libstapsdt를 통해 제공해야 합니다. libstapsdt의 래퍼로 stapsdt [19] 패키지가 사용됩니다.

먼저 해당 라이브러리를 설치합니다.

```
$ pip3 install stapsdt
```

다음 예제를 활용하겠습니다.

예제 9.13 파이썬 USDT 예제

```
from time import sleep

import stapsdt

provider = stapsdt.Provider("myprobe")
p1 = provider.add_probe("start", stapsdt.ArgTypes.int64)
```

18 https://github.com/iovisor/bpftrace/pull/1567
19 https://pypi.org/project/stapsdt/

```python
p2 = provider.add_probe("ing", stapsdt.ArgTypes.int64)
p3 = provider.add_probe("end", stapsdt.ArgTypes.int64)
provider.load()

def my_end(value: int) -> int:
    if value > 0:
        p2.fire(value)
        print(value)
        return my_end(value-1)
    p3.fire(value)
    print("End")
    return value

def my_start(value: int) -> int:
    while True:
        p1.fire(value)
        print("Start")
        my_end(value)
        sleep(1)
    return value

if __name__ == '__main__':
    my_start(3)
```

고랭과 마찬가지로, bpftrace -l을 통한 USDT 확인은 어렵습니다. pid를 통해 bpftrace를 사용할 수 있습니다.

```
$ bpftrace -p $(pgrep -f 'python3 usdt.py') -e 'usdt:/usr/local/bin/python3:myprobe:* {
printf("%s\n", probe) }'
Attaching 3 probes...
usdt:/usr/local/bin/python3:myprobe:start
usdt:/usr/local/bin/python3:myprobe:ing
usdt:/usr/local/bin/python3:myprobe:ing
usdt:/usr/local/bin/python3:myprobe:ing
usdt:/usr/local/bin/python3:myprobe:end
```

9.2.6 노드

제약 사항에 있어 자바와 유사합니다. 노드에서는 JVM 대신 구글에서 개발한 V8 엔진이 사용되며, 인터프리팅될 수도 있고 JIT가 사용될 수도 있습니다. 또한 직접 메모리를 관리하며, 가비지 컬렉션이 존재합니다.

BCC tools 중 노드를 지원하는 도구는 다음 2가지입니다.

표 9.12 노드 관련 BCC tools

BCC tools	대상
nodegc	ugc의 래퍼
nodestat	ustat의 래퍼

노드의 USDT는 주요 리눅스 배포판의 패키지에서는 활성화되어 있지 않은 경우가 많습니다. 이 경우 다음과 같이 새로 빌드해야 합니다.

```
$ git clone https://github.com/nodejs/node nodesrc
$ cd nodesrc
$ ./configure --with-dtrace
$ make
$ make install
```

bpftrace로 사용 가능한 USDT를 확인해보면 몇 개 존재하지 않음을 알 수 있습니다. 이로 인해 앞에서 본 BCC tools에서 지원이 미약한 편입니다.

```
$ bpftrace -l 'usdt:/usr/local/bin/node'
usdt:/usr/local/bin/node:node:gc__start
usdt:/usr/local/bin/node:node:gc__done
usdt:/usr/local/bin/node:node:http__server__response
usdt:/usr/local/bin/node:node:net__stream__end
usdt:/usr/local/bin/node:node:net__server__connection
usdt:/usr/local/bin/node:node:http__client__response
usdt:/usr/local/bin/node:node:http__client__request
usdt:/usr/local/bin/node:node:http__server__request
```

7.1절에서 봤던 nodejs_http_server.py 예제를 여기서 실행해보겠습니다. 먼저 간단한 예제 서버를 만듭니다.

예제 9.14 간단한 노드 HTTP 서버: sample.js

```
let http = require('http');
http.createServer(function (req, res) {
            res.writeHead(200, {'Content-Type': 'text/html'});
            res.end('Hello World');
}).listen(1337, '127.0.0.1');
console.log('Server running at http://127.0.0.1:1337/');
```

그런 다음 BCC의 nodejs_http_server.py를 실행합니다. 해당 서버로 curl 등을 활용해서 요청을 보내면 다음과 같이 요청 내용이 추적되는 것을 볼 수 있습니다.

```
$ bcc/example/tracing/nodejs_http_server.py
TIME(s)              COMM            PID    ARGS
2158304.780157000    <...>           149813 path:/
2158305.673463000    <...>           149813 path:/
2158306.194981000    <...>           149813 path:/
...
```

nodejs_http_server.py 예제는 노드에 내장된 http__server__request USDT를 활용했습니다. bpftrace로도 다음과 같이 확인해볼 수 있습니다.

예제 9.15 bpftrace로 노드 USDT 확인

```
$ bpftrace -p $(pgrep -f 'node server.js') -e 'usdt:/usr/local/bin/node:node:http__
server__request { printf("%s %s %s\n", probe, str(arg4), str(arg5)) }'
usdt:/usr/local/bin/node:node:http__server__request GET /
usdt:/usr/local/bin/node:node:http__server__request GET /
usdt:/usr/local/bin/node:node:http__server__request GET /
...
```

사용자 정의 USDT

노드에서도 사용자 정의 USDT를 dtrace-provicer [20]를 통해 쓸 수 있습니다. 하지만 해당 패키지는 libusdt [21]를 기반으로 하는데, 이 라이브러리에서 지원하는 리눅스는 오라클 리눅스밖에 없습니다. 그 외 리눅스 배포판에서는 정상적으로 동작하지 않을 것입니다.

9.2.7 루비

BCC tools 중 다음 5가지 도구가 루비를 지원합니다.

표 9.13 루비 관련 BCC tools

BCC tools	대상
rubycalls	ucalls의 래퍼
rubyflow	uflow의 래퍼
rubygc	ugc의 래퍼
rubyobjnew	uobjnew의 래퍼
rubystat	ustat의 래퍼

마찬가지로 루비에 빌트인된 USDT에 의존합니다. 주요 배포판에서 제공하지 않으므로 직접 설치해야 합니다. 아래에서는 ruby-install을 통해 설치했습니다.

```
$ wget -O ruby-install-0.7.1.tar.gz  \
https://github.com/postmodern/ruby-install/archive/v0.7.1.tar.gz
$ tar -xvf ruby-install*.tar.gz
$ cd ruby-install*
$ make install
$ ruby-install ruby 2.4 -- --enable-dtrace
```

설치가 완료되면 USDT를 확인해봅니다.

```
$ bpftrace -l 'usdt:/usr/local/bin/ruby:*' | head
usdt:/usr/local/bin/ruby:ruby:raise
```

20　https://github.com/chrisa/node-dtrace-provider
21　https://github.com/chrisa/libusdt

```
usdt:/usr/local/bin/ruby:ruby:gc__mark__end
usdt:/usr/local/bin/ruby:ruby:gc__mark__begin
usdt:/usr/local/bin/ruby:ruby:gc__sweep__begin
usdt:/usr/local/bin/ruby:ruby:gc__sweep__end
usdt:/usr/local/bin/ruby:ruby:hash__create
usdt:/usr/local/bin/ruby:ruby:load__entry
usdt:/usr/local/bin/ruby:ruby:load__return
usdt:/usr/local/bin/ruby:ruby:find__require__return
usdt:/usr/local/bin/ruby:ruby:require__entry
```

이어서 예제 코드를 보겠습니다.

예제 9.15 sample.rb

```
#!/usr/local/bin/ruby
class Sample
        def _end(value)
                if value > 0
                        puts(value)
                        return _end(value-1)
                end
                puts("end")
                return value
        end

        def _start(value)
                puts("start")
                while true
                        _end(value)
                        sleep(1)
                end
        end
end

sample = Sample.new()
sample._start(3)
```

실행 후 파이썬에서 쓰던 것과 동일한 요령으로 bpftrace를 사용해보겠습니다. 이 역시 해당
USDT에서 세마포어를 요구하므로 --usdt-file-activation을 지정했습니다.

```
$ bpftrace --usdt-file-activation -e 'usdt:/usr/local/bin/ruby:method__entry* / pid ==
'$(pgrep -f 'ruby *sample.*')' && str(arg2) == "sample.rb" / { printf
("%s\n%s:%s\n", probe, str(arg2), str(arg1))}'
Attaching 2 probes...
usdt:/usr/local/bin/ruby:ruby:method__entry
sample.rb:_end
usdt:/usr/local/bin/ruby:ruby:method__entry
sample.rb:_end
usdt:/usr/local/bin/ruby:ruby:method__entry
sample.rb:_end
usdt:/usr/local/bin/ruby:ruby:method__entry
sample.rb:_end
usdt:/usr/local/bin/ruby:ruby:method__entry
sample.rb:_end
usdt:/usr/local/bin/ruby:ruby:method__entry
sample.rb:_end
usdt:/usr/local/bin/ruby:ruby:method__entry
sample.rb:_end
```

사용자 정의 USDT

루비에서도 사용자 정의 USDT를 ruby-usdt [22]를 통해 쓸 수 있습니다. 하지만 해당 패키지 역시
노드에서처럼 libusdt를 기반으로 하는데, 이 라이브러리에서 지원하는 리눅스는 오라클 리눅스
밖에 없습니다. 그 외 리눅스 배포판에서는 정상적으로 동작하지 않을 것입니다.

9.2.8 펄

BCC tools 중 다음 3가지 도구가 펄을 지원합니다.

표 9.14 펄 관련 BCC tools

BCC tools	대상
perlcalls	ucalls의 래퍼
perlflow	uflow의 래퍼
perlstat	ustat의 래퍼

---

22 https://github.com/thekvn/ruby-usdt

이 역시 펄에 빌트인된 USDT에 의존합니다. 주요 배포판에서 제공하지 않으므로 직접 설치해야 합니다.

```
$ wget https://www.cpan.org/src/5.0/perl-5.32.0.tar.gz
$ tar -xvf perl-5.32.0.tar.gz
$ cd perl-5.32.0
$ ./Configure -des -Dusedtrace
$ make
$ make test
$ make install
```

예제 코드를 보겠습니다.

예제 9.16 sample.pl

```perl
#!/usr/local/bin/perl
sub end {
  if ($_[0]>0) {
    print("".$_[0]."\n");
    end ($_[0]-1);
    return($_[0]);
  }
  print("end\n");
  return($_[0]);
}

sub start {
  print("start\n");
  while(1) {
    end($_[0]);
    sleep(1);
  }
}
start(3);
```

bpftrace로 확인합니다. 마찬가지로 세마포어를 요구합니다.

```
$ bpftrace --usdt-file-activation -e 'usdt:/usr/local/bin/perl:sub__entry* / pid ==
'$(pgrep -f 'perl *sample.*')' / { printf
("%s\n%s:%s\n", probe, str(arg1), str(arg0))}'
usdt:/usr/local/bin/perl:perl:sub__entry
sample.pl:end
usdt:/usr/local/bin/perl:perl:sub__entry
sample.pl:end
usdt:/usr/local/bin/perl:perl:sub__entry
sample.pl:end
usdt:/usr/local/bin/perl:perl:sub__entry
sample.pl:end
```

사용자 정의 USDT

펄 역시 노드나 루비와 유사합니다. 사용자 정의 USDT를 perl-Devel-DTrace-Provider[23]를 통해 쓸 수 있습니다. 하지만 해당 패키지 역시 노드에서처럼 libusdt를 기반으로 하는데, 이 라이브 러리에서 지원하는 리눅스는 오라클 리눅스밖에 없습니다. 그 외 리눅스 배포판에서는 정상적으로 동작하지 않을 것입니다.

9.2.9 PHP

BCC tools 중 다음 3가지 도구가 PHP를 지원합니다.

표 9.15 PHP 관련 BCC tools

BCC tools	대상
phpcalls	ucalls의 래퍼
phpflow	uflow의 래퍼
phpstat	ustat의 래퍼

빌트인된 USDT에 의존하므로 역시 새로 빌드합니다.

```
$ git clone http://git.php.net/repository/php-src.git phpsrc
$ cd phpsrc
```

---

23 https://github.com/chrisa/perl-Devel-DTrace-Provider

```
$ ./buildconf
$ ./configure --enable-dtrace
$ make
$ make install
```

bpftrace로 USDT를 확인합니다.

```
$ bpftrace -l 'usdt:/usr/local/bin/php:*'
usdt:/usr/local/bin/php:php:request__startup
usdt:/usr/local/bin/php:php:request__shutdown
usdt:/usr/local/bin/php:php:compile__file__entry
usdt:/usr/local/bin/php:php:compile__file__return
usdt:/usr/local/bin/php:php:function__return
usdt:/usr/local/bin/php:php:function__entry
usdt:/usr/local/bin/php:php:execute__entry
usdt:/usr/local/bin/php:php:execute__return
usdt:/usr/local/bin/php:php:error
usdt:/usr/local/bin/php:php:exception__caught
usdt:/usr/local/bin/php:php:exception__thrown
```

예제 코드를 보겠습니다.

예제 9.17 sample.php
```php
<?php
function myend($value) {
        if($value>0) {
                echo($value . "\n") ;
                return myend($value-1) ;
        }
        echo("end\n");
        return $value;
}

function mystart($value) {
        while(True) {
                echo("start\n");
                myend($value);
```

```
            sleep(1);
        }
    }
}

mystart(3);
?>
```

PHP의 경우 그냥 실행하면 USDT가 활성화되지 않습니다. 다음과 같이 USE_ZEND_DTRACE 환경변수를 설정해야 합니다.

```
$ USE_ZEND_DTRACE /usr/local/bin/php -f sample.php
```

bpftrace로 확인합니다. 마찬가지로 세마포어를 요구합니다.

```
$ bpftrace --usdt-file-activation -e 'usdt:/usr/local/bin/php:php:function__entry* {
printf
("%s\n%s:%s\n", probe, str(arg1), str(arg0))}'
Attaching 1 probe...
usdt:/usr/local/bin/php:php:function__entry
/home/keyolk/src/php/sample.php:myend
usdt:/usr/local/bin/php:php:function__entry
/home/keyolk/src/php/sample.php:myend
usdt:/usr/local/bin/php:php:function__entry
/home/keyolk/src/php/sample.php:myend
usdt:/usr/local/bin/php:php:function__entry
/home/keyolk/src/php/sample.php:myend
```

9.2.10 Bash

bash는 대표적인 인터프리터입니다. 대부분의 동작이 사용자 영역에서 이뤄져서 트레이싱하기 까다로운 편입니다. 인터프리터인 만큼 사용자 영역에 정의된 bash 바이너리 내에서 모든 호출 흐름을 처리합니다. 자바나 파이썬 등과 달리 제공되는 내부 USDT가 없습니다. 추적을 위해서는 관련된 bash의 내부 동작을 살펴봐야 합니다.

bash에서 관심 추적 대상을 다음과 같이 3가지로 나눠봤습니다.

- 인터랙티브 셸에 의한 커맨드 실행

- 스크립트 파일 내 커맨드 실행

- 함수 실행

먼저 인터랙티브 셸에서 커맨드 실행을 추적하는 방법부터 알아보겠습니다. 다행히 이를 위한 BCC tools가 다음과 같이 준비되어 있습니다.

bashreadline

bashreadline은 시스템 전체에서 인터랙티브하게 실행되는 모든 bash 커맨드를 로그합니다. 실행해보면 다음과 같이 타임스탬프와 관련 PID, 실행 커맨드를 확인할 수 있습니다.

```
$ ./bashreadline.py
TIME      PID    COMMAND
05:28:25  21176  ls -l
05:28:28  21176  date
05:28:35  21176  echo hello world
05:28:43  21176  foo this command failed
05:28:45  21176  df -h
05:29:04  3059   echo another shell
05:29:13  21176  echo first shell again
```

위 코드는 어떻게 트레이싱될까요? bpftrace tools에도 같은 이름의 도구가 존재합니다. 동작은 BCC에서 제공하는 것과 동일합니다. bpftrace의 bashreadline [24] 소스코드가 더 단순하니 이를 살펴보겠습니다.

예제 9.18 bashreadline.bt

```
#!/usr/bin/env bpftrace
...
BEGIN
{
    printf("Tracing bash commands... Hit Ctrl-C to end.\n");
    printf("%-9s %-6s %s\n", "TIME", "PID", "COMMAND");
```

---

24 https://github.com/iovisor/bpftrace/blob/v0.11.2/tools/bashreadline.bt

```
    }
uretprobe:/bin/bash:readline
{
    time("%H:%M:%S  ");
    printf("%-6d %s\n", pid, str(retval));
}
```

위 코드를 보면 uretprobe를 bash 바이너리 내 readline 함수에 바인딩하는 것을 볼 수 있습니다.
해당 함수의 리턴값에 bash가 받아들이는 문자열이 들어오는 것으로 짐작해볼 수 있습니다.

앞에서 본 출력 결과가 다소 아쉽습니다. pid 외에 어떤 사용자가 해당 bash 커맨드를 실행했는
지 알 수 있으면 더 도움이 될 것 같습니다. 다음과 같이 수정해보겠습니다.

예제 9.19 bashreadline.bt

```
#!/usr/bin/env bpftrace
BEGIN
{
        printf("Tracing bash commands... Hit Ctrl-C to end.\n");
        printf("%-9s %-6s %s %s\n", "TIME", "PID", "COMMAND", "USER");
}
uretprobe:/bin/bash:readline
{
        time("%H:%M:%S  ");
        printf("%-6d %s ", pid, str(retval));
        system("id -ng %d", uid);
}
```

bpftrace의 system() 함수는 --unsafe 옵션과 함께 사용해야 합니다. 실행하면 다음과 같이 커맨
드와 사용자가 함께 로그되는 것을 볼 수 있습니다.

```
$ bpftrace --unsafe ./readline_with_user.bt
Attaching 2 probes...
Tracing bash commands... Hit Ctrl-C to end.
TIME     PID     COMMAND USER
22:27:41 63643   ls -al keyolk
22:27:44 63643   echo hello keyolk
22:27:46 63643   clear keyolk
```

readline 함수를 활용하는 것은 알았습니다. 어떻게 이런 포인트가 되는 함수를 쉽게 찾아낼 수 있을까요?

이번에는 bash의 내부 동작을 살펴보겠습니다. 먼저 bash 바이너리에서 프레임포인터가 빠져 있을 수 있으니 필요 시 다음과 같이 프레임포인터를 추가합니다.

```
$ wget https://ftp.gnu.org/gnu/bash/bash-5.0.tar.gz
$ tar -xvf bash-5.0.tar.gz
$ cd bash-5.0
$ CFLAGS=-fno-omit-frame-pointer ./configure
$ make
$ make install
```

위에서 gcc가 사용한 옵션을 기억두세요. 뒤이어 구조체를 파싱할 때 필요합니다.

이제 funccount로 uprobe를 확인해보겠습니다. 어떤 함수가 비슷한 기능을 할지에 대해서는 어느 정도 감이 필요합니다.

```
$ bpftrace -l 'uprobe:/usr/local/bin/bash'
uprobe:/usr/local/bin/bash:rl_old_menu_complete
uprobe:/usr/local/bin/bash:maybe_make_export_env
uprobe:/usr/local/bin/bash:initialize_shell_builtins
uprobe:/usr/local/bin/bash:extglob_pattern_p
uprobe:/usr/local/bin/bash:dispose_cond_node
uprobe:/usr/local/bin/bash:decode_prompt_string
uprobe:/usr/local/bin/bash:show_var_attributes
uprobe:/usr/local/bin/bash:push_var_context
uprobe:/usr/local/bin/bash:buffered_ungetchar
uprobe:/usr/local/bin/bash:isnetconn
...
$ ./funccount.py 'p:/usr/local/bin/bash:*read*'
Tracing 52 functions for "b'p:/usr/local/bin/bash:*read*'"... Hit Ctrl-C to end.
```

이미 알고 있기는 하지만, 모른다고 가정하고 사용자로부터 입력을 읽어 들이는 "read"가 들어간 함수가 있을 것이라고 추측해봅니다. 이제 다른 터미널을 띄우고 빌드해둔 bash를 실행해 셀로 진입합니다. 어떤 명령이든 상관없으니 7번 명령을 수행해봅니다. 여기서는 횟수가 중요합니다.

필자는 "echo hi"를 7번 반복했습니다.

```
$ bpftrace -l 'uprobe:/usr/local/bin/bash'
$ echo hi >/dev/null
$ echo hi >/dev/null
$ echo hi >/dev/null
$ echo hi >/dev/null
$ echo hi >/dev/null
$ echo hi >/dev/null
$ echo hi >/dev/null
```

funccount로 돌아가면 카운트가 7인 함수가 발견됩니다! 7의 용도를 여기서 알 수 있습니다. 7이 아니더라도 쉽게 구분되는 숫자를 활용하면 좋습니다. 보통 7, 17 등 소수는 자연상에서 일반적이지 않아 위와 같은 경우에 종종 쓰입니다.

```
$ ./funccount.py 'p:/usr/local/bin/bash:*read*'
Tracing 52 functions for "b'p:/usr/local/bin/bash:*read*'"... Hit Ctrl-C to end.
^C
FUNC                                COUNT
b'readline_internal_setup'              7
b'read_command'                         7
b'readline'                             7
b'readline_internal_teardown'           7
b'readline_internal'                    7
b'readline_internal_charloop'           7
b'readline_internal_char'              14
b'read_token_word'                     21
b'read_octal'                          28
b'rl_read_key'                         28
b'read_token'                          35
b'yy_readline_get'                    140
Detaching...
```

이제 의심 가는 함수의 스택 트레이스를 확인해봅니다. stackcount 실행 후 1회 정도 다시 앞에서 진행한 테스트를 반복하면 다음과 같이 스택 트레이스를 얻을 수 있습니다.

```
$ ./stackcount.py -P -U "/usr/local/bin/bash:readline"
Tracing 1 functions for "/usr/local/bin/bash:readline"... Hit Ctrl-C to end.
^C
  b'readline'
  b'yy_readline_get'
  b'yy_getc'
  b'shell_getc'
  b'read_token'
  b'yylex'
  b'yyparse'
  b'parse_command'
  b'read_command'
  b'reader_loop'
  b'main'
  b'__libc_start_main'
    b'bash' [26498]
    1
Detaching...
```

스택 트레이스를 보면 대략 이 함수가 어떤 동작을 하는지 좀 더 구체화할 수 있습니다. 이제 이 함수를 활용하기 위해 bash 소스에서 해당 함수의 시그니처를 확인해봅니다.

예제 9.20 readline() 함수 내용 확인

```
/* Read a line of input.  Prompt with PROMPT.  An empty PROMPT means
   none.  A return value of NULL means that EOF was encountered. */
char *
readline (const char *prompt)
{
  char *value;
...
```

위와 같이 리턴 값으로 문자열이 들어오는 것을 알 수 있습니다.

bashscriptline

bash에서 확인해볼 만한 사항은 아직 더 있습니다. 먼저 위의 readline은 인터랙티브 셸에서 들어오는 사용자 입력을 처리하는 함수입니다. bash 스크립트가 파일로 전달되어 실행되거나 할 때는 정상적으로 동작하지 못할 것입니다.

이번에는 특정 스크립트 파일에서 수행 중인 라인을 찾을 수 있는 도구를 작성해보겠습니다. 이번에도 숫자 7에 기대어 필요한 함수를 찾아보겠습니다. 다음과 같이 테스트 파일을 준비합니다.

예제 9.21 bashscriptline_test.sh

```
echo hi > /dev/null
echo hi > /dev/null
echo hi > /dev/null
echo hi > /dev/null
echo hi > /dev/null
echo hi > /dev/null
echo hi > /dev/null
```

다음과 같이 funccount를 대기시켜 둡니다. 뭔가 실행할 때마다 로그가 될 것 같으니 "exe" 정도의 키워드를 사용해봅니다.

```
$ ./funccount.py 'p:/usr/local/bin/bash:*exe*'
Tracing 54 functions for "b'p:/usr/local/bin/bash:*exe*'"... Hit Ctrl-C to end.
^C
FUNC                              COUNT
b'executing_line_number'              1
b'execute_env_file'                   1
b'exec_name_should_ignore'            2
b'execute_command_internal'           7
b'execute_command'                    7
b'dispose_exec_redirects'             7
b'execute_simple_command'             7
b'execute_builtin_or_function'        7
b'execute_builtin'                    7
b'add_exec_redirect'                  7
Detaching...
```

쉽게 함수를 찾은 것 같습니다. "execute_*"가 제일 유력해 보입니다. 어떻게 호출되는지 stackcount로 확인해 보겠습니다.

```
$ ./stackcount.py -P -U  '/usr/local/bin/bash:excute_*'
 b'[unknown]'
```

```
b'[unknown]'
b'[unknown]'
  b'bash' [366503]
  1
b'[unknown]'
b'[unknown]'
b'[unknown]'
  b'bash' [366503]
  7

...
```

분명 프레임포인터를 포함해서 빌드했는데도 함수 심벌을 찾지 못한 것을 볼 수 있습니다. 이것은 bpftrace의 버그입니다. 현재 버전에서는 심벌 처리를 bpftrace가 종료되는 시점에 시도하게 되어 있습니다. 심벌 처리 시점보다 해당 프로세스가 먼저 사라져서 심벌을 미처 가져오지 못한 경우입니다. 이 이슈는 아직 업스트림에서 해결이 안 된 상태[25]로 있습니다.

bashscriptline_test.sh의 마지막 줄에 sleep 10을 추가하고 bpftrace를 먼저 종료시키면 다음과 같이 정상적으로 호출 스택을 얻을 수 있습니다.

```
$ ./stackcount.py -P -U '/usr/local/bin/bash:excute_command'
^C
 b'execute_disk_command'
 b'execute_command_internal'
 b'execute_command'
 b'reader_loop'
 b'main'
 b'__libc_start_main'
   b'bash' [366646]
   1
 b'execute_env_file'
 b'main'
 b'__libc_start_main'
   b'bash' [366646]
   1
 b'execute_builtin_or_function'
```

---

25 https://github.com/iovisor/bpftrace/issues/246

```
b'execute_command_internal'
b'execute_command'
b'reader_loop'
b'main'
b'__libc_start_main'
    b'bash' [366646]
    7
b'execute_builtin'
b'execute_simple_command'
b'execute_command_internal'
b'execute_command'
b'reader_loop'
b'main'
b'__libc_start_main'
    b'bash' [366646]
    7
b'execute_command'
b'main'
b'__libc_start_main'
    b'bash' [366646]
    8
b'execute_simple_command'
b'execute_command'
b'reader_loop'
b'main'
b'__libc_start_main'
    b'bash' [366646]
    8
b'execute_command_internal'
b'reader_loop'
b'main'
b'__libc_start_main'
    b'bash' [366646]
    8
Detaching...
```

한 줄 추가됐으므로 숫자 8에 주목해야 합니다. "execute_command" 함수가 가장 적절할 것 같습니다.

이제 소스코드에서 함수 시그니처를 찾아보겠습니다. bash 소스 내 "command.h"에서 내용을 찾을 수 있습니다.

예제 9.22 execute_command의 시그니처 확인

```
int
execute_command (command)
    COMMAND *command;
{
...
```

시그니처가 특이합니다. 일단 COMAND* 구조체가 인자로 들어올 것 같습니다. 해당 구조체를 확인해 보겠습니다.

예제 9.23 command 구조체 확인

```
typedef struct command {
  enum command_type type; /* FOR CASE WHILE IF CONNECTION or SIMPLE. */
  int flags;       /* Flags controlling execution environment. */
  int line;     /* line number the command starts on */
  REDIRECT *redirects;    /* Special redirects for FOR CASE, etc. */
  union {
    struct for_com *For;
    struct case_com *Case;
    struct while_com *While;
    struct if_com *If;
    struct connection *Connection;
    struct simple_com *Simple;
    struct function_def *Function_def;
    struct group_com *Group;
    struct subshell_com *Subshell;
    struct coproc_com *Coproc;
  } value;
} COMMAND;
```

다소 복잡합니다. 구조를 보면 for, case, while, if 같은 경우는 특수한 케이스로 분류되고, 그 외에는 simple_com을 사용할 것 같습니다. 앞서 스택 트레이스에서도 execute_simple_command가 확인됐습니다. 우리가 필요로 하는 데이터가 나올 때까지 좀 더 들어가 보겠습니다. 다음과 같은 3개의 구조체를 더 확인할 수 있습니다.

예제 9.24 execute_command

```
typedef struct simple_com {
  int flags;        /* See description of CMD flags. */
  int line;      /* line number the command starts on */
  WORD_LIST *words;    /* The program name, the arguments,
          variable assignments, etc. */
  REDIRECT *redirects;     /* Redirections to perform. */
} SIMPLE_COM;

typedef struct word_list {
  struct word_list *next;
  WORD_DESC *word;
} WORD_LIST;

typedef struct word_desc {
  char *word;    /* Zero terminated string. */
  int flags;     /* Flags associated with this word. */
} WORD_DESC;
```

코드를 보면 마지막 구조체인 word_desc에 와서 문자열을 확인할 수 있는 것을 알 수 있습니다. 즉, 우리가 필요한 것은 다음과 같습니다.

* execute_command

* struct command

* struct simple_com

* word_list

* word_desc

단서가 나왔으니 바로 활용해 보겠습니다.

예제 9.25 bashscriptline.bt

```
#!/usr/bin/env bpftrace
uprobe:/usr/local/bin/bash:execute_command
{
  $comm = (struct command *)arg0;
  $simplecomm = (struct simple_com *)$comm->value.Simple;
  @current = $simplecomm->words;
  $i = 0;
  unroll (5) {
    @args[$i] = @current->word->word;
    @current = @current->next;
    $i++;
  }
  $i = 0 ;
  printf("line: %d, ", $simplecomm->line);
  unroll (5) {
    if (@args[$i]!=0) {
      printf("%s ", str(@args[$i]));
    }
    $i++;
  }
  printf("\n");
}
```

반복문을 쓰고 싶지만 bpftrace에서 while 문은 아직 실험 중인 기능이며, 커널 5.3 이상에서만 지원합니다. 일단은 unroll을 대신 사용해봤습니다. unroll은 정해진 횟수만 반복 가능합니다. 5개의 인자까지만 볼 수 있게 해봅니다.

위 스크립트를 바로 실행하면 다음과 같이 에러가 발생할 것입니다.

```
$ bpftrace ./bashscriptline.bt
./bash_line3.bt:11:10-29: ERROR: Unknown struct/union: 'struct command'
  $comm = (struct command *)arg0;
          ~~~~~~~~~~~~~~~~~~
./bash_line3.bt:12:16-38: ERROR: Unknown struct/union: 'struct simple_com'$simplecomm =
(struct simple_com *)$comm->value.Simple;
  $simplecomm = (struct simple_com *)$comm->value.Simple;
```

위와 같은 에러가 발생한 것은 앞서 살펴봤던 구조체 정보를 아직 bpftrace에서 모르기 때문입니다. bpftrace에 이를 어떻게 전달하면 좋을까요? bpftrace에서는 -I나 --include 같은 옵션으로 헤더를 포함하게 할 수 있습니다. 앞서 bash를 빌드할 때 살펴봤던 gcc 옵션을 참고해서 다음과 같이 실행합니다.

```
$ bpftrace --include bash/command.h -I./bash -I./bash/include -Ibash/lib ./
bashscriptline.bt
Attaching 1 probe...
line: 1, echo hi
line: 2, echo hi
line: 3, echo hi
line: 4, echo hi
line: 5, echo hi
line: 6, echo hi
line: 7, echo hi
```

성공했습니다! 혹시 기타 의존성으로 인해 문제가 생기는 경우 그냥 단순하게 실제 파싱에 필요한 부분만 따로 모아서 전달해줘도 좋습니다. 가장 간단한 방법은 관심 대상인 구조체와 필드만 적당히 꾸며서 넣어두는 것입니다. 다음과 같이 단순화해 보겠습니다.

예제 9.26 bash_header.h

```
struct command {
    int type;
    int flags;
    int line;
    int *redirects;
    union {
        int *For;
        int *Case;
        int *While;
        int *If;
        int *Connection;
        struct simple_com *Simple;
    } value;
};
struct simple_com {
```

```
  int flags;
  int line;
  struct word_list *words;
};
struct word_list {
  struct word_list *next;
  struct word_desc *word;
};
struct word_desc {
  char *word;
};
```

C에서 포인터는 모두 같은 크기를 갖습니다. 오프셋을 계산하는 데 자세한 타입은 무의미하니 모두 *int로 통일했습니다. 그 외 구조체 내 오프셋을 계산하는 데 필요 없어 보이는 필드는 모두 제거했습니다. 이제 위 파일을 bpftrace에서 --include 플래그를 통해 전달해 주겠습니다.

다시 스크립트를 실행하면 똑같은 결과를 얻을 수 있습니다!

```
$ bpftrace --include ./bash_header.h ./bashscriptline.bt
Attaching 1 probe...
line: 1, echo hi
line: 2, echo hi
line: 3, echo hi
line: 4, echo hi
line: 5, echo hi
line: 6, echo hi
line: 7, echo hi
```

결과 화면이 조금 아쉽습니다. 앞서 살펴본 요령으로 위 코드를 좀 더 쓸모 있게 만들어봤습니다. 어떤 파일에서 해당 라인이 실행되는지, 그리고 어떤 사람이, 언제 이를 실행했는지 함께 표시하면 좀 더 도움이 될 것입니다.

예제 9.27 bashcriptline.bt

```
#!/usr/bin/env bpftrace
uprobe:/usr/local/bin/bash:open_shell_script
{
  @file=str(arg0);
```

```
  @pid=arg0;
  printf("bash script \"%s\" started\n", str(arg0));
}
uprobe:/usr/local/bin/bash:execute_command / pid == @pid /
{
  $comm = (struct command *)arg0;
  $simplecomm = (struct simple_com *)$comm->value.Simple;
  @current = $simplecomm->words;
  $i = 0;
  unroll (5) {
    @args[$i] = @current->word->word;
    @current = @current->next;
    $i++;
  }
  $i = 0 ;
  time("%H:%M:%S  ");
  printf("%s:%d:", @file, $simplecomm->line);
  unroll (5) {
    if (@args[$i]!=0) {
      printf(" %s", str(@args[$i]));
    }
    $i++;
  }
  system("echo \" (by $(id -ng %d))\"", uid);
}
```

비슷한 요령으로 셸 스크립트 파일을 여는 open_shell_script() 함수를 찾았습니다. 이 함수는 첫
번째 인자로 셸 스크립트 파일명을 받습니다. 스크립트를 실행한 사용자도 함께 로그했습니다.
여기서는 간단하게 system()을 사용했습니다.

```
$ bpftrace --unsafe --include bash/command.h -I./bash -I./bash/include -Ibash/lib ./
bashscriptline.bt
Attaching 2 probes...
bash script "./test.sh" started
15:35:26  ./bashscriptline_test.sh:2: echo hi (by keyolk)
15:35:26  ./bashscriptline_test.sh:3: echo hi (by keyolk)
15:35:26  ./bashscriptline_test.sh:4: echo hi (by keyolk)
```

```
15:35:26  ./bashscriptline_test.sh:5: echo hi (by keyolk)
15:35:26  ./bashscriptline_test.sh:6: echo hi (by keyolk)
15:35:26  ./bashscriptline_test.sh:7: echo hi (by keyolk)
15:35:26  ./bashscriptline_test.sh:8: echo hi (by keyolk)
```

이제 좀 쓸 만해진 것 같습니다!

앞서 execute_command의 구조에서 알 수 있듯이 스크립트 파일에서 실행하는 라인에 파이프가 포함되거나 if, for 등인 경우 위 프로그램은 의도대로 동작하지 않을 것입니다. 파일의 내용이 command 구조체로 파싱되기 전에 문자열 형태로 가져올 수 있으면 간단하게 문제를 해결할 수 있을 것입니다. 하지만 막상 필자가 시도해 봤을 때는 생각보다 어려움이 많았습니다. command 파싱은 bash에서 사용하는 yacc 파서의 yyparse() 함수에서 이뤄지고 있었습니다. yyparse()는 전역변수인 struct command global_command로 파싱 결과를 저장합니다. 이때 yyparse()에서 한 줄씩 순서대로 파일을 파싱하는 구조가 아니라서 실제 파일에서 담고 있는 한 줄 한 줄을 구성하기 쉽지 않았습니다.

위 bashscriptline은 우리가 작성한 헤더 파일 내 구조체 정의에 의존적입니다. 실제 트레이싱 대상이 되는 bash 바이너리와 동기화가 잘 되지 않으면 제대로 동작하지 않을 것입니다. 트레이싱 대상이 되는 바이너리에서 구조체 정의 등 정보를 직접 제공할 수 있으면 좋을 것입니다. BTF가 본래 이런 용도로 쓰일 수 있습니다. 아직 커널이 아닌 사용자 영역에서의 BTF 처리는 bpftrace 에서 지원하지 않습니다.

BTF가 없는 한 uprobe를 활용한 스크립팅은 안정적이지 못합니다. USDT와 같은 이벤트를 사용하면 보다 긴 수명을 갖는 도구를 만들 수 있습니다. 하지만 리눅스의 bash에서 USDT는 기본적으로 활성화되어 있지 않습니다. 솔라리스 시스템의 bash에는 USDT가 활성화되어 있다는 글을 인터넷에서 찾을 수 있었지만[26], 따로 리눅스상에서 이를 활용하는 방법은 찾지 못했습니다.

bashfunc

이제 bash에서 마지막 남은 것은 함수 호출 로그입니다. 이 부분은 브렌던 그레그의 저서인 《BPF Performance Tools》에서 발췌했습니다.

---

26 https://alanhargreaves.wordpress.com/2007/08/10/binsh-dtrace-provider/

예제 9.28 bashfunc

```
/*
 * Copyright 2019 Brendan Gregg.
 * Licensed under the Apache License, Version 2.0 (the "License").
 * This was originally created for the BPF Performance Tools book
 * published by Addison Wesley. ISBN-13: 9780136554820
 * When copying or porting, include this comment.
 */

#!/usr/local/bin/bpftrace
uprobe:/bin/bash:find_function_def
{
        @currfunc[tid] = arg0;
}
uprobe:/bin/bash:restore_funcarray_state
{
        printf("function: %s\n", str(@currfunc[tid]));
        delete(@currfunc[tid]);
}
```

보다시피 restore_funcarray_state()를 활용한 것을 알 수 있습니다. 해당 함수에서 함수의 이름을 알 수 없었는지 find_function_def()를 통해 간접적으로 함수 이름을 가져왔습니다. 서로 다른 bash 프로세스와의 혼잡을 줄이기 위해 tid별로 맵에 저장해서 사용하고 있습니다.

테스트 코드를 다음과 같이 준비하겠습니다.

예제 9.29 bashfunc_test.sh

```
function hi {
 echo hi > /dev/null
}
hi
hi
hi
hi
hi
hi
hi
```

bash에서 이 스크립트를 실행하면 다음과 같이 결과를 얻을 수 있습니다. 이 역시 사용자의 필요에 따라 시간이나 스크립트 파일명, 사용자 등 정보를 함께 넣어줄 수 있습니다.

```
$ bpftrace ./bashfunc.bt
Attaching 2 probes...
function: hi
function: hi
function: hi
function: hi
function: hi
function: hi
function: hi
```

다른 언어보다 특히 bash와 같이 사용자 영역에서 실행 흐름을 처리하는 인터프린터 언어는 따로 USDT를 제공하지 않으면 그 흐름을 추적하기가 많이 번거로웠습니다.

## 10장

컨테이너 및 클러스터 환경

최근 컴퓨팅 환경에서는 여러 대의 서버로 이뤄진 클러스터를 운영하는 경우가 많습니다. 여기서는 컨테이너 플랫폼을 기준으로 bpftrace를 사용해보겠습니다.

10.1 컨테이너

몇 년 사이 서비스 배포의 기본 단위로 컨테이너가 많이 사용되고 있습니다. 컨테이너 운영환경에서는 단일 서버 장비에서 다양한 서비스의 컨테이너가 섞여서 동작하므로 컨테이너별로 트레이싱을 명확하게 할 수 있어야 합니다. 여기서는 리눅스 컨테이너 환경에서 서비스를 트레이싱하는 방법을 살펴보겠습니다.

그림 10.1 컨테이너 아키텍처

리눅스 컨테이너 환경에서는 컨테이너의 프로세스가 제각기 별도의 네임스페이스(namespace)와 cgroup 등을 통해 분리됩니다. 그중 cgroup은 프로세스들을 그룹별로 묶는 역할을 하며, 묶음별로 사용할 수 있는 리소스에 대한 정책을 정할 수 있습니다. 일반적인 경우 컨테이너 각각에 하나의 cgroup이 할당됩니다. 커널 입장에서는 사용자 영역에서 정의된 컨테이너의 이름이나 ID를 알기 힘들므로 cgroup을 통해 컨테이너의 프로세스를 구분할 수 있습니다.

앞에서 사용한 perf도 cgroup 필터링을 제공합니다.

10.1.1 cgroup

리눅스에서 cgroup은 v1과 v2의 두 가지 버전이 있습니다. 가장 널리 사용하는 컨테이너 엔진인 도커(docker)의 경우 기본적으로 cgroup v1만 지원합니다. cgroup v2는 systemd를 통해 간접적으로 사용할 수 있는데, dockerd 옵션에 --exec-opt를 통해 cgroup 드라이버를 systemd로 바꿔야 합니다.

BPF에서는 cgroup v2가 더 호환성이 좋아 cgroup별로 필터링이 필요하다면 시스템 전반을 v2 cgroup으로 맞춰 놓는 것이 좋습니다. 최근 systemd에서는 하이브리드 모드로 cgroup v1/v2를 지원합니다. [1] 하이브리드 모드를 사용하는 경우 v1 cgroup을 쓰되, 이때 /sys/fs/cgroup/unified 이하로 cgroup v2 형태의 파일 시스템을 함께 만들어 각각의 cgroup 레이아웃을 요구하는 프로그램에서 활용할 수 있습니다.

```
$ systemctl --version
systemd 239
+PAM +AUDIT +SELINUX +IMA -APPARMOR +SMACK +SYSVINIT +UTMP +LIBCRYPTSETUP +GCRYPT
+GNUTLS +ACL +XZ +LZ4 +SECCOMP +BLKID +ELFUTILS +KMOD +IDN2 -IDN +PCRE2 default-
hierarchy=legacy
```

systemd에서 cgroup은 다음 세 가지 방식으로 사용 가능합니다.

- cgroup v1

- cgroup v2

- cgroup hybrid

---

[1] https://github.com/systemd/systemd/blob/v247/NEWS#L4605

이는 다음과 같이 커널 부트 파라미터를 통해 확인 가능합니다.

```
$ cat /proc/cmdline
BOOT_IMAGE=(hd0,msdos1)/boot/vmlinuz-5.8.17 root=UUID=e5fe6c0c-c1a7-4dfc-925a-
07b7e808e18b ro crashkernel=auto resume=UUID=b0b09ff1-ac4c-4dd8-9f53-64e58170e13e
systemd.unified_cgroup_hierarchy=0 systemd.legacy_systemd_cgroup_controller=0
```

커널 부트 파라미터 변경이 필요한 경우 이를 수정해야 합니다. 부트 파라미터를 설정하는 방법
은 시스템에 따라 다를 수 있습니다. 제가 사용하는 CentOS 8에서는 /etc/default/grub에서 부
트로더(grub)와 관련 설정을 할 수 있습니다. 필요 시 다음과 같이 수정하고 시스템을 재시작합
니다.

```
$ cat /etc/default/grub | grep -i cmdline
GRUB_CMDLINE_LINUX="crashkernel=auto resume=UUID=b0b09ff1-ac4c-4dd8-9f53-64e58170e13e
systemd.unified_cgroup_hierarchy=0 systemd.legacy_systemd_cgroup_controller=0"
$ grub2-mkconfig -o /boot/grub2/grub.cfg
$ reboot
```

시스템에 마운트된 cgroup은 다음과 같이 확인 가능합니다.

```
$ mount | grep cgroup
tmpfs on /sys/fs/cgroup type tmpfs (ro,nosuid,nodev,noexec,mode=755)
cgroup on /sys/fs/cgroup/systemd type cgroup (rw,nosuid,nodev,noexec,relatime,xattr,rele
ase_agent=/usr/lib/systemd/systemd-cgroups-agent,name=systemd)
cgroup on /sys/fs/cgroup/cpuset type cgroup (rw,nosuid,nodev,noexec,relatime,cpuset)
cgroup on /sys/fs/cgroup/freezer type cgroup (rw,nosuid,nodev,noexec,relatime,freezer)
cgroup on /sys/fs/cgroup/net_cls,net_prio type cgroup (rw,nosuid,nodev,noexec,relatime,n
et_cls,net_prio)
cgroup on /sys/fs/cgroup/memory type cgroup (rw,nosuid,nodev,noexec,relatime,memory)
cgroup on /sys/fs/cgroup/cpu,cpuacct type cgroup (rw,nosuid,nodev,noexec,relatime,cpu,cp
uacct)
cgroup on /sys/fs/cgroup/pids type cgroup (rw,nosuid,nodev,noexec,relatime,pids)
cgroup on /sys/fs/cgroup/blkio type cgroup (rw,nosuid,nodev,noexec,relatime,blkio)
cgroup on /sys/fs/cgroup/perf_event type cgroup (rw,nosuid,nodev,noexec,relatime,pe
rf_event)
cgroup on /sys/fs/cgroup/devices type cgroup (rw,nosuid,nodev,noexec,relatime,devices)
none on /sys/fs/cgroup/unified type cgroup2 (rw,relatime)
```

위와 같이 unified에 cgroup2 타입의 마운트가 확인되어야 합니다.

도커에서는 dockerd가 기동될 때 exec-opt로 다음 플래그를 전달하면 systemd를 통해 cgroup을 할당할 수 있습니다.

```
$ echo 'DOCKER_OPTS="--exec-opt native.cgroupdriver=systemd"'
```

관련 옵션을 다음과 같이 docker systemd 설정에 넣어줍니다.

```
$ mkdir  /etc/systemd/system/docker.service.d
$ printf '[Service]\nEnvironment=DOCKER_OPTS="--exec-opt native.cgroupdriver=systemd"\n'
| tee /etc/systemd/system/docker.service.d/10-docker.conf
```

이제 컨테이너를 하나 만들어 보겠습니다.

```
docker run -d --name cgrouptest nginx
```

위와 같이 컨테이너를 만들면 새로운 cgroup이 /sys/fs/cgroup/unified/system.slice/docker-${CONTAIENRID}.scope에 만들어집니다. perf의 cgroup 플래그에 이를 전달하면 해당 cgroup의 프로세스에 대해서만 샘플링됩니다.

```
$ perf record -F 99 -e cpu-clock -ga --cgroup=/system.slice/docker-$(docker inspect
--format '{{.ID}}').scope -- sleep 1
```

cgroup을 systemd가 아닌 dockerd에서 직접 할당하게 하면 컨테이너의 cgroup 경로는 cgroup v1 레이아웃에 따라 서브시스템별로 /sys/fs/cgroup/${SUBSYSTEM}/docker/${CONTAIENRID} 경로에 위치합니다.

perf에서 cgroup v1에 대해서는 서브시스템 경로를 생략하고 다음과 같이 사용 가능합니다.

```
$ perf record -F 99 -e cpu-clock -ga --cgroup=docker/$(docker inspect --format '{{.
ID}}') -- sleep 10
```

이와 같이 perf에서는 BPF와 달리 cgroup v1/v2에 무관하게 프로파일링할 수 있습니다.

BCC tools 중에서도 몇몇 커맨드를 보면 --cgroupmap이라는 플래그를 제공하는 경우가 있는데, 이 플래그를 통해 대상이 되는 cgroup을 정해줄 수 있습니다. cgroupmap을 사용하는 도구는 다음과 같습니다.

- opensnoop

- execsnoop

- tcpconnect

- tcpaccept

- tcptracer

- profile

이러한 도구를 활용하고자 할 때 커널에서 인식할 수 있는 cgroup 정보를 만들어서 맵으로 전달할 필요가 있는데, 앞에서 본 bpftool과 오브젝트 피닝이 활용됩니다.

다음과 같이 bcc의 profile은 cgroupmap 인자를 받을 수 있습니다.

```
$ profile --help | grep cgroup
            [-C CPU] [--cgroupmap CGROUPMAP] [--mntnsmap MNTNSMAP]
 --cgroupmap CGROUPMAP
                      trace cgroups in this BPF map only
   ./profile --cgroupmap mappath  # only trace cgroups in this BPF map
```

cgroupmap을 먼저 미리 생성해보겠습니다. bpftool을 통해 test01이라는 이름으로 피닝된 맵 오브젝트를 만듭니다.

```
$ bpftool map create /sys/fs/bpf/test01 type hash key 8 value 8 entires 128 name
cgroupset flags 0
```

이 맵에 우리가 보고자 하는 컨테이너의 cgroupid를 담을 수 있습니다. 앞서 만든 컨테이너 cgroup의 경로만 전달할 수 있으면 좋겠지만 좀 더 번거로운 과정이 필요합니다. BCC 프로젝트 내 examples/cgroupid를 활용해야 합니다. 먼저 해당 도구를 다음과 같이 빌드하겠습니다.

```
$ cd examples/cgroupid
$ make
$ file cgroupid
cgroupid: ELF 64-bit LSB executable, x86-64, version 1 (GNU/Linux), statically linked,
for GNU/Linux 3.2.0, BuildID[sha1]=5bec423739062b5a7749802ff013bcb6818e315b, not
stripped, too many notes (256)
```

다음과 같이 cgroup 경로에서 cgroupid 값을 가져옵니다. cgroup v2를 사용하는 경우에만 정
상적으로 동작합니다.

```
$ ./cgroupid hex /sys/fs/cgroup/unified/system.slice/docker-${CONTAINERID}
```

여기서 얻은 cgroupid 값으로 map을 업데이트합니다.

```
$ bpftool map update pinned /sys/fs/bpf/test01 key hex $CGROUPID value hex 00 00 00 00
  00 00 00 00 any
```

BPF 프로그램이 실행되는 중간에도 이 맵의 cgroupid는 수정될 수 있습니다. 대상 컨테이너가
달라질 때마다 다시 BPF 프로그램을 로드하지 않아도 됩니다.

bpftrace에서는 cgroup 빌트인 변수와 cgroupid() 함수를 활용할 수 있습니다. cgroupid 함수가
앞에서 본 cgroupid 도구와 똑같은 역할을 합니다. 다음과 같은 형태로 사용합니다.

```
$ bpftrace -e '$PROBE / cgroup == cgroupid($CONTAIENR_CGROUP_PATH) / { $ACTIONS }'
```

cgroupid의 정체는 뭘까요? cgroupid는 단순히 해당 cgroup 경로의 inode입니다. cgroupfs 이하
에서 inum으로 찾으면 관련 경로를 찾을 수 있습니다.

```
$ find /sys/fs/cgroup -inum 28021
/sys/fs/cgroup/unified/system.slice/docker-42ce9ebd90ab7a6c4e21f8d124140a2cb3be62389745f
785b9f9205cc97a33d0.scope
```

10.1.2 네임스페이스

네임스페이스는 cgroup과 함께 리눅스상에서 컨테이너를 구현하는 핵심 컴포넌트 중 하나입니다. 리눅스에서는 네임스페이스를 통해 시스템의 주요 리소스에 대한 격리된 뷰를 제공합니다. 컨테이너에서는 보통 다음과 같은 종류의 네임스페이스를 활용합니다.

- Mount
- PID
- UTS
- Network
- IPC
- User

네임스페이스는 프로세스가 생성되는 시점에 분리될 수 있습니다. 예를 들어, PID 네임스페이스를 분리해서 생성한 프로세스는 네임스페이스 내에서는 별도의 PID를 가질 수 있습니다. 다음은 이에 대한 예입니다. 부모 프로세스 네임스페이스에서 PID 8을 갖는 프로세스가 자식 PID 네임스페이스에서는 PID 1을 갖고 있습니다.

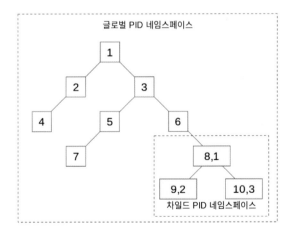

그림 10.2 PID 네임스페이스

달리 설정하지 않으면 부모 프로세스의 네임스페이스를 그대로 가져갑니다. 컨테이너와 같이 특수한 프로세스가 아니라면 모두 1번 프로세스와 같은 네임스페이스를 갖게 될 것입니다. 그럼 먼저 1번 프로세스의 네임스페이스를 확인해보겠습니다.

```
$ cd /proc/1/ns
$ ls -l
total 0
dr-x--x--x 2 root root 0 Oct 19 13:40 .
dr-xr-xr-x 9 root root 0 Oct  2 11:57 ..
lrwxrwxrwx 1 root root 0 Oct 19 13:40 cgroup -> 'cgroup:[4026531835]'
lrwxrwxrwx 1 root root 0 Oct 19 13:40 ipc -> 'ipc:[4026531839]'
lrwxrwxrwx 1 root root 0 Oct 19 13:40 mnt -> 'mnt:[4026531840]'
lrwxrwxrwx 1 root root 0 Oct 19 13:40 net -> 'net:[4026531992]'
lrwxrwxrwx 1 root root 0 Oct 19 13:40 pid -> 'pid:[4026531836]'
lrwxrwxrwx 1 root root 0 Oct 19 13:40 pid_for_children -> 'pid:[4026531836]'
lrwxrwxrwx 1 root root 0 Oct 19 13:40 user -> 'user:[4026531837]'
lrwxrwxrwx 1 root root 0 Oct 19 13:40 uts -> 'uts:[4026531838]'
```

심벌릭 링크 파일들을 확인할 수 있습니다. 심벌릭 링크가 가리키는 inode를 기준으로 네임스페이스를 구분해볼 수 있습니다. 예를 들어, 위의 경우 PID 네임스페이스는 4026531836 inode를 사용합니다. 이번에는 컨테이너를 하나 생성하고 네임스페이스를 살펴보겠습니다.

```
$ docker run --rm -d --name namespace-test nginx
Unable to find image 'nginx:latest' locally
latest: Pulling from library/nginx
bb79b6b2107f: Pull complete
111447d5894d: Pull complete
a95689b8e6cb: Pull complete
1a0022e444c2: Pull complete
32b7488a3833: Pull complete
Digest: sha256:ed7f815851b5299f616220a63edac69a4cc200e7f536a56e421988da82e44ed8
Status: Downloaded newer image for nginx:latest
2f674c09fc1e12513e7e7d8d33a2cd1468bb060e234af2369422605138485d67
$ docker inspect --format '{{.State.Pid}}' namespace-test
502699
$ cd /proc/502699/ns
```

```
$ ls -l
total 0
dr-x--x--x 2 root root 0 Oct 19 13:41 .
dr-xr-xr-x 9 root root 0 Oct 19 13:39 ..
lrwxrwxrwx 1 root root 0 Oct 19 13:41 cgroup -> 'cgroup:[4026531835]'
lrwxrwxrwx 1 root root 0 Oct 19 13:41 ipc -> 'ipc:[4026532239]'
lrwxrwxrwx 1 root root 0 Oct 19 13:41 mnt -> 'mnt:[4026532237]'
lrwxrwxrwx 1 root root 0 Oct 19 13:41 net -> 'net:[4026532242]'
lrwxrwxrwx 1 root root 0 Oct 19 13:41 pid -> 'pid:[4026532240]'
lrwxrwxrwx 1 root root 0 Oct 19 13:41 pid_for_children -> 'pid:[4026532240]'
lrwxrwxrwx 1 root root 0 Oct 19 13:41 user -> 'user:[4026531837]'
lrwxrwxrwx 1 root root 0 Oct 19 13:41 uts -> 'uts:[4026532238]'
```

nginx 이미지로 컨테이너를 하나 생성한 후 컨테이너의 PID를 확인했습니다. 1번 프로세스와 user, pid_for_children, cgroup은 동일한 값을 가지지만 그 외는 다른 값을 갖고 있음을 확인할 수 있습니다.

컨테이너는 여러 네임스페이스를 사용하지만 경우에 따라 안 쓰는 네임스페이스가 있을 수 있습니다. 보통 PID, 네트워크 네임스페이스가 종종 사용되지 않으며 UTS도 필요에 따라 쓰이지 않을 수 있습니다. 그럼 어떤 네임스페이스로 컨테이너를 구분해야 할까요?

근래의 컨테이너들은 도커로 대표되는 컨테이너 이미지를 사용합니다. 컨테이너 이미지는 하나하나가 해당 컨테이너의 루트 파일 시스템이 되는데, 이때 마운트 네임스페이스가 사용됩니다. 따라서 일반적인 컨테이너 프로세스들은 모두 마운트 네임스페이스를 별도로 사용합니다. 이는 컨테이너를 구분하는 용도로 쓰기에 좋은 특징입니다. 다음 그림은 마운트 네임스페이스의 구조를 나타낸 것입니다. 마운트 네임스페이스별로 별도의 격리된 루트 파일 시스템을 가지는 모습을 보여줍니다.

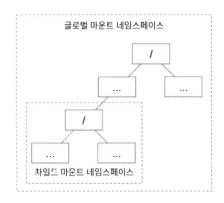

그림 10.3 마운트 네임스페이스

위와 같은 이유로 BCC tools 중 일부가 마운트 네임스페이스를 통한 필터링을 지원합니다. cgroup의 경우 v1, v2의 버전 문제도 있고 혹시 여러 컨테이너 프로세스가 cgroup을 공유해서 사용하는 경우 컨테이너를 구분하기에 적절하지 않을 수 있습니다.

이렇게 cgroup 필터링을 쓰기 어려운 경우 네임스페이스 필터링은 매우 유용합니다. 방식은 cgroup과 비슷합니다. --cgroupmap 대신 --mntnsmap을 사용합니다. 이를 지원하는 도구는 다음과 같습니다.

- execsnoop

- bindsnoop

- opensnoop

- tcptop

- tcpconnect

- tcpaccept

- capable

- tcptracer

- profile

execsnoop을 예로 들어 --mntnsmap을 사용해보겠습니다. cgroupid와 마찬가지로 맵을 통해 필터링할 마운트 네임스페이스의 정보를 전달할 것입니다. 이때 앞에서 본 inode 정보를 사용합니다. bpftool로 다음과 같이 오브젝트를 하나 피닝합니다.

```
$ bpftool map create /sys/fs/bpf/mnt_ns_set type hash key 8 value 4 entries 128 name
mnt_ns_set flags 0
```

이제 execsnoop에서 --mntnsmap의 인자로 앞에서 만든 오브젝트의 경로를 지정합니다.

```
$ execsnoop --mntnsmap /sys/fs/bpf/mnt_ns_set
```

여기에 보고자 하는 네임스페이스의 inode를 맵에 넣습니다. 네임스페이스의 inode를 확인하고 bpftool로 업데이트하면 됩니다. 컨테이너의 경우 docker 명령어를 통해 PID를 확인한 후 /proc/$PID/ns/mnt 경로를 확인하면 해당 네임스페이스의 ID를 알 수 있습니다. 아래 예에서는 터미널의 프로세스를 사용해봤습니다.

```
$ NS_ID_HEX="$(printf '%016x' $(stat -Lc '%i' /proc/self/ns/mnt) | sed 's/.\{2\}/&\n/g'
| $HOST_ENDIAN_CMD)"
$ bpftool map update pinned $FILE key hex $NS_ID_HEX value hex 00 00 00 00 any
```

10.1.3 컨테이너 필터링

컨테이너 필터링은 어떻게 구현되어 있을까요? BCC에서는 filter_by_container() 함수를 제공합니다. 앞에서 본 도구들은 이 함수를 통해 컨테이너 필터링을 구현합니다. 사용법은 다음과 같습니다.

예제 10.1 BCC tools에서 컨테이너 필터링

```
...
bpf_text = """
...
"""
bpf_text = filter_by_containers(args) + bpf_text
...
# initialize BPF
b = BPF(text=bpf_text)
...
```

위 코드는 기본 동작을 정의한 bpf_text에 filter_by_containers()의 반환값을 할당합니다. filter_by_containers()에는 필터링을 수행하는 커널 영역의 BPF 코드가 정의되어 있습니다. 해당 함수 내에서 args를 받아서 내부의 --cgroupmap, --mntnsmap을 직접 처리하므로 이 함수를 통해 도구를 작성하는 경우 사용하는 플래그의 이름을 똑같이 맞춰줘야 합니다.

filter_by_containers()[2]의 내부도 살짝 살펴보겠습니다.

예제 10.2 filter_by_containers() 내부

```
...
def filter_by_containers(args):
    filter_by_containers text = """
    static inline int container_should_be_filtered() {
        return _cgroup_filter() || _mntns_filter();
    }
    """
    cgroupmap_text = _cgroup_filter_func_writer(args.cgroupmap)
    mntnsmap_text = _mntns_filter_func_writer(args.mntnsmap)
    return cgroupmap_text + mntnsmap_text + filter_by_containers_text
...
```

다시 내부적으로 _cgroup_filter_func_writer()와 _mntns_filter_func_writer()를 통해 코드를 생성하는 것을 알 수 있습니다. _cgroup_filter_func_writer()부터 살펴보겠습니다.

예제 10.3 _cgroup_filter_func_writer() 내부

```
...
def _cgroup_filter_func_writer(cgroupmap):
    ...
    text = """
    BPF_TABLE_PINNED("hash", u64, u64, cgroupset, 1024, "CGROUP_PATH");
    static inline int _cgroup_filter() {
        u64 cgroupid = bpf_get_current_cgroup_id();
        return cgroupset.lookup(&cgroupid) == NULL;
    }
    """
    return text.replace('CGROUP_PATH', cgroupmap)
...
```

---

2   https://github.com/iovisor/bcc/blob/master/src/python/bcc/containers.py

CGROUP_PATH에 피닝된 오브젝트를 가져와 cgroupset에 저장했습니다. bpf_get_current_cgroup_id()
는 현재 태스크의 cgroup ID를 가져오는 헬퍼 함수입니다. 앞서 가져온 cgroupset의 값을 맵의
lookup() 메서드로 비교합니다.

이번에는 _mntns_filter_func_writer() 내부를 살펴보겠습니다.

예제 10.4 _mntns_filter_func_writer() 내부

```
...
def _mntns_filter_func_writer(mntnsmap):
    ...
    text = """
    #include <linux/nsproxy.h>
    #include <linux/mount.h>
    #include <linux/ns_common.h>
    /* see mountsnoop.py:
    * XXX: struct mnt_namespace is defined in fs/mount.h, which is private
    * to the VFS and not installed in any kernel-devel packages. So, let's
    * duplicate the important part of the definition. There are actually
    * more members in the real struct, but we don't need them, and they're
    * more likely to change.
    */
    struct mnt_namespace {
        atomic_t count;
        struct ns_common ns;
    };
    BPF_TABLE_PINNED("hash", u64, u32, mount_ns_set, 1024, "MOUNT_NS_PATH");
    static inline int _mntns_filter() {
        struct task_struct *current_task;
        current_task = (struct task_struct *)bpf_get_current_task();
        u64 ns_id = current_task->nsproxy->mnt_ns->ns.inum;
        return mount_ns_set.lookup(&ns_id) == NULL;
    }
    """
    return text.replace('MOUNT_NS_PATH', mntnsmap)
...
```

cgroup과 달리 간단히 마운트 네임스페이스를 가져올 수 있는 헬퍼 함수가 없습니다. 대신 `bpf_get_current_task()` 함수를 활용해 현재 태스크의 `task_struct` 구조체를 가져오고, 구조체 내 필드를 직접 확인해서 마운트 네임스페이스를 가져오는 형태를 취하고 있습니다. 네임스페이스는 앞에서 본 것처럼 inode 숫자로 구분될 수가 있어 `mnt_namespace` 구조체에 있는 `ns_common` 구조체를 통해 이를 가져왔습니다. `mnt_namespace` 구조체의 경우 커널 헤더에 존재하지 않는 구조체라서 BPF내에서 직접 구조체를 정의해 사용합니다.

10.1.4 USDT, UPROBE

`bpftrace` 등을 사용할 때 usdt, uprobe, uretprobe의 경우 관련된 바이너리 및 라이브러리의 경로를 명시해야 합니다. 컨테이너 환경에서는 rootfs가 pivot_root 혹은 chroot 등으로 바뀌어 있어 경로를 찾는 데 주의가 필요합니다. 다행히 /proc에서 프로세스별 rootfs를 확인할 수 있습니다.

```
$ docker run --name nginx -dP nginx
```

pid를 확인하겠습니다.

```
$ docker run --format '{{.State.Pid}}' nginx
156227
```

/proc의 root 경로를 활용하면 컨테이너의 rootfs를 확인할 수 있습니다.

```
$ ls /proc/156227/root/usr/sbin/nginx
/proc/156227/root/usr/sbin/nginx
```

이 경로는 바로 다음과 같이 bpftrace에 uprobe를 쓸 수 있습니다.

```
$ bpftrace -e 'uprobe:/proc/root/usr/bin/nginx:_start { printf("hi");}''
```

혹은 다음과 같이 바로 pid를 통해 probe 경로를 알아볼 수도 있습니다.

```
$ bpftrace -l -p 156227 | grep http
uprobe:/proc/156227/root/usr/sbin/nginx:ngx_utf8_length
uprobe:/proc/156227/root/usr/sbin/nginx:ngx_http_add_listen
uprobe:/proc/156227/root/usr/sbin/nginx:ngx_http_add_location
```

```
uprobe:/proc/156227/root/usr/sbin/nginx:ngx_http_add_variable
uprobe:/proc/156227/root/usr/sbin/nginx:ngx_http_arg
uprobe:/proc/156227/root/usr/sbin/nginx:ngx_http_auth_basic_user
uprobe:/proc/156227/root/usr/sbin/nginx:ngx_http_block_reading
uprobe:/proc/156227/root/usr/sbin/nginx:ngx_http_cache_send
uprobe:/proc/156227/root/usr/sbin/nginx:ngx_http_clean_header
uprobe:/proc/156227/root/usr/sbin/nginx:ngx_http_cleanup_add
...
```

다만 이 경우 해당 프로세스에서 다른 실행 파일이나 라이브러리를 간접적으로 참조하는 경우 표시되지 않습니다.

USDT도 uprobe의 요령과 동일합니다. probe 리스트를 확인할 때 usdt:로 시작하는 라인이 확인되면 이를 활용하면 됩니다.

10.2 쿠버네티스

쿠버네티스는 최근 몇 년간 가장 주목받은 오픈소스 컨테이너 플랫폼입니다. 이번 절에서는 쿠버네티스 클러스터를 대상으로 BPF와 관련된 도구를 소개하겠습니다.

10.2.1 kubectl Trace

IOVisor에서는 쿠버네티스 클러스터를 대상으로 bpftrace 스크립트를 구동할 수 있는 kubectl trace [3]를 제공합니다. kubectl trace는 쿠버네티스의 CLI 도구인 kubectl의 플러그인 형태로 동작합니다.

앞에서 봤듯이 호스트 장비의 상황에 따라 가용한 기능이 다를 수 있습니다. 예를 들어, cgroup v2가 아닌 시스템을 쓰는 경우 파드(pod) 단위의 필터링은 제대로 동작하기 힘듭니다. 이와 관련해서는 업스트림에서 해당 이슈에 대한 현황과 가이드가 제시[4]되어 있습니다.

그래도 노드(node) 단위 필터링은 정상적으로 사용할 수 있습니다.

3　https://github.com/iovisor/kubectl-trace
4　https://github.com/iovisor/kubectl-trace/issues/57

kubectl trace를 쓸 경우 쿠버네티스 스타일의 셀렉터(selector)를 사용할 수 있고, BPF 프로그램의 관리도 쿠버네티스답게 할 수 있다는 장점이 있습니다.

예제를 보겠습니다. 다음은 특정 노드에 대해 bpftrace 스크립트를 실행합니다.

```
$ kubectl trace run ${NODE} -e "tracepoint:syscalls:sys_enter_* { @[probe] = count(); }"
```

스크립트를 인라인으로 쓰지 않고 파일로 제공할 수도 있습니다.

```
$ kubectl trace run ${NODE} -f read.bt
```

특정 파드에 대해 스크립트는 다음과 같이 구동합니다.

```
$ kubectl trace run -e 'uretprobe:/proc/$container_pid/exe:"main.counterValue" {
printf("%d\n", retval) }' pod/caturday-566d99889-8glv9 -a -n caturday
```

트레이스 워크로드를 특정 서비스 어카운트를 통해 실행할 수도 있습니다.

```
$ kubectl trace run --serviceaccount=trace ${NODE} -f read.bt
```

다음 그림은 kubectl trace의 구조를 나타냅니다.

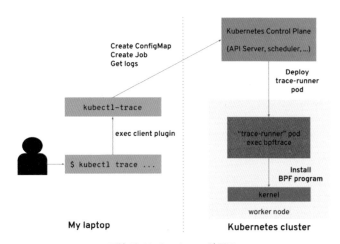

그림 10.4 kubectl trace의 구조

kubectl trace 구동 조건에 따라 파드를 생성하고 해당 파드에서 bpftrace 스크립트를 실행합니다. kubectl trace의 경우 아직 BTF를 지원하지 않습니다. 시스템에 리눅스 헤더가 없는 경우 알아서 설치하는 기능이 있지만 안정적이지 않습니다.

10.2.2 Inspektor Gadget

Kinvolk의[5] Inspektor Gadget[6]은 앞에서 본 kubectl trace의 영향을 받은 도구로서 몇몇 BCC tools 등을 쿠버네티스 인터페이스로 제공합니다. Inspektor Gadget은 다음과 같이 설치합니다. 여기서는 krew[7]를 사용해 설치했습니다.

```
$ kubectl krew install gadget
$ kubectl gadget deploy | kubectl apply -f -
```

help 커맨드로 살펴보면 앞에서 소개한 몇몇 BCC tools를 지원하는 것을 볼 수 있습니다.

```
$ kubectl gadget
Collection of gadgets for Kubernetes developers
Usage:
 kubectl gadget [command]
Available Commands:
 bindsnoop      Trace IPv4 and IPv6 bind() system calls
 capabilities   Suggest Security Capabilities for securityContext
 deploy         Deploy Inspektor Gadget on the worker nodes
 execsnoop      Trace new processes
 help           Help about any command
 network-policy Generate network policies based on recorded network activity
 opensnoop      Trace files
 profile        Profile CPU usage by sampling stack traces
 tcpconnect     Suggest Kubernetes Network Policies
 tcptop         Show the TCP traffic in a pod
 tcptracer      Trace tcp connect, accept and close
 traceloop      Get strace-like logs of a pod from the past
 version        Show version
 ...
```

---

5 https://kinvolk.io/

6 https://github.com/kinvolk/inspektor-gadget

7 https://github.com/kubernetes-sigs/krew

kubectl trace의 영향을 받은 만큼 아주 유사한 구조를 띠고 있습니다.

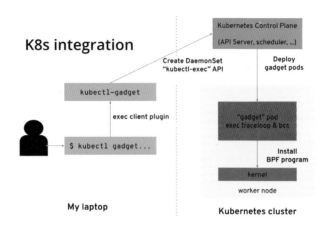

그림 10.5 Inspector Gadget의 구조

다음과 같은 형태로 실행합니다.

```
$ kubectl run --restart=Never --image=busybox mypod -- sh -c 'while /bin/true ; do wget
-O - https://google.com ; sleep 3 ; done'
```

```
$ kubectl get pod -o wide
NAME                                          READY   STATUS     RESTARTS
AGE     IP            NODE        NOMINATED NODE   READINESS GATES
mypod                                         1/1     Running    0
26s     10.1.198.152  keyolk      <none>           <none>
```

```
$ kubectl gadget tcptop --node keyolk --podname mypod

12:36:41 loadavg: 1.41 1.58 1.11 5/381 690

PID    COMM    LADDR              RADDR                RX_KB  TX_KB
5762   5762    10.2.232.15:54326  104.27.186.120:443   16     0
```

11장

모니터링

이번 장에서는 BPF를 활용한 모니터링 시스템을 살펴보겠습니다. 먼저 그라파나와 프로메테우스를 활용해 서버 클러스터에 대한 모니터링을 구축해보겠습니다.

11.1 ebpf exporter

Cloudflare [1]의 ebpf exporter [2]는 BPF 프로그램으로 수집한 메트릭을 손쉽게 프로메테우스로 모을 수 있는 프로메테우스용 익스포터를 제공합니다.

먼저 다음과 같이 빌드합니다.

```
$ git clone https://github.com/cloudflare/ebpf_exporter
$ cd ebpf_exporter
$ make release-binaries
```

프로젝트를 살펴보면 examples 아래에 예제들이 있습니다.

---

1 https://www.cloudflare.com/
2 https://github.com/cloudflare/ebpf_exporter

```
$ ls examples/
bio-tracepoints.yaml     dcstat.yaml        tcpsynbl.yaml
bio.write.latency.png     eaddrinuse.yaml    timers-raw-tracepoints.yaml
bio.yaml                  ipcstat.yaml       timers.yaml
cachestat-complex.yaml   llcstat.yaml       xfs_reclaim.yaml
cachestat.yaml           runqlat.yaml
cgroup.yaml              shrinklat.yaml
```

그중 하나를 살펴보겠습니다.

예제 11.1 ebpf_exporter의 프로그램 기술 구조

```
$ cat examples/tcpsynbl.yaml
programs:
  - name: tcpsynbl
    metrics:
      histograms:
        - name: tcp_syn_backlog
          help: TCP SYN backlog size
          table: bucket
          bucket_type: linear
          bucket_min: 0
          bucket_max: 20
          bucket_multiplier: 50
          labels:
            - name: bucket
              size: 8
              decoders:
                - name: uint
    kprobes:
      tcp_v4_syn_recv_sock: do_count
      tcp_v6_syn_recv_sock: do_count
    code: |
     #include <net/sock.h>
     // Histograms to record TCP SYN backlog size
     BPF_HISTOGRAM(bucket, u64);
     int do_count(struct pt_regs *ctx, struct sock *sk) {
         u64 backlog = bpf_log2l(sk->sk_ack_backlog);
```

```
        bucket.increment(backlog);
        return 0;
    }
```

code 부분에 BCC 프로그램이 들어가는 것을 볼 수 있습니다. 일단 다음과 같이 실행해봅니다.

```
$ ebpf_exporter \
--config.file=src/github.com/cloudflare/ebpf_exporter/examples/tcpsynbl.yaml
```

ebpf exporter를 실행하면 기본적으로 9435 포트로 HTTP 요청을 받습니다. 그럼 다음과 같은 프로메테우스 포맷의 메트릭을 출력합니다.

예제 11.2 ebpf_exporter에서 만든 프로메테우스 메트릭

```
# HELP ebpf_exporter_page_cache_ops_total Page cache operation counters by type
# TYPE ebpf_exporter_page_cache_ops_total counter
ebpf_exporter_page_cache_ops_total{command="syslog-ng",op="account_page_dirtied"} 1531
ebpf_exporter_page_cache_ops_total{command="syslog-ng",op="add_to_page_cache_lru"} 1092
ebpf_exporter_page_cache_ops_total{command="syslog-ng",op="mark_buffer_dirty"} 31205
ebpf_exporter_page_cache_ops_total{command="syslog-ng",op="mark_page_accessed"} 54846
ebpf_exporter_page_cache_ops_total{command="systemd-journal",op="account_page_dirtied"}
104681
ebpf_exporter_page_cache_ops_total{command="systemd-journal",op="add_to_page_cache_lru"}
7330
ebpf_exporter_page_cache_ops_total{command="systemd-journal",op="mark_buffer_dirty"}
125486
ebpf_exporter_page_cache_ops_total{command="systemd-journal",op="mark_page_accessed"}
898214
```

Cloudflare의 ebpf exporter는 구조가 굉장히 명확합니다. programs.code 이하에 BPF 코드를 작성하고 이것을 바로 프로메테우스 포맷으로 노출시킬 수 있습니다.

- metrics: 프로메테우스 메트릭을 기술합니다.

- code: 실행할 BPF 코드를 적습니다.

- kprobes: 바인딩할 이벤트를 기술합니다.

프로메테우스에서 메트릭은 다음의 4가지 타입이 있습니다.

- Counter

- Gauge

- Histogram

- Summary

ebpf exporter에서는 그중 Counter와 Histogram 타입의 메트릭을 사용합니다. 커널 내 BPF 프로그램이 저장한 맵을 프로메테우스 메트릭 형태로 가공합니다.

Counter의 경우 해당되는 커널 내 맵의 값이 그대로 들어갑니다. Histogram의 경우 맵의 값을 그대로 넣기는 힘듭니다. 커널에서는 맵의 값을 이벤트가 호출될 때마다 작성하지만, 프로메테우스에서는 히스토그램으로 주어진 모든 범위의 값이 존재한다고 가정합니다. 그래서 bpf exporter에서는 커널의 맵 값을 가지고 히스토그램을 위한 값을 새로 생성합니다. 이때 사용되는 설정이 다음 3개 필드입니다.

- bucket_min

- bucket_max

- bucket_multiplier

위 값은 버킷(bucket) 종류에 맞게 히스토그램을 생성하는 데 사용됩니다. 버킷은 다음의 3가지 종류가 있으며, bucket_type 필드를 통해 설정할 수 있습니다.

- exp2

- linear

- fixed

버킷을 통해 히스토그램의 데이터가 어떻게 생성되는지 살펴보겠습니다. 다음은 exp2 타입의 버킷에 대한 ebpf exporter의 동작입니다. map은 커널에서 수집된 값이고, result는 프로메테우스로 노출할 히스토그램이 됩니다.

예제 11.3 ebpf_exporter exp2 bucket 타입

```
count = 0
for i = bucket_min; i < bucket_max; i++ {
 count += map.get(i, 0)
 result[exp2(i) * bucket_multiplier] = count
 }
```

linear 타입의 버킷은 다음과 같은 형태로 히스토그램을 생성합니다.

예제 11.4 ebpf_exporter linear 버킷 타입

```
count = 0
for i = bucket_min; i < bucket_max; i++ {
 count += map.get(i, 0)
 result[i * bucket_multiplier] = count
 }
```

exp2 타입과 키 생성 부분이 다른 것을 알 수 있습니다.

마지막으로 fixed 타입의 버킷의 경우 고정된 키를 사용할 수 있습니다. 앞서 본 두 버킷과 달리 bucket_min과 bucket_max가 사용되지 않습니다. 대신 키의 값을 bucket_keys 필드를 통해 전달할 수 있습니다. 이는 다음과 같이 사용됩니다.

예제 11.5 ebpf_exporter fixed 버킷 타입

```
count = 0
for i = 0; i < len(bucket_keys); i++ {
  count  += map.get(bucket_keys[i], 0)
  result[bucket_keys[i] * multiplier] = count
 }
```

메트릭의 라벨은 맵의 키를 기반으로 만들어집니다. 맵의 값은 항상 unsigned 64비트 값이지만, 키는 다양하게 들어올 수 있습니다. 다양한 디코더를 통해 맵의 키를 라벨로 만들어 주며, 다음과 같은 디코더가 있습니다.

- ksym

- regexp

- static_map

- string

- dname

- uint

ebpf exporter로 노출되는 값이 프로메테우스에서 수집되면 바로 프로메테우스에 내장된 그래
프로 확인할 수 있습니다. 그라파나 같은 도구를 활용하면 좀 더 사용자 친화적인 대시보드를 편
하게 구축할 수 있습니다.

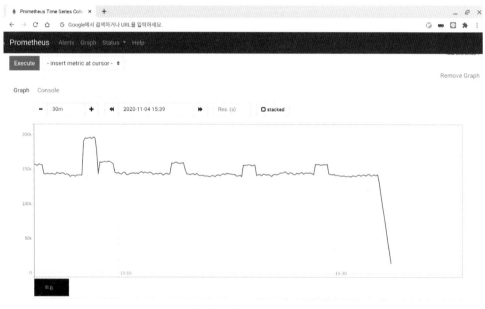

그림 11.1 프로메테우스에서 ebpf exporter 그래프 확인

안타깝게도 현재 ebpf exporter는 USDT나 uprobe를 지원하지는 않습니다. 따라서 사용자 영
역의 애플리케이션을 추적하는 데는 적합하지 않습니다.

11.2 tracee

좀 더 단순한 도구로 Aqua Security [3]의 tracee [4]가 있습니다. tracee는 컨테이너나 시스템 프로세스에 대해 시스템 콜을 중심으로 이벤트를 트레이싱합니다. 동작 중인 전체 프로세스가 아니라 새로 생성된 컨테이너 프로세스로 한정해서 이벤트를 추적할 수 있습니다.

먼저 다음과 같이 빌드합니다.

```
$ git clone https://github.com/aquasecurity/tracee
$ make
```

사용 가능한 이벤트는 -1 옵션으로 확인합니다.

```
$ tracee -l ¦ head
System Calls:           Sets:

———————————            ————

read                    [syscalls fs fs_read_write]
write                   [syscalls fs fs_read_write]
open                    [default syscalls fs fs_file_ops]
close                   [default syscalls fs fs_file_ops]
stat                    [default syscalls fs fs_file_attr]
fstat                   [default syscalls fs fs_file_attr]
lstat                   [default syscalls fs fs_file_attr]
```

간단하게 컨테이너를 대상으로 이벤트를 확인해보겠습니다. 다음과 같이 실행합니다.

```
$ tracee --trace c ¦ head
```

이 상태에서 컨테이너 하나를 생성합니다. 다른 터미널을 열어 다음과 같이 컨테이너를 만듭니다.

```
$ docker run --rm -d -P nginx
```

---

3 https://www.aquasec.com/
4 https://github.com/aquasecurity/tracee

tracee에서 해당 컨테이너의 실행 이벤트를 확인할 수 있습니다.

```
$ tracee --trace c | head
TIME(s)         UID    COMM            PID/host       TID/host       RET
EVENT                  ARGS
8563.245399     0      runc:[2:INIT]   1     /128578  1     /128578  0
execve                 pathname: /docker-entrypoint.sh, argv: [/docker-entrypoint.sh nginx
-g daemon off;]
8563.245517     0      runc:[2:INIT]   1     /128578  1     /128578  0
security_bprm_check    pathname: /docker-entrypoint.sh, dev: 231, inode: 1813383
8563.245647     0      runc:[2:INIT]   1     /128578  1     /128578  0
cap_capable            cap: CAP_SYS_ADMIN
8563.245686     0      runc:[2:INIT]   1     /128578  1     /128578  0
cap_capable            cap: CAP_SYS_ADMIN
8563.245716     0      runc:[2:INIT]   1     /128578  1     /128578  0
security_bprm_check    pathname: /bin/dash, dev: 231, inode: 67994794
8563.245755     0      runc:[2:INIT]   1     /128578  1     /128578  0
cap_capable            cap: CAP_SYS_ADMIN
8563.245788     0      runc:[2:INIT]   1     /128578  1     /128578  0
cap_capable            cap: CAP_SYS_ADMIN
8563.245829     0      runc:[2:INIT]   1     /128578  1     /128578  0
cap_capable            cap: CAP_SYS_ADMIN
8563.245857     0      runc:[2:INIT]   1     /128578  1     /128578  0
cap_capable            cap: CAP_SYS_ADMIN
```

부록

부록에서는 본문에서 다루지는 않았지만 소소하게 참고할 만한 내용을 담았습니다. BPF를 사용하다 보면 흔히 겪을 수 있는 문제에 대한 트러블슈팅을 시작으로 다음과 같은 정보를 담았습니다.

- 트러블슈팅
- 저수준 BPF 프로그래밍
- 결함 주입
- 실습 환경 구축

트러블슈팅

먼저 BPF로 트레이싱할 때 흔히 생길 수 있는 문제 유형을 알아보겠습니다.

메모리 부족

BPF 프로그램은 제한된 메모리를 사용합니다. 필요한 경우 RLIMIT_MEMLOCK을 설정합니다. setrlimit 매뉴얼 페이지를 참고하세요.

이벤트가 없는 경우

perf로 같은 이벤트를 확인해봅니다.

스택 트레이스가 깨진 경우

스택 트레이스가 제대로 확인되지 않는 경우에는 일단 perf로 확인합니다. 대부분의 경우는 프레임포인터가 없어서 나타나는 문제인데, perf의 경우 프레임포인터 외에도 다양한 방식을 지원합니다.

심벌이 없는 경우

BPF 프로그램에서 심벌은 사용자 영역에서 처리됩니다. 이때 미처 처리하지 못하고 대상 프로그램이 종료되는 경우 심벌이 없을 수 있습니다.

JIT 컴파일된 프로그램의 경우 perf-map-agent 같은 도구를 활용해야 심벌을 읽어올 수 있습니다. 그 외의 경우 일반 바이너리는 debuginfo 등 심벌 정보를 확인해봐야 합니다. 커널의 경우 커널 debuginfo나 그 외 BTF 사용 여부를 확인해 볼 수 있습니다.

함수가 없는 경우

내가 보고자 하는 함수가 프루브 대상에 없을 수 있습니다. 먼저 명시적으로 인라인 처리되는 함수들은 심벌이 존재하지 않습니다. 혹은 컴파일러가 최적화를 수행하는 과정에서 함수를 생략해버릴 수도 있습니다. 예를 들어, A() → B() → C() 같은 호출 구조를 보여주는 함수가 있을 때 B()는 경우에 따라 생략될 여지가 있습니다.

그 외 분석 대상의 빌드 방식 변화에 따라 차이가 생길 수 있습니다. 예를 들어, 정적 링킹으로 빌드되던 바이너리의 특정 함수 프루브는 모두 바이너리 내에 존재하겠지만, 혹시 이 바이너리가 동적 링킹으로 새로 빌드되는 경우 기존의 바이너리 내에 존재하던 프루브가 공유 라이브러리로 이동하면서 트레이싱 대상에서 벗어날 수도 있습니다.

순환 피드백

바인딩되는 이벤트를 처리하는 과정에서 해당 이벤트를 다시 발생하게 하는 경우 일종의 무한루프가 생겨날 수 있습니다.

예제 A.1 순환 피드백이 발생하는 경우

```
$ bpftrace -e 't:syscalls:sys_write_enter { printf("it call the event sys_write_
enter")'}
```

보통 이 같은 경우에는 pid 등을 활용해서 필터링해서 피합니다.

이벤트 드롭

BPF 내 맵 사이즈는 고정되어 있어서 맵이 가득차면 새로운 키를 저장할 수 없습니다. 이는 setrlimit()과 같은 시스템 콜을 통해 조정할 수 있습니다.

BCC를 사용하는 경우 BCC에서 자체적으로 setrlimit()을 통해 제약을 없앱니다. 하지만 실제 서비스 환경에서 이와 같은 동작은 자칫 위험할 수도 있습니다. 직접 트레이싱 프로그램에서 setrlimit()을 지정하려면 다음과 같이 할 수 있습니다.

예제 A.2 BCC가 아닌 직접 locked 메모리 사이즈 지정하기

```
from bcc import BPF
import os, resource
...
resource.setrlimit(resource.RLIMIT_MEMLOCK, (4096, 4096))
b = BPF(text=text, allow_rlimit=False)
...
```

첫 번째 라인에서 setrlimit으로 사용할 메모리 사이즈를 지정했고, BPF 객체를 초기화하면서 이를 재조정할 수 없게 allow_rlimit을 false로 지정했습니다.

라이선스 에러

다음 예제를 보겠습니다. 라이선스 정의 매크로 부분을 주목해주세요. 이 매크로는 BPF 바이너리 내 "__license" 섹션에 주어진 라이선스 문자열을 기술합니다.

예제 A.3 라이선스 에러가 나는 경우: license.py

```
#!/usr/bin/python
from bcc import BPF

prog = """
#define BPF_LICENSE Apache-2.0 License

int hello(void *ctx) {
    bpf_trace_printk("Hello world\\n");
    return 0;
}
"""

b = BPF(text=prog)
b.attach_kprobe(event="__x64_sys_clone", fn_name="hello")
b.trace_print()
```

이는 실행 시 로딩 시점에서 다음과 같이 에러가 발생합니다.

```
./license.py
bpf: Failed to load program: Invalid argument
```

```
...
cannot call GPL-restricted function from non-GPL compatible program
processed 10 insns (limit 1000000) max_states_per_insn 0 total_states 0 peak_states 0
mark_read 0
...
```

이는 빌드된 BPF 바이너리에 기술된 라이선스와 관련이 있습니다. BPF에서 사용하는 일부 헬퍼 함수는 GPL 라이선스로 작성되어 있습니다. BPF 프로그램이 로딩될 때 바이너리에 기술된 라이선스가 검사기로 전달되는데, 이때 검사기에서는 GPL 호환 라이선스를 사용하지 않는 바이너리에서 해당 함수를 사용할 수 없게 제한합니다.

GPL 호환 라이선스는 다음과 같습니다.

- GPL

- GPL v2

- GPL and additional rights/

- Dual BSD/GPL

- Dual MIT/GPL

- Dual MPL/GPL

헬퍼 함수별 라이선스는 BCC 문서를 확인하세요 [1].

---

1 https://github.com/iovisor/bcc/blob/v0.16.0/docs/kernel-versions.md#helpers

저수준 BPF 프로그래밍

이 책의 본문에서는 BCC와 bpftrace를 중심으로 BPF 프로그래밍을 하고, 작성한 프로그램을 bpftool로 이것저것 살펴봤습니다. 여기서는 이 같은 도구 없이 BPF 프로그램을 작성하는 방법을 살펴보겠습니다.

BPF는 bpf() 시스템 콜로 제어됩니다. 하지만 책에서는 이에 대해 따로 다루지 않았는데, 먼저 매뉴얼에서 관련 정보를 확인해보겠습니다.

```
$ man bpf | head
BPF(2)                        Linux Programmer's Manual                        BPF(2)

NAME
       bpf - perform a command on an extended BPF map or program

SYNOPSIS
       #include <linux/bpf.h>

       int bpf(int cmd, union bpf_attr *attr, unsigned int size);

...
```

첫 번째 인자인 int cmd로 수행할 BPF 커맨드를 지정할 수 있습니다. 이는 커널 소스 트리 내 include/uapi/linux/bpf.h[2] 내에 다음과 같이 정의되어 있습니다. include/uapi/linux.bpf.h는 앞서 몇 차례 살펴본 BPF 프로그램 내에서 <linux/bpf.h>로 인용되던 그 헤더 파일입니다.

예제 B.1 BPF( )에서 사용 가능한 커맨드의 종류

```
...
/* BPF syscall commands, see bpf(2) man-page for details. */
enum bpf_cmd {
    BPF_MAP_CREATE,
    BPF_MAP_LOOKUP_ELEM,
    BPF_MAP_UPDATE_ELEM,
    BPF_MAP_DELETE_ELEM,
    BPF_MAP_GET_NEXT_KEY,
    BPF_PROG_LOAD,
    BPF_OBJ_PIN,
    BPF_OBJ_GET,
    BPF_PROG_ATTACH,
    BPF_PROG_DETACH,
    BPF_PROG_TEST_RUN,
    BPF_PROG_GET_NEXT_ID,
    BPF_MAP_GET_NEXT_ID,
    BPF_PROG_GET_FD_BY_ID,
    BPF_MAP_GET_FD_BY_ID,
    BPF_OBJ_GET_INFO_BY_FD,
    BPF_PROG_QUERY,
    BPF_RAW_TRACEPOINT_OPEN,
    BPF_BTF_LOAD,
    BPF_BTF_GET_FD_BY_ID,
    BPF_TASK_FD_QUERY,
};
...
```

두 번째 인자인 bpf_attr *attr 역시 같은 파일 내에서 확인할 수 있습니다.

---

2 https://github.com/torvalds/linux/blob/v5.8/include/uapi/linux/bpf.h

예제 B.2 커맨드별 어트리뷰트

```
...
union bpf_attr {
...
        struct { /* anonymous struct used by BPF_PROG_LOAD command */
                __u32           prog_type;        /* one of enum bpf_prog_type */
                __u32           insn_cnt;
                __aligned_u64   insns;
                __aligned_u64   license;
                __u32           log_level;        /* verbosity level of verifier */
                __u32           log_size;         /* size of user buffer */
                __aligned_u64   log_buf;          /* user supplied buffer */
                __u32           kern_version;     /* not used */
                __u32           prog_flags;
                char            prog_name[BPF_OBJ_NAME_LEN];
                __u32           prog_ifindex;     /* ifindex of netdev to prep for */
                /* For some prog types expected attach type must be known at
                 * load time to verify attach type specific parts of prog
                 * (context accesses, allowed helpers, etc).
                 */
                __u32           expected_attach_type;
                __u32           prog_btf_fd;      /* fd pointing to BTF type data */
                __u32           func_info_rec_size;    /* userspace bpf_func_info size
*/
                __aligned_u64   func_info;        /* func info */
                __u32           func_info_cnt;    /* number of bpf_func_info records */
                __u32           line_info_rec_size;    /* userspace bpf_line_info size
*/
                __aligned_u64   line_info;        /* line info */
                __u32           line_info_cnt;    /* number of bpf_line_info records */
        };
        ...
}
...
```

많은 구조체가 공용체(union)로 묶여 있는데, 주석을 보면 각각이 앞에서 본 bpf_cmd에 따라 주어지는 것을 알 수 있습니다.

이처럼 BCC를 이용할 때 사용한 많은 기능이 bpf() 시스템 콜 하나를 통해 이뤄졌음을 알 수 있습니다. 이것들은 프로그램을 작성할 때 직접 쓰이기보다는 libbpf를 통해 사용됩니다.

tools/lib/bpf 경로에 libbpf의 코드가 존재하며, 커널 내의 BPF와 관련된 예제 코드는 이 libbpf 코드를 통해 BPF를 사용합니다.

B.1 libbpf 프로그래밍

bpftrace나 BCC로 작성한 프로그램은 프로그램 실행 시점에서 clang을 통해 빌드됩니다. 이 같은 형태에서는 CO-RE의 이점을 누리기가 힘듭니다. CO-RE를 달성할 수 있는 가장 편한 방법은 libbpf를 기반으로 프로그램을 작성하는 것입니다. BCC 리포지토리 내에는 BCC tools 중 일부가 libbpf 기반으로 작성되어 있는데, 비교하면서 보면 좋습니다.

BCC 리포지토리 내 libbpf-tools 경로[3]에서 소스를 확인할 수 있습니다. 해당 경로에는 다음과 같은 형태의 파일이 있습니다.

- *.c: 사용자 영역의 프런트엔드 코드

- *.h: 헤더 파일

- *.bpf.c: 커널 내 로드될 백엔드 코드

opensnoop 코드를 통해 어떤 형태로 구현되어 있는지 살펴보겠습니다. opensnoop의 경우 bpftrace 버전도 있어서 BCC 버전과 libbpf 버전을 각각 비교해보면 좋을 것 같습니다. 먼저 프런트엔드 코드부터 보겠습니다.

예제 B.3 opensnoop libbpf 버전의 프런트엔드 코드

```
...
#include <bpf/libbpf.h>
#include <bpf/bpf.h>
#include "opensnoop.h"
#include "opensnoop.skel.h"
#include "trace_helpers.h"
```

---

3 https://github.com/iovisor/bcc/tree/v0.16.0/libbpf-tools

```
...
static struct env {
        pid_t pid;
        pid_t tid;
        uid_t uid;
        int duration;
        bool verbose;
        bool timestamp;
        bool print_uid;
        bool extended;
        bool failed;
        char *name;
} env = {
        .uid = INVALID_UID
};
...
void handle_event(void *ctx, int cpu, void *data, __u32 data_sz)
{
        const struct event *e = data;
...
        printf("%-6d %-16s %3d %3d ", e->pid, e->comm, fd, err);
        if (env.extended)
                printf("%08o ", e->flags);
        printf("%s\n", e->fname);
}
...
int main(int argc, char **argv)
{
...
        struct perf_buffer_opts pb_opts;
        struct perf_buffer *pb = NULL;
        struct opensnoop_bpf *obj;
...
        obj = opensnoop_bpf__open();
...
        obj->rodata->targ_tgid = env.pid;
        obj->rodata->targ_pid = env.tid;
        obj->rodata->targ_uid = env.uid;
```

```
        obj->rodata->targ_failed = env.failed;
...
        err = opensnoop_bpf__load(obj);
...
        err = opensnoop_bpf__attach(obj);
...
        pb_opts.sample_cb = handle_event;
        pb_opts.lost_cb = handle_lost_events;
        pb = perf_buffer__new(bpf_map__fd(obj->maps.events), PERF_BUFFER_PAGES,
                            &pb_opts);
...
        while (1) {
                usleep(PERF_BUFFER_TIME_MS * 1000);
                if ((err = perf_buffer__poll(pb, PERF_POLL_TIMEOUT_MS)) < 0)
                        break;
                if (env.duration && get_ktime_ns() > time_end)
                        goto cleanup;
        }
...
}
```

메인 함수를 보면 프런트엔드 코드의 내용 흐름을 알 수 있습니다. BCC에서의 일반적인 트레이싱 도구와 동일합니다. BPF 프로그램을 준비하고 perf 링 버퍼를 통해 출력을 처리합니다. 중간에 opensnoop_bpf__open() 같은 함수가 눈에 띄는데, 소스 트리 내에서 찾아봐도 흔적이 보이지 않을 것입니다. 이는 bpftool을 통해 빌드 과정에서 생성되는 함수입니다. 해당 경로의 Makefile을 보면 BPF 오브젝트로부터 이를 생성하는 것을 확인할 수 있습니다.

```
$ cat Makefile  | grep -i BPFTOOL
BPFTOOL ?= bin/bpftool
        $(Q)$(BPFTOOL) gen skeleton $< > $@
```

생성된 헤더 파일이 opensnoop.skel.h입니다. opensnoop.h는 프런트엔드와 백엔드 양쪽에서 공유됩니다.

이번에는 백엔드 코드를 살펴보겠습니다.

예제 B.4 opensnoop libbpf 버전의 백엔드 코드

```
...
#include "vmlinux.h"
#include <bpf/bpf_helpers.h>
#include "opensnoop.h"
...
struct {
        __uint(type, BPF_MAP_TYPE_HASH);
        __uint(max_entries, 10240);
        __type(key, u32);
        __type(value, struct args_t);
} start SEC(".maps");

struct {
        __uint(type, BPF_MAP_TYPE_PERF_EVENT_ARRAY);
        __uint(key_size, sizeof(u32));
        __uint(value_size, sizeof(u32));
} events SEC(".maps");
...
SEC("tracepoint/syscalls/sys_enter_open")
int tracepoint__syscalls__sys_enter_open(struct trace_event_raw_sys_enter* ctx)
{
        u64 id = bpf_get_current_pid_tgid();
        /* use kernel terminology here for tgid/pid: */
        u32 tgid = id >> 32;
        u32 pid = id;
...
                struct args_t args = {};
                args.fname = (const char *)ctx->args[0];
                args.flags = (int)ctx->args[1];
                bpf_map_update_elem(&start, &pid, &args, 0);
...
}
...
static __always_inline
int trace_exit(struct trace_event_raw_sys_exit* ctx)
{
        struct event event = {};
```

```
        struct args_t *ap;
        int ret;
        u32 pid = bpf_get_current_pid_tgid();

        ap = bpf_map_lookup_elem(&start, &pid);
...

        event.pid = bpf_get_current_pid_tgid() >> 32;
        event.uid = bpf_get_current_uid_gid();
        bpf_get_current_comm(&event.comm, sizeof(event.comm));
        bpf_probe_read_user_str(&event.fname, sizeof(event.fname), ap->fname);
        event.flags = ap->flags;
        event.ret = ret;

        /* emit event */
        bpf_perf_event_output(ctx, &events, BPF_F_CURRENT_CPU,
                              &event, sizeof(event));
...
}


SEC("tracepoint/syscalls/sys_exit_open")
int tracepoint__syscalls__sys_exit_open(struct trace_event_raw_sys_exit* ctx)
{
        return trace_exit(ctx);
}
...
```

백엔드 코드에서는 open, openat 시스템 콜의 트레이스포인트에 대해 프로그램이 동작합니다(위 코드에서는 open에 대한 것만 추렸습니다). vmlinux.h가 포함된 것을 알 수 있는데, 이는 BTF를 통해 생성할 수도 있겠지만 이 경우 빌드 환경에 따라 의존성이 생길 수 있습니다. 해당 헤더 파일은 업스트림을 기준으로 BCC에서 임의로 미리 생성해둔 헤더입니다.

시스템 콜의 응답을 함께 로깅하기 위해 최초 시스템 콜이 호출된 시점에서는 관련 호출 정보를 start 맵에 저장하고, trace_exit()가 시스템 콜이 종료되는 지점에서 호출되면 이를 활용해 필요한 데이터를 모아 events 맵에 저장한 후, 이를 다시 perf 링 버퍼로 송신하는 구조로 되어 있습니다.

B.2 커널의 BPF 예제

이제부터는 libbpf 없이 BPF 프로그램을 작성한 예를 보겠습니다. 커널 내 BPF 예제를 활용하겠습니다. 커널 소스 트리 내의 samples/bpf/[4] 경로에 BPF 예제 프로그램이 있습니다.

여기에는 대부분의 예제가 다음 2가지 형태의 파일명을 갖습니다.

- *_kern.c: 커널 내 로드될 백엔드 코드입니다.

- *_user.c: 사용자 영역의 프런트엔드 코드입니다.

예제 코드를 빌드하려면 LLVM clang이 필요합니다.

- clang >= version 3.4.0

- llvm >= version 3.7.1

다음과 같이 LLC에서 BPF 타깃을 지원하는지도 체크해봅니다.

```
$ llc --version | grep bpf
    bpf        - BPF (host endian)
    bpfeb      - BPF (big endian)
    bpfel      - BPF (little endian)
```

예제 프로그램에서 프로그램의 로드는 samples/bpf/bpf_load.h[5]에 정의된 load_bpf_file을 통해 이뤄집니다. load_bpf_file()에서 호출은 다음과 같이 이뤄집니다.

1. load_bpf_file()

2. do_load_bpf_file()

3. load_and_attach()

4. bpf_load_program()

---

4 https://github.com/torvalds/linux/tree/v5.8/samples/bpf
5 https://github.com/torvalds/linux/blob/v5.8/samples/bpf/bpf_load.h

여기서 load_and_attach()는 2장에서 kprobe가 BPF 프로그램이 어떻게 커널로 로드되는지 살펴
보면서 확인했던 그 코드입니다. bpf_load_program()은 libbpf에서 정의된 함수인데, 결과적으로
bpf()를 사용해 프로그램을 로드합니다.

커널 내 samples/bpf에는 여러 종류의 예제가 있습니다. 앞서 봤던 libbpf를 사용한 예제도 있습
니다. 이중 sock_example.c [6]는 libbpf 없이 RAW BPF 바이트코드를 어떻게 사용하는지 잘 보여
줍니다. 아래는 그중 일부를 발췌한 것입니다.

예제 B.5 커널의 RAW BPF 바이트코드 사용

```
...
char bpf_log_buf[BPF_LOG_BUF_SIZE];
static int test_sock(void)
{
...
    map_fd = bpf_create_map(BPF_MAP_TYPE_ARRAY, sizeof(key), sizeof(value),
                256, 0);
...

    struct bpf_insn prog[] = {
        BPF_MOV64_REG(BPF_REG_6, BPF_REG_1),
        BPF_LD_ABS(BPF_B, ETH_HLEN + offsetof(struct iphdr, protocol) /* R0 = ip->proto
*/),
        BPF_STX_MEM(BPF_W, BPF_REG_10, BPF_REG_0, -4), /* *(u32 *)(fp - 4) = r0 */
        BPF_MOV64_REG(BPF_REG_2, BPF_REG_10),
        BPF_ALU64_IMM(BPF_ADD, BPF_REG_2, -4), /* r2 = fp - 4 */
        BPF_LD_MAP_FD(BPF_REG_1, map_fd),
        BPF_RAW_INSN(BPF_JMP | BPF_CALL, 0, 0, 0, BPF_FUNC_map_lookup_elem),
        BPF_JMP_IMM(BPF_JEQ, BPF_REG_0, 0, 2),
        BPF_MOV64_IMM(BPF_REG_1, 1), /* r1 = 1 */
        BPF_RAW_INSN(BPF_STX | BPF_XADD | BPF_DW, BPF_REG_0, BPF_REG_1, 0, 0), /* xadd
r0 += r1 */
        BPF_MOV64_IMM(BPF_REG_0, 0), /* r0 = 0 */
        BPF_EXIT_INSN(),
    };
    size_t insns_cnt = sizeof(prog) / sizeof(struct bpf_insn);
```

---

6 https://github.com/torvalds/linux/blob/v5.8/samples/bpf/sock_example.c

```
    prog_fd = bpf_load_program(BPF_PROG_TYPE_SOCKET_FILTER, prog, insns_cnt,
                    "GPL", 0, bpf_log_buf, BPF_LOG_BUF_SIZE);
...
    sock = open_raw_sock("lo");
...

    return 0;
}
int main(void)
{
...

    return test_sock();
}
```

볼드체로 표시한 부분을 주목합니다. 구조체 배열 prog에 커널에서 실행될 BPF 프로그램이 정의되어 있습니다. 하나하나 매크로 형태로 정의된 BPF 인스트럭션을 사용합니다. 새삼 libbpf나 BCC가 얼마나 편리한지 알 수 있습니다.

결함 주입(Fault Injection)은 관찰 대상에 임의의 에러를 주입해 상태나 동작을 변경하는 것입니다. 장애 상황을 테스트하거나 애플리케이션에서 예외 처리 루틴을 테스트할 때 유용합니다. 리눅스에서는 다양한 방식의 결함 주입을 지원합니다. 예를 들어, 시스템 콜의 경우 다음과 같이 strace를 활용해 에러를 리턴하게 할 수 있습니다.

```
$ strace -e trace=read -e fault=read:error=EAGAIN ls
read(3, 0x7ffcb5456c98, 832)            = -1 EAGAIN (Resource temporarily unavailable)
(INJECTED)
ls: error while loading shared libraries: /lib64/libselinux.so.1: cannot read file data:
Error 11
+++ exited with 127 +++
```

사용자 영역의 함수는 "LD_PRELOAD" 같은 환경변수를 사용하거나 기타 플랫폼 및 언어별 프레임워크를 사용할 수 있습니다. 그럼 커널 함수의 경우는 어떻게 해야 할까요?

BPF를 활용하면 임의의 커널 함수의 리턴 값을 바꿔줄 수 있습니다. 해당 기능은 커널에 다음과 같이 "CONFIG_BPF_KPROBE_OVERRIDE" 옵션이 활성화되어 있어야 합니다.

```
$ zcat /proc/config.gz | grep CONFIG_BPF_KPROBE_OVERRIDE
CONFIG_BPF_KPROBE_OVERRIDE=y
```

이는 bpftrace에서 다음과 같이 테스트할 수 있습니다.

```
$ bpftrace -e 'kprobe:__x64_sys_getuid /comm == "id"/ { override(2<<21); }' --unsafe -c
id
uid=4194304 gid=0(root) euid=0(root) groups=0(root)
```

위 명령은 override() 함수를 사용해 __x64_sys_getuid() 함수의 리턴값을 2의 22승, 즉 4194304
로 바꾼 것입니다. 모든 커널 함수에 사용할 수 있는 것은 아니고 커널 소스에서 "ALLOW_ERROR_
INJECTION"으로 태그된 함수에만 사용 가능합니다. 이는 다음과 같이 확인할 수 있습니다.

```
$ cat /sys/kernel/debug/error_injection/list  | head
__do_sys_ni_syscall        ERRNO
__do_sys_ni_syscall        ERRNO
__ia32_compat_sys_arch_prctl       ERRNO
__ia32_sys_arch_prctl      ERRNO
__x64_sys_arch_prctl       ERRNO
__do_sys_rt_sigreturn      ERRNO
__do_sys_rt_sigreturn      ERRNO
__ia32_sys_iopl ERRNO
__x64_sys_iopl  ERRNO
__ia32_sys_ioperm          ERRNO
```

BPF는 아직 활발하게 개발이 진행되고 있는 프로젝트입니다. 최신 기능을 시험하기 위해서는 관련 의존성을 직접 빌드해서 사용해 보는 것이 좋습니다. 앞에서 본 것 중 bpftrace/bcc를 쓰기 위한 대표적인 의존성은 다음과 같은 것이 있었습니다.

- 커널 설정
- libbpf
- libbcc

그 외 컨테이너 환경과 같은 대상으로는 cgroup 설정이나 dockerd의 설정을 좀 더 신경 써야 했습니다.

이번 절에서는 CentOS 8을 기준으로 각각을 직접 빌드하고 테스트할 수 있는 환경을 만들어보겠습니다.

기본 빌드 도구

먼저 공통적인 기본 빌드 도구를 설치합니다.

```
$ dnf update
$ dnf groupinstall "Development Tools"
```

```
$ dnf install ncurses-devel
$ dnf install hmaccalc zlib-devel biniutils-devel elfutils-libelf-devel cmake
```

pahole

pahole을 설치하겠습니다. pahole은 이후 빌드할 커널 이미지에서 BTF 정보를 생성하기 위해 사용됩니다. 필자가 사용하는 커널 v5.8의 경우 최소 1.16 이상의 버전이 요구됩니다.

```
$ git clone https://github.com/acmel/dwarves
$ mkdir dwarves/build
$ cd dwarves/build
$ git checkout v1.18
$ cmake ..
$ make
$ make install
```

커널

커널을 빌드하겠습니다. 커널 소스 트리를 다운로드하고, 사용 중인 호스트의 설정을 복사하고 설정을 점검합니다.

```
$ git clone git://git.kernel.org/pub/scm/linux/kernel/git/stable/linux-stable.git
$ cd linux-stable
$ git checkout v5.8.17
$ zcat /proc/config.gz > .config
$ make menuconfig
```

BPF 및 BTF와 관련된 설정이 의도대로 되어 있는지 확인합니다. 여기서는 호스트 설정에서 다음 2개의 설정만 추가했습니다.

```
CONFIG_BPF_LSM=y
```

```
CONFIG_DEBUG_INFO_BPF=y
```

전체 BPF 관련 설정은 다음과 같습니다.

```
$ cat .config | grep -iE 'bpf|btf'
CONFIG_CGROUP_BPF=y
CONFIG_BPF=y
CONFIG_BPF_LSM=y
CONFIG_BPF_SYSCALL=y
CONFIG_ARCH_WANT_DEFAULT_BPF_JIT=y
CONFIG_BPF_JIT_ALWAYS_ON=y
CONFIG_BPF_JIT_DEFAULT_ON=y
CONFIG_NETFILTER_XT_MATCH_BPF=m
# CONFIG_BPFILTER is not set
CONFIG_NET_CLS_BPF=m
CONFIG_NET_ACT_BPF=m
CONFIG_BPF_JIT=y
CONFIG_BPF_STREAM_PARSER=y
CONFIG_LWTUNNEL_BPF=y
CONFIG_HAVE_EBPF_JIT=y
CONFIG_LSM="lockdown,yama,loadpin,safesetid,integrity,selinux,smack,tomoyo,apparmor,bpf"
CONFIG_DEBUG_INFO_BTF=y
CONFIG_BPF_EVENTS=y
CONFIG_BPF_KPROBE_OVERRIDE=y
CONFIG_TEST_BPF=m
```

이제 빌드를 진행합니다. 빌드한 후에는 모듈과 헤더, 바이너리를 모두 설치합니다.

```
$ make
$ make modules_install headers_install install
```

커널 소스도 받았으니 libbpf도 커널에서 빌드하고 설치하겠습니다.

```
$ cd tools/lib/bpf
$ make
$ make install
```

마찬가지로 bpftool도 설치합니다.

```
$ cd ../../bpf
$ make
$ make install
```

LLVM clang

이제 BCC/bpftrace를 빌드하는 데 필요한 LLVM을 빌드하겠습니다. cmake 옵션에 신경 쓰면서 빌드합니다. 참고로 CMAKE_BUILD_TYPE의 경우 Release로 지정하지 않으면 빌드 중 매우 많은 메모리를 씁니다.

```
$ git clone https://github.com/llvm/llvm-projects.git
$ mkdir llvm-projects/build
$ cd llvm-projects/build
$ git checkout llvmorg-10.0.1
$ cmake \
-DLLVM_ENABLE_PROJECTS=clang \
-DLLVM_ENABLE_RTTI=true \
-DLLVM_TARGETS_TO_BUILD="BPF;X86" \
-DCMAKE_BUILD_TYPE=Release \
-G "Unix Makefiles" \
../llvm
$ make
$ make install
```

Cgroup

cgroup 트리를 하이브리드 모드로 수정해보겠습니다. 굳이 v1 스타일의 트리가 필요 없다면 systemd.unified_cgroup_hierarchy=true로 설정해서 cgroupv2만 씁니다.

```
$ cat grub | grep -i cmdline
GRUB_CMDLINE_LINUX="crashkernel=auto resume=UUID=b0b09ff1-ac4c-4dd8-9f53-64e58170e13e
systemd.unified_cgroup_hierarchy=0 systemd.legacy_systemd_cgroup_controller=0"
$ grub2-mkconfig -o /boot/grub2/grub.cfg
$ reboot
```

BCC

BCC도 빌드하겠습니다. libbcc와 BCC tools가 설치됩니다.

```
$ git clone https://github.com/iovisor/bcc
$ mkdir bcc/build
```

```
$ cd bcc/build
$ git checkout v0.16.0
$ cmake ..
$ make
$ make install
```

bpftrace

이제 bpftrace를 빌드합니다.

```
$ git clone https://github.com/iovisor/bpftrace
$ mkdir bpftrace/build
$ cd bpftrace/build
$ git checkout v0.11.2
$ cmake ..
$ make
$ make install
```

여기까지 진행하면 bpftrace에서 다음과 같이 현재 시스템의 상황을 볼 수 있습니다.

```
$ bpftrace --info
System
  OS: Linux 5.8.17 #5 SMP Sun Nov 1 22:35:04 KST 2020
  Arch: x86_64

Build
  version: v0.11.2
  LLVM: 10
  foreach_sym: yes
  unsafe uprobe: no
  bfd: yes
  bpf_attach_kfunc: yes
  bcc_usdt_addsem: yes
  libbpf: yes
  libbpf btf dump: yes
  libbpf btf dump type decl: yes
```

```
Kernel helpers
  probe_read: yes
  probe_read_str: yes
  probe_read_user: yes
  probe_read_user_str: yes
  probe_read_kernel: yes
  probe_read_kernel_str: yes
  get_current_cgroup_id: yes
  send_signal: yes
  override_return: yes

Kernel features
  Instruction limit: 1000000
  Loop support: yes
  btf: yes

Map types
  hash: yes
  percpu hash: yes
  array: yes
  percpu array: yes
  stack_trace: yes
  perf_event_array: yes

Probe types
  kprobe: yes
  tracepoint: yes
  perf_event: yes
  kfunc: yes
```

도커

도커 환경도 마저 준비하겠습니다. 다음과 같이 도커를 설치합니다.

```
$ curl -L https://get.docker.com | sh
```

설치가 끝나면 실행하기 전에 컨테이너의 cgroup 관리를 systemd에서 할 수 있게 수정합니다.

```
$ cat /etc/systemd/system/docker.service.d/override.conf
[Service]
ExecStart=
ExecStart=/usr/bin/dockerd -H fd:// --containerd=/run/containerd/containerd.sock --exec-
opt native.cgroupdriver=systemd
$ systemctl enable docker
$ systemctl start docker
```

참고 자료

브렌던 그레그

- http://www.brendangregg.com/bpf-performance-tools-book.html

- http://www.brendangregg.com/blog/2020-07-15/systems-performance-2nd-edition.html

- http://www.brendangregg.com/blog/index.html

커널

- https://www.kernel.org/doc/html/v5.8/bpf/index.html

- https://www.kernel.org/doc/Documentation/

LWN

- https://lwn.net/Articles/753601/

- https://lwn.net/Articles/752047/

Cilium

- https://docs.cilium.io/en/v1.9/bpf/

- https://cilium.io/blog

Cloudflare

- https://blog.cloudflare.com/

Facebook

- https://facebookmicrosites.github.io/bpf/blog/

Oracle

- https://blogs.oracle.com/author/?search_terms=bpf

컨퍼런스 및 세미나

- http://vger.kernel.org/bpfconf2019.html

- https://linuxplumbersconf.org/event/4/contributions/449/attachments/239/529/A_pure_Go_
  eBPF_library.pdf

- https://qmo.fr/docs/talk_20200202_debugging_ebpf.pdf

- https://www.sosconhistory.net/soscon2018/pdf/day2_1100_3.pdf

- https://github.com/goldshtn/linux-tracing-workshop

- https://s3-sa-east-1.amazonaws.com/thedevconf/presentations/TDC2018POA/devopstools/
  PSR-2920_2018-12-07T111416_linux-observability-superpowers.pdf

개인 페이지

- https://www.collabora.com/news-and-blog/search-results.html?search=ebpf

- https://wariua.github.io/

- https://jvns.ca/

- https://blog.srvthe.net/

- https://leezhenghui.github.io/blog/

- https://thatdevopsguy.medium.com/

- https://medium.com/@phylake